台湾の歴史

若林正丈

講談社学術文庫

目次

台湾の歴史

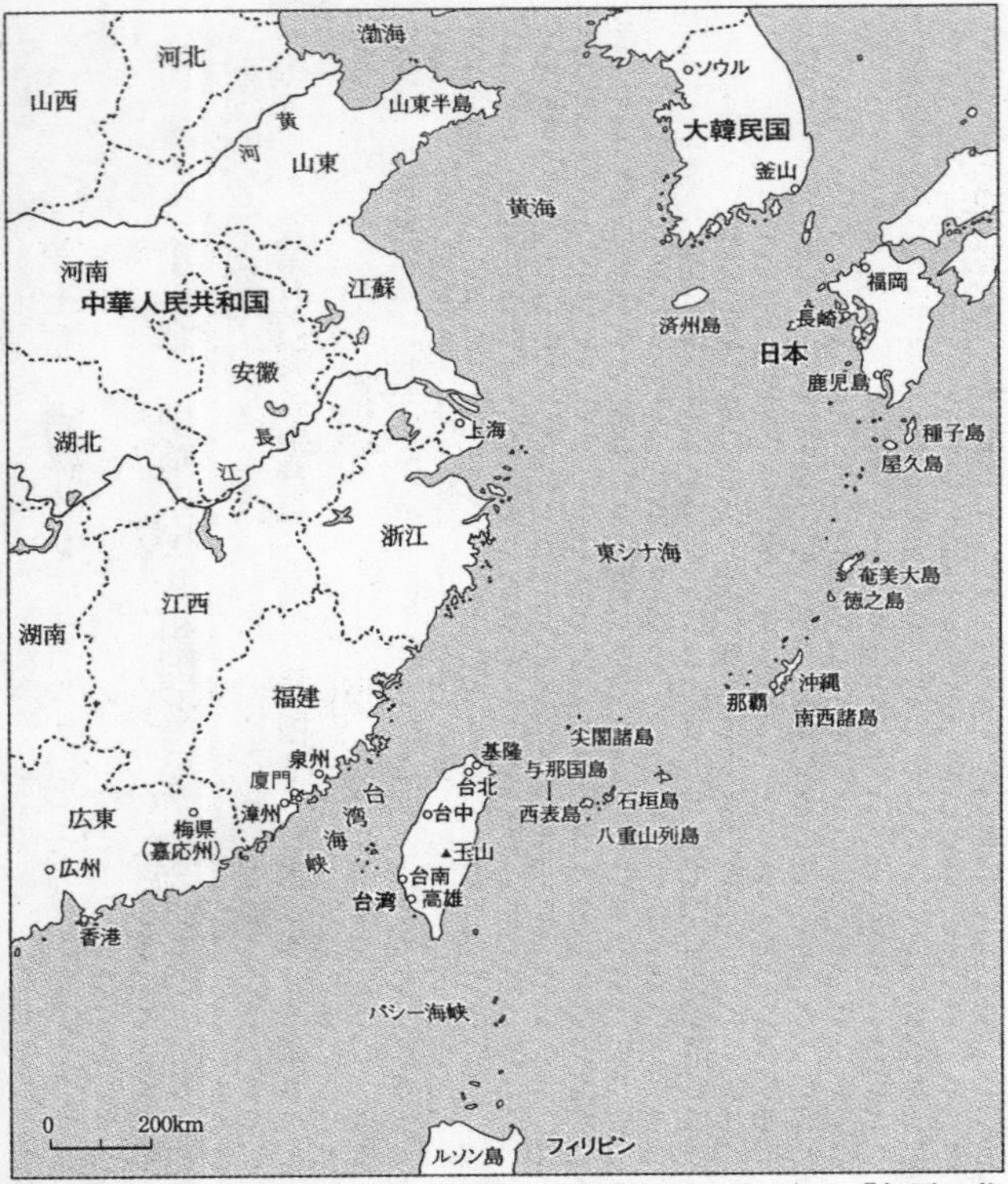

台湾周辺地図　台湾島は「海のアジア」と「陸のアジア」の「気圧の谷間」に位置している。

台湾全図（2001年）　台湾の行政地図は、中華民国政府がかつて「全中国を代表する」という「虚構」を堅持していた、ということを前提にしないと読めない。台北市と高雄市は行政院直轄市で、台湾省と同格。台湾省は1998年12月に「凍結」された。基隆市、新竹市、台中市、嘉義市、台南市は台湾省省轄市で、その他の県と同格。（＊文庫版の注　台北市と高雄市についで四つの新たな行政院直轄市が誕生している。2010年台北県が新北市に昇格、台南市と台南県が合併して台南市に、高雄市と高雄県が合併して高雄市に、2014年には桃園県が桃園市に昇格した）

台湾の歴史

はじめに――芝山巖《しざんがん》の光景

台湾は台北市北部の士林地区に芝山《しざん》公園という公園がある。そこは芝山巖と呼ばれる小高い丘、というよりは小さな岩山で、その頂上を開いて恵済宮という廟《びょう》が立っている。そして今やその周囲が公園となっていて、付近の住民の憩いの地でもあるこの小さな岩山は、実は台湾の複雑な歴史を濃密に象徴する空間でもある。

まず、恵済宮である。この廟は別名開漳《しょう》聖王廟ともいう。「漳」とは台湾の対岸は中国福建省漳州を指し、同じ福建省の泉州、広東省の嘉応州とならんで、台湾の漢族系住民の三大出身地の一つである。「開漳聖王」とは、唐朝末期の官僚陳元光のことで、皇帝の命を受けて福建南部に入り土着の先住民族を平定して漢族の漳州への移住開拓の基礎を開き、皇帝よりこの名で封ぜられたのを、漢族移住民が郷土開拓の祖として祀るようになったものである。台湾への漢族の移住・開拓は一七世紀初頭より本格化し、南から北へ、西部の平原地帯から丘陵地帯へ、東部へと展開していった。台北盆地の開拓が本格的になるのは一八世紀、清の乾隆年間（一七三六―九五年）に入ってからであるが、漳州からの移民が士林の地に定着するに及んで、出身地の開拓の祖をここにも祀るようになったのである。

台湾にやってきた漢族は、もちろん、無人の野を開拓したのではなかった。西部の平原に

芝山巖全景。日本植民地期後期の写真と思われる。（中村道太郎編『日本地理風俗体系　第八巻　台湾篇』東京：誠文堂新光社、1936年、661頁）

は後に「平埔《へいほ》族」と呼ばれる先住民族がおり（「平埔」とは、平原の意）、丘陵地から山岳地帯にかけては後に日本当局が「高砂《たかさご》族」と命名した諸族が住んでいた。台湾にわたった漢族は、あるいは単独にこれと交易したり婚姻を結んで部落に入りこみ、あるいは集団でこれと争闘したりして、次第に勢力を拡張し、台湾島の支配的勢力となったのである。台北盆地には、ケタガラン族と称される平埔族が住んでいたが、漢族の勢力増大とともにそのエスニック・グループとしての存在は、台湾の他の地方の平埔族と同様、その地からしだいに消えていった。開漳聖王廟が芝山巖に建てられ、観音が祀られたり学堂が設けられたりして施設が次第に充実していく過程はまた、ケタガラン族がエスニック・グループとして姿を消していく過程でもあった。恵済宮、すなわち開漳聖王廟は、この地の漢族開拓史とともに、その背後のエスニック・グループ間の消長の歴史をも象徴する。

さらにその裏手の公園にまわり南国の強い日差しをさえぎる、うっそうとした木立のもとに目をこらすと、一つの祠《ほこら》と四つの石碑が目に入ってくる。

一つの祠とは、恵済宮のちょうど裏手あたりにある「同帰所」である。「同帰所」はこの地に非命に倒れた無縁仏を祀る。台湾の漢族移住民三大出身地のひとつ、広東省北部の嘉応州（梅県）からの移民は、漢族の特殊な一支族とされる「客家《はっか》」で、独自の客家語を話す。漳州人と泉州人の言語は、閩南語《びんなん》（他に福佬語《ふくろう》などとも称する。「閩」は福建の別称）と呼ばれる言語に属し、発音がやや異なるものの相互に十分理解可能であるが、客家語と閩南語はそうではない。

漢族の台湾移住開拓の過程は、先住民族との複雑な争闘の過程であるとともに、移住者同士の間の、土地、水利などの経済資源をめぐる競争と争闘の歴史でもあった。このような競争と争闘においては、人々はしばしば言語・習慣を同じくする出身地別にかたまり争いあった。漳州人と泉州人とが、漳州人ないし泉州人と客家とが、あるいは漳州人と泉州人の連合勢力が客家と争った。これが台湾の歴史上に言う「分類械闘《ぶんるいかいとう》」である。大規模な械闘はしばしば「民変」、すなわち官に対する反乱に転化し、民変もまたしばしば分類械闘に終わった。民変の鎮圧には官兵とともに客家の部隊が「義民」として動員されることがあった。一七八六年（清乾隆五一年）に発生した大規模民変「林爽文《りんそうぶん》の乱」では、叛徒とともに付近の住民多数が芝山巖上に難を逃れようとしたが、官兵と義民の攻撃により多数が殺された。その骨を拾い霊を慰めようと祠を建てたのが、「同帰所」の始まりで、その後一八四八年（清道光二八年）に発生した漳州人と大龍峒の泉州人との分類械闘で芝山巖が戦場となった。事が収まった後、この衝突で死亡した無縁仏の霊もここに祀られたのであるという。

四つの石碑の一つめは、「学務官僚遭難之碑」。一八九五年、日清戦争に勝利し下関条約で台湾島と澎湖島を割譲させた日本政府は、海軍大将樺山資紀《かばやますけのり》（一八三七―一九二二年）に一群の文武官僚をつけて同年六月一七日、台北に台湾総督府を開かせた。その翌月、総督府初代学務部長に任じた教育家の伊沢修二は、この芝山巖恵済宮の学堂の建物を借りて学務部を開き、同時に数名の学務部員を教師とし、地元の名士の子弟を集めて「国語伝習所」（この場合の「国語」は日本語）を開いた。これが、台湾における日本の植民地教育の始まりであり、また近代的学校制度の始まりでもあった。だが、当時まだ日本の統治は確立してはいなかった。一一月に樺山大将が本国の大本営に「台湾島平定」を報告したあとも、各地に土着勢力による反抗が相継いだからである。そのような土着勢力の反抗の狼煙《のろし》をあげたのが、翌年元旦、台北を襲撃した簡大獅《かんたいし》らの一団であった。この際に芝山巖の国語伝習所も攻撃の的となり、六名の日本人学務部員が殺された。石碑は、同年六月時の首相伊藤博文の台湾視察に合わせ、その揮毫《きごう》を得て建立されたものであった。その後、この「六氏先生」は、日本の台湾植民地教育のいわば「殉教者」に仕立て上げられた。師範学校では「芝山巖精神」が唱えられ、この地には芝山巖神社が建てられ、台湾の地で没した日本人教師の名を刻んだ石碑がいくつも建てられていった。

日本の敗戦、そして国民党政権の台湾移転と大量の外省人（戦前より台湾に居住し台湾に本籍を持つ人とその子孫が本省人、戦後中国大陸から移住した人とその子孫が外省人と呼ばれる）の移住後、神社は破壊され、「学務官僚遭難之碑」は横倒しのまま長く放置されていたが、近年の「社区」（コミュニティ）の歴史見直しブームの中で後者のみが復元されたのである。

そこからずっと奥のほうには、まだ真新しい感じの「六氏先生」の日本式の墓がある。一九九五年一月、地元の有志により立てられたものである。芝山巖の国語伝習所は、その後まもなく台湾総督府国語学校（後の師範学校）ができると、その第一付属学校とされ、さらに

芝山公園の恵済宮。著者撮影

日本式の「六氏先生」の墓。著者撮影

土着台湾人向けの初等教育のための「公学校」制度設置にともない（台湾に渡った日本人子女のためには別に「小学校」）、八芝蘭公学校となり、その後の植民地教育の展開とともに何度かの移転と改称を繰り返し、戦後、士林国民小学校となった。一九九五年、士林国民小学校は台湾で初めて一〇〇周年を迎える唯一の学校であった。「六氏先生」の墓を建てた有志とは、台湾人、日本人双方を含むこの士林国民小学校の戦前の卒業生であった。

さらに目を凝らしていくと、そこから一〇メートルほどのところに、中国風の碑がある。一九五九年に政府の「陽明山管理局」なるところが建立した「芝山巖事件紀念碑」である。「六氏先生」を襲った簡大獅らを、戦前日本の植民者は「匪徒《ひと》」と呼んだが、碑文はその「匪徒」を抗日の義民と称えるものである。かつての中国国民党政府の立場からすれば当然の解釈である。

その傍らには、なんとあの「軍統」を率いた戴笠《たいりゅう》の顕彰碑が建っている。軍統とは、中国大陸時代の国民党の政治警察組織の一つで、対日戦争中は大陸で暗躍した日本軍の特務機関とわたり合い、さらには中国共産党や民主派弾圧で恐れられた。戴笠は一九四六年飛行機事故で死亡している。一九四九年、中国共産党との内戦に敗れた国民党政権は台湾に逃走してたてこもったが、この時約一〇〇万もの外省人が政権とともに台湾にわたった。軍統をはじめとする情報機関は、国民党政権の台湾逃走後、蔣介石の長男蔣経国（一九一〇―一九八八年）のもとに再編されたが、軍統関係者はこの芝山巖あたりに住み着き、かつ国家安全局などの情報機関もこのあたりにおかれた。芝山巖の傍らを雨農路が走り、付近には「雨農国民小学校」という名の学校もある。雨農とは戴笠の号である。芝山巖に戴笠の記念碑が置かれるのはそのためであろう。芝山巖の空間は戦後また新たな移民の表象を含みこんだのである。

公園の木陰に涼む地元の人々の表情は屈託なさそうに見えるが、開漳聖王廟が象徴する開拓と移民の歴史、そしてその背後に消えた平地の先住民族の来し方を思うとき、そして四つの石碑が示す台湾に来てはまた去り、あるいは居座る国家の痕跡のその背後を思うとき、この小さな岩山の空間に詰め込まれた歴史の濃密さには、息が詰まるようだ。

さらに、二〇〇一年春、小林よしのり氏の漫画『台湾論』の中国語訳が出版され、その「従軍慰安婦」に関する文言が台湾で物議をかもすと、前記「学務官僚遭難之碑」とわずかに残る台湾殉職日本人教師の名碑には、「侵略者に死を」「殺せ、殺せ、殺せ」などの文字が

赤ペンキ・スプレーの洗礼を受けた「学務官僚遭難之碑」。(2001年5月　著者撮影)

赤ペンキのスプレーで書き付けられた。芝山巖空間の熱く湿った空気はまた生々しくもある。

一九七二年の中国（中華人民共和国）との国交樹立と台湾（中華民国）との断交によって、日本の世論の場から台湾が消え去ったかのような時期があった。中国との国交樹立・台湾との断交という日本国の政治的選択が、あたかも台湾のことは知らなくてもいいという免責のお墨付きを与えたかのようであった。しかし、台湾はそこに在って引っ越すことはない。台湾は日本の南の隣人であり続け、そして、その後の目覚ましい経済発展と近年の民主化で、しだいに国際社会における存在感を高めている。民主化と同時に長く往来がなかった中国との間にも民間交流が始まり、今や両者は密接な経済関係にあり、冷戦と分断の海だった台湾海峡は通商の海へと変貌しつつある。にもかかわらず、中台双方に台頭したナショナリズムのゆえに、冷戦後の米中関係の質的変化とあいまって、朝鮮半島と並んでこの地域の緊張の源となっている。この緊張に対する台湾の、そして関係諸国、とりわけ米中の対処のしかた如何によっては、二一世紀の東アジアが大きく左右されることとなろう。

この本のささやかな主張は、そのような「台湾問題」を考えるとき、いささかでも台湾そのものの、短いが複雑で濃密な歴史を振り返ってみようではないか、ということである。

芝山巖に象徴的に現出している台湾の歴史の濃密さ、この書物でそれを少しばかり解きほぐしてみよう。

第一章　「海のアジア」と「陸のアジア」を往還する島

――東アジア史の「気圧の谷」と台湾

「中国大陸の東南、東北アジアの西南、東南アジアの東北」

ある台湾の学者は、「台湾は中国大陸の東南、東北アジアの西南、東南アジアの東北に位置する」と言っている（張勝彦等編著『台湾開発史』）。確かにそうだ。この三つの地理的なかたまりを考えると、台湾はそれぞれにおいてすべて周縁、つまり端っこに位置する。古代より中国大陸に広がり根をおろした漢族優勢社会の拡大は、台湾島の東部で地理的限界に達し、戦前の「大日本帝国」の領域支配はこの島の南端を南の限界とした。そして、先住民族の文化圏を考えれば、東南アジアに広がるマラヨ・ポリネシア系文化の分布の北端に位置する。

筆者のある台湾の友人は「台湾が入っている地図は東を上にして見ると気分が良い」と言う。西の方から何かと圧迫を感じる中国大陸の上に寝そべり、かつて植民地支配を受けた日本とは同じ高さに位置することになるから、というわけである。しかし、台湾と中国大陸は近い。寝そべって目を上（東の方向）に向けても茫漠たる太平洋があるのみであり、寝そべった背中のすぐ下（西側）には、広大な中国大陸がある。大陸と台湾を隔てる台湾海峡は、最大幅一三五キロメートルしかない。台湾は中国大陸の沿岸島嶼ではないが、近傍の島嶼なのである。

このように、台湾の地理的位置は、アジアを陸のかたまりで考えたときの重層的周縁性をその歴史に与えている。とりわけ中国大陸との近傍の島嶼であるという周縁性の意義は大きい。中国大陸から台湾への移民の波は一七世紀に動きだしたが、中国大陸との近傍の島嶼であるがために、台湾に漢族優勢の社会ができるまで止まらなかった。中国社会の海の周縁としての性格が色濃いゆえんである。

「海のアジア」と「陸のアジア」の「気圧の谷」

だが、見方を変えてアジアを海のかたまりで考えたとき、つまり北東アジアから東南アジアまで中国大陸内陸部を除く地域（西太平洋海域圏）を一体のものと見ると、台湾の位置は必ずしも周縁的であるとは言えない。

白石隆によれば、東アジア（広義の。北東アジアと東南アジア）の歴史は、「海のアジア」と「陸のアジア」が相互に影響を与え合って展開してきた。「海のアジア」とは「外に開かれたアジア、交易のネットワークで結ばれた資本主義的なアジア」であり、「陸のアジア」とは「内に向いたアジア、郷紳《きょうしん》と農民のアジア、農本主義的アジア」であり、この二種のアジアの境界はあたかも「気圧の谷間」のように歴史的に動いてきた。「陸のアジア」の典型は内陸部における軍事的覇者とともに興亡する歴代の中華王朝であり、近代以降の「海のアジア」は、イギリスの「自由貿易の帝国主義」により、ついで「米国の平和《パックス・アメリカーナ》」のもとでの諸国民国家の勃興のなかで秩序の輪郭が与えられてきた（白石『海の帝国』）。

巨視的に見れば、台湾史とは、このような意味での「海のアジア」と「陸のアジア」の「気圧の谷間」が台湾という「場所」を行ったり来たりした歴史であると比喩することができるだろう。この「気圧の谷間」が台湾海峡より東にあれば台湾は中国大陸の影響力におおわれ、西に動けば中国の影響力低下の間隙をついて海洋勢力などの影響力が伸長する。この時には、台湾の重層的周縁性よりは西太平洋海域圏における非周縁的位置のほうが大きく作用し、政治的には激動に見舞われるものの、その一方で経済発展には新たな刺激が加わることになる。こうした力学が、オランダ、中国、日本、さらにはアメリカの影響が強く交錯する台湾史を形作り、人々はその重層的周縁性を生きてきたのである。このことが、台湾という中国社会の「海の周縁」の歴史に独特の個性を与えてきたのである。「台湾史」を語ることができるのはこのためではないだろうか。

サツマイモの形をした島

台湾は、中国大陸の東に突き出た腹の先にある大きな島である。地図に現れるその形を台湾の人はサツマイモに似ているという。中央を南北に険しい山脈が走り、その最高峰玉山（旧称新高山《にいたかやま》）は富士山よりもやや高い（三九五二メートル）。中央山脈の西側には肥沃な平原が開けるが、東側は北部の宜蘭《ぎらん》平野を除いて山がちで開発は遅れた。台湾海峡に面した西部海岸は海流の関係で砂がたまりやすく、リアス式の地形である北部の基隆《キールン》と南部の高雄のみが天然の良港である。

地域としての台湾（澎湖諸島も含む）は、その面積合わせて約三万六〇〇〇平方キロメートル、日本の九州よりやや小さく、中国の海南島やオランダよりやや大きい。人口約二三〇〇万人（二〇〇〇年現在）、マレーシアよりやや多く、北朝鮮や東欧のルーマニアよりやや少ない。

台湾ではよく「台湾四〇〇年の歴史」という言い方をする人がいる。台湾が本格的に世界史に登場するのが、中国大陸からの漢族の移民が活発になりはじめた一七世紀以降だからである。しかし、この言葉には語弊がある。つまり「四〇〇年」と言った途端に先住民族の存在を無視してしまいがちだからである。オーストロネシア語族の言語を話す先住民族は、漢族その他の文字を持つ民族が渡って来るよりはるか以前から台湾に住んでいた。二千数百年前のものと推定される金属器時代の遺跡を残した集団が、今日の台湾先住民族の祖先と推定されている。

しかし、この「台湾四〇〇年の歴史」という言い方は、長い歴史を持つ中国の傍らにありながら存外に文字記録の存在する歴史時代の短い島であることをよく示している。この「四〇〇年」の間の、外来の統治者の幾度かの入れ代わりと、対岸中国大陸からの移民の波とその定着の歴史、その反面にある先住民族に対する圧迫・同化の歴史によって織りなされる歴史、台湾に定着する時期や経緯が異なる集団の間の複雑な関係の歴史、これらが台湾の歴史、筆者が台北の芝山公園の空間に感じた、息詰まるほどに濃密な歴史である。こうした点が理解しやすいように、次ページの表1に歴史時代以降の台湾史の概要を整理してみた。

オランダ東インド会社と鄭成功《ていせいこう》

「台湾四〇〇年の歴史」という言い方が示すように、一七世紀は台湾の歴史にとって決定的な転機であった。まず台湾に手をつけたのはヨーロッパの重商主義勢力であったが、清朝《しん》が台湾を版図に入れたことによって、ここで初めて中国大陸を統治する政権によって統治されることとなり、そのもとで進んだ対岸からの漢族の移住・開拓により、今日に見る台湾社会の基本的性格――少数先住民族をうちに含む漢族優勢の社会――が決定的に形成されることとなったのである。

まず、中国大陸との関係で見ると、最初に台湾に定住するようになったのは漁民であったらしい。かれらは最初台湾海峡南部の台湾島よりに位置する澎湖島に定着した。澎湖島には元代になると巡検司という役所も置かれるようになり、明代《みん》にはごく少数定住する者もではじめた。それでも中華王朝の手はまだ台湾本島にはとどかない。『三国志』にある「夷州」や『隋書』にある「琉求」などが台湾を指すという説もある。だが、それが正しいとしても、記述されているのは、三国時代の呉の孫権や隋の煬帝《ようだい》が武将を派遣して幾ばくかの先住民族を連れ帰ったといった、断片的な交流の事例にすぎない。

中華王朝の台湾に対するこの出足の悪さを嘲笑《あざわら》うかのように、曲がりなりにも国家といえ

清朝統治時代 (1684-1895)	日本統治時代 (1895-1945)	中華民国統治時代 (1945-現在)
中華王朝直轄の一地方	「大日本帝国」の植民地／「新領土」(曖昧な国民化政策)	中華民国台湾省→分裂中国国家の一分裂体としての「中華民国」／実質的台湾国家としての「中華民国在台湾」
福建省台湾府→台湾省	台湾総督府	中華民国政府（首都南京→臨時首都台北／中国国民党一党独裁→民主体制）
漢族農民・商人など(→約290万)	日本人官僚・商工業者・技術者など（→約600万）	外省人官僚・軍人・兵士・知識人とその家族など（大多数は漢族。総人口の約13％）
漢族（泉州人・漳州人・客家人）／先住民(「熟番」・「生番」)	日本人／漢族（本島人）／先住民（「生蕃」＝高砂族）	漢族（本省人・外省人）／先住民（「山地同胞」）→「四大族群」（福佬、客家、新住民、原住民）
	商業的農業の集約的発展／近代製糖業の発展／戦時の初歩的工業化	繊維製品などの輸入代替工業化→繊維・家電などの輸出主導工業化・石化製品などの輸入代替工業化→産業の高度化・資本輸出国化
中国大陸（米・砂糖）→欧米（茶・樟脳）・日本（砂糖）	日本（砂糖・蓬萊米）・欧米（茶・樟脳）	米国（繊維・雑貨・家電製品)→米国・日本（コンピューター）・中国（石化製品）
緩い統合→統合強化	日本への統合強化・中国大陸との往来制限	敵対→「結びつく経済・離れる政治」→東アジア安保の焦点に

表1　台湾歴史時代各時期の特質一覧

	オランダ統治時代（1624-1661）	鄭氏統治時代（1661-1683）
地域の性格（国際社会におけるステータス）	重商主義国家の植民地・通商基地（一時北部の一部をスペインが占領するも、オランダに追われる）	武装海洋交易集団＋亡命中国国家（「南明」）の割拠地・通商基地
統治機構	オランダ東インド会社（本社バタビア）	「東都」（後「東寧」）政府（現在の台南）
外来者の移住（→総人口）	漢族農民・商人（→数万）	漢族軍人・兵士・官僚・農民など（→十数万）
エスニック関係	オランダ人／先住民／漢族	漢族／先住民
経済発展	農業発展の空間的拡大（平地の開発→丘陵地の開発） 商業的農業の展開（砂糖・米→砂糖・茶）	
主な輸出先	日本、中国大陸、東南アジア（鹿角、鹿皮、砂糖）	
中国大陸政権との関係	共存	敵対

出所）著者作成

るような機構、上から住民を捕捉できるようなテクノロジーを備えた統治組織を最初に台湾島に持ち込んだのは、オランダであった。オランダといっても、国家そのものでなくいわば会社国家、オランダ東インド会社であった。一七世紀初めからポルトガル、スペインなどと東アジア進出を競い合っていたオランダ東インド会社は、まず台湾海峡にある澎湖諸島占拠を試みて明《みん》と戦った後、台湾南部、現在の台南市のある場所に貿易と統治のための機構を置き（一六二四年）、しだいに周辺の先住民族を圧服し布教し、台湾対岸の福建地方から漢族農民を呼び込み米とサトウキビを作らせた。その狙いは、中国・日本と南洋・ヨーロッパとの中継貿易基地の確保だったが、漢族農民のサトウキビからできる砂糖と先住民族から漢族商人が集めてくる鹿皮とが台湾独自の有力な輸出商品となったのは予想外の収穫であった。その後、砂糖は戦後初期まで輸出商品であり続けるが、鹿は乱獲によって一八世紀には台湾の平原から姿を消してしまう。

この間、オランダが台湾南部に拠ったのに対抗して、スペインが北部の淡水、鶏籠（後の基隆）を占領した（一六二六年）が、日本、中国との貿易や布教も意の如くならず、駐留軍を減少させ、残った軍も一六四二年にオランダにより駆逐された。スペインの活動の重点はフィリピンに移されていった。

台湾南部に貿易基地を築きつつあったオランダを追って、次に台湾に入ったのは、福建から中国東南海上に勢力を張った鄭氏の集団であった。この時、中国大陸ではすでに明朝が北の満州に興った清《しん》に滅ぼされていた。「反清復明」の旗を掲げた鄭成功《ていせいこう》（一六二四―一六六二年）は、その水軍を率いて二度にわたって南京攻略を敢行して敗れ、ために勢力を養う基地を求めて台湾海峡を渡ったのである。鄭氏の集団は、「海を領土とし、船隊を国家とする」（宮崎市定『中国史　下』）、中国史上には稀な海上武装交易勢力であった。台湾には、鄭氏の軍人兵士のみならず、「反清復明」の旗にひかれて一定数の文人官僚も台湾に移り住んだ。屯田制がしかれ、兵士は中南部各地の駐屯地で開拓にはげみ、官僚は小規模ながら中国王朝に似せた政府と地方行政機構を設けて政務に携わった。台湾はこのような勢力の出現によってようやく中国史の軌道のなかにひきこまれたのである。

清朝の台湾統治

その鄭氏を倒して台湾に手を伸ばしたのは、言うまでもなく、中国大陸に覇を唱えた清朝であった。清朝は、台湾を福建省の管轄下に置き、現在の台南にあたるところに台湾府をもうけ統治を開始した。

ところで、清軍の台湾進攻は、鄭氏という反清勢力の消滅が目的であって、台湾を版図に入れて積極的に支配領域を拡大しようというものではなかった。ときの康熙帝《こうき》（在位一六六一―一七二二年）の「台湾は弾丸のように小さなところで版図に加えても加えなくても意味は無い」（『清聖祖實録選輯』）という言葉にそれはよく示されている。当初、清廷ではいったん台湾放棄論が優勢を占めたが、台湾討伐の水軍を率いた福建水師提督施琅《しろう》（一六二一―一六九六年）が「台湾は小さい島だが、大陸の数省の防壁になれる、これを棄てると、番

（先住民族）や賊（鄭氏のような反清勢力）のものになるのでなければ、オランダなど外国のものになってしまう」と、国防上の必要性を強調して、正式に版図に加えることが決まったのである。

話はやや横道にそれるが、興味深いのは、台湾の地理的位置に地政学的意義を見出すこのような見方に、約二世紀後にも三世紀後にも、かなり正確なエコーが聞かれることである。「黒船」を率いて江戸太平の眠りを醒ましたアメリカのペリー提督は、江戸幕府の返答を待つ間、部下を台湾北部に派遣して港湾や炭坑の調査をさせていた。その報告に基づいて帰国後台湾の領有を主張した一文に曰《いわ》く、「台湾の位置は米国の極東における商業の物産中継基地に非常に適している。台湾を起点とすれば、対中国・日本・コーチシナ・カンボジア・シャム・フィリピンその他この一帯の航海路線が築かれる」「軍事的見地から見れば、台湾の戦略的価値は大変重要である。台湾を占領すれば清国南部一帯を制することができる」(United States Japan Expedition by Com. M. C. Perry)。日本では、一八九四年日清戦争開戦後、伊藤博文首相に宛てた意見書で井上毅が曰く、「台湾ハ……能ク黄海、朝鮮海、日本海ノ航権ヲ扼ス可クンバ、東洋ノ門戸ヲ制ス。……若シ此ノ機会ヲ失スレバ、二、三年後、台島ハ必ズ他ノ一大国ノ有スルトコロナルベシ」（『伊藤博文関係文書　一』、原文は漢文。読み下し文は、伊藤潔『台湾』より転引）。さらにその一世紀後に中国の最高リーダー鄧小平のエコーがある。「統一しなければ台湾の地位は保てない。そうしなければ、台湾は別の国、たとえば米国、日本にとられてしまうからだ」(Far Eastern Economic Review,

Apr. 30, 1987)。

話をもとにもどそう。清朝は台湾の版図と編入を決めたものの、一九世紀後半に再度台湾をうかがう西欧勢力の登場まで、台湾を反清勢力の温床としないこと、台湾を王朝の面倒の種としないことが基本姿勢であった。清朝は最後の中華王朝であり、東アジアでは前近代の最後の帝国である。それは近代国家のようにその版図全体に一元的で均質な支配を行使する意志も能力も持たない。前近代の中華王朝は、帝国に服属する地域の慣習や制度について、中心の権力は秩序が攪乱される場合にのみ干渉するという、消極的関与の態度のみを示したのであり、清朝が台湾に示した態度がまさにこれだったのである。

打ち続く移民の波

この基本姿勢のため数々の対策がとられた。台湾に派遣される官吏に対しては、厳格な三年交代制がとられ、現地勢力の側につかないように家族帯同の赴任が禁止された。大陸に残る家族は人質同様だったのである。このため胥吏《しょり》と呼ばれた下級官吏が民を食い物にする弊害がはなはだしく、開拓期にある社会の民情の「西部劇」的荒々しさもあって、「民変」と呼ばれる反乱が頻発した。反抗する者に武器が行き渡らないようにするために、業者に鑑札を与える制度で台湾への鉄製器具の輸入と台湾での生産を制限する措置までとられたのであった。

こうした制限政策の中でも最も重要だったのは、対岸からの台湾への厳しい渡航制限であった。この政策は後に「渡台三禁」と称され、家族の無い者、犯罪記録の有る者の本籍地への送還を規定した上で、①本籍地官吏と台湾側官吏の証明証が無い者の渡航禁止、②家族帯同の禁止、家族呼び寄せの禁止、③広東省人民の台湾渡航禁止（広東省は海賊が多いから、との理由）の政策がとられたのである。

しかし、全体的には台湾が清朝統治下に入ったということは中国大陸からの移民には有利であった。大陸と台湾とが同じ政権の統治下に入ったからである。台湾の沃野に新たな生存・発展の機会を見出した対岸地域住民の意欲の前には清朝の禁令も効果が無かった。移民の高波は一九世紀初めまで続き、漢族による開拓は、オランダ時代から開かれた台南地方から南下して下淡水河流域へ、北上して中部彰化平野、さらに北上して台北盆地へ、そこから東転して北東部宜蘭平野へと進展した。

台湾の人口もこれにつれ急増し、漢族人口は鄭氏時期末期の推定一七万から一八二四年の約一七九万（Shepherd, *Statecraft and Political Economy on the Taiwan Frontier 1600-1800*）と約一〇倍となった。一九〇五年台湾総督府が行った日本統治下初めてのセンサスでは、台湾の総人口は三〇四万、うち日本人が五・七万であったから、一九世紀末の台湾の人口は約三〇〇万と見られる。

このような人口増加と課税可能な地域の拡大につれ、清朝も行政機構を拡大・拡充せざるを得なかった。ただし、そのきっかけとなったのは、大規模な内乱や、清末には外国からの侵略であった。領有当初の一府（台湾府）三県は一七二七年には一府四県二庁に拡大したが、これは一時全島を席捲した朱一貫の乱がきっかけであり、一八七四年には明治維新後の日本が台湾南部に出兵したが、その直後には新たに台北府が設けられ、一八八四─八五年の清仏戦争（フランス軍は澎湖を一時占領、台湾本島北部でも戦闘）の後には、福建省から独立して台湾に一省が置かれるに至ったのである。

「四大族群」と多重族群社会

ところで、前述の台湾のおかれている地理的位置の意味合いとともに、台湾の理解にかかせないのが、台湾社会のエスニックな多様性である。漢族移民が優勢となっていった台湾社会には、同じ漢族に属する人々であっても、互いに何らかの差異が意識されている複数のエスニック・グループが存在している。このように差異が意識されること、言い換えればエスニック・グループどうしの境界（エスニック・バウンダリー）が存在していることの背景には、台湾への移住の歴史的経緯の違いや言語など移民の出身地の違いによる文化的差異、さらには政治・経済的資源の分配にまつわる差異などがある。そして言うまでもなく、これら漢族のほかに先住民族がいて、漢族との間にエスニック・バウンダリーがある。

現在の台湾では、「エスニック・グループ」に相当する言葉として「族群《ぞくぐん》」という言葉が定着している。民主化以後、台湾社会の文化的多様性を直視しようという主張が台頭し、この言葉を使って台湾社会の「四大族群」という言い方がなされるようになった。四つの族群とは、「原住民」（先住民族）、「福佬人《ふくろう》」（祖先が福建省南部出身者。福建省の別称「閩」の文字を使って閩南《びんなん》人とも言う）、「客家」（客家語を母語とする漢族の一支族、台湾の客家は主として広東省北部出身）、「外省人」（戦後中国大陸各地から移民。漢族が大部分だがモンゴル族、回族、満州族などの少数含む。最近は「新住民」と称されたこともある）である。「四大」というが、実際の人口比率は、一九八九年（総人口約二〇〇〇万）時点での言語社会学者黄宣範の推計によると、この順で一・七％、七三・三％、一二％、一三％であり（黄宣範『語言、社会與《と》族群意識』）、「一小一大二中」とでもいうのが事実にあっている。「四大」というのは、この言い方が台湾社会における文化的多様性の相互尊重をうたう、台湾住民のナショナル・アイデンティティについての理念を下敷きにしているからであろう。加えて、これらの族群間の関係、つまりはエスニックな境界のあり方も、異なりかつ重なり合っている。そこでこのような側面から見た場合の台湾社会の特徴を、台湾でいう「族群」の語を借りて「多重族群社会」という言葉であらわすことにしよう。多重族群社会は台湾史の周縁性の反映でもあるから、再度歴史を振り返ってみる必要がある。

先住民族と漢族の関係

一七世紀末、台湾を版図に入れた清朝は、対岸から台湾への移住制限政策をとったが、台湾内に入ってしまった漢族に関しては、一八世紀に入ると先住民族地域への立ち入りを制限する政策をとった。「画界封山《かっかいふうざん》」（先住民地域との境界を画して漢族の先住民地域への入山を禁止する）政策である。これは、台湾移住制限政策と同様実効は少なく、清朝は漢族開拓領域の拡大の後を追いかけるようにして行政範囲を拡大していき、次章に見るように、最終的には山地の先住民族をもしだいに統治の対象としようとするに至ったのである。

台湾の先住民族は、人種的にはプロト・マレー系でオーストロネシア語族の言語を話す人々である。台湾の西部平原地帯から中央山脈、東部地域、さらには東部沿岸島嶼にかけて広く居住し、狩猟・漁猟・焼畑農業を中心とする生活を営んでいた。政治単位は、清朝の文献に「社」として登場する部落が基本単位であり、それ以上はせいぜいその連合程度のものがあったにすぎなかった。

清朝は、その統治下に入った「社」の住民を「熟番」と称し、漢族姓を名乗ることを認め、「社」単位に税（「番餉《ばんしょう》」と称された）を課した。統治下に入らないものを「生番《せいばん》」と呼び、これに積極的に統治を及ぼそうとはしなかった。「生番」は多く山地に居住していたので、「高山番」とも呼ばれた。これに対して、「熟番」とは基本的に漢族の移住・開拓が進んだ西部平原の先住民族であり、そのため「平埔番」とも呼ばれた。清朝は、「生番を内側に（より中央山脈側に）、漢族の民を外側に（より平地側に）、熟番をその間に」という隔離政策をとるとともに、各族群を相互に牽制させて統治しようと試みた。

移民は、西部平原に鹿が豊富な時期には「番餉」の請負人（塩・日用品と先住民族の狩猟する鹿皮・鹿肉とを交易、利益の一部で代理として「番餉」を納入）として、鹿が乱獲により激減し、清朝が熟番保護に意を用い始めると「熟番」の土地の開墾や耕作に携わり、実質的土地支配を固めていった。

清代画家が描いた鹿狩りをする平埔族。（中央研究院歴史語言研究所蔵）

こうして漢族の社会的優位の確立とともに、しだいに漢族の言語・風習などを採用するようになり、また、漢族の村との争闘も発生し、一部の部族は、漢族の圧迫を逃れるため中部埔里盆地や東部地域への集団移住を余儀なくされた。こうした事情は、西部平原において「熟番」と漢族の族群的境界の意義をしだいに減殺していったものと思われる。

「分類械闘」

前に述べたように、中国対岸から台湾に移民した漢族の大部分は、福建省南部の泉州府と漳州府および広東省の嘉応州の出身であった。移住活動を始めたのは、福建省南部出身者（福佬人）が早く、鄭成功自身も、またその部下もそうであった。広東省嘉応州からの移民は客家であり、前に触れたように、清朝は当初広東省からの渡台禁令をより厳しくしていたので、客家の台湾移住は漳州人、泉州人より遅れた。

一八世紀の乾隆《けんりゅう》期以降、台湾への移民が急増すると農業資源獲得の競争は厳しくなった。より有利に土地開発を進めるため移民は出身地別の村落を形成することになり、土地や水利をめぐり日常的な緊張がこれらの村落間に生じる状態のなかで、些細なきっかけから、泉州人、漳州人、そして客家人が武器を持って集団で争闘する事件が頻発した。これが台湾史上に知られる「分類械闘」である。「分類」(「類」、つまりある特徴によって集団に分かれる現象)は、これら三者のそれぞれの間に、さらには如何なる組み合わせの間でも生じた。したがって、この時期、台湾社会においては、漢族・先住民族関係に加えて、泉州人・漳州人・客家人の間に、社会的政治的に意味のある境界が存在したといえる。これは、出身地と言語をもって分かれるのであるから一種のエスニックな境界であったともいえよう。

しかし、一九世紀に入ると移民の波も下火となり、それとともに、漢族移民の中には、台湾の移住地に祖先を祀る祖祠を建立する傾向が現れ、「唐山祖」(唐山は中国大陸のこと)を祀るのではなく、「開台祖」(台湾での血縁集団の基を築いた祖先)を祀るような宗族《そうぞく》組織の形成が進み、「分類械闘」が発生しても、出身集団別のものとならず、宗族間対立によるものが増えていった。大陸社会集団の直接の延伸ではない、台湾に根をおろした漢族社会組織の成熟が進んでいったのである。これは歴史研究の上で、漢族移民の「(台湾への)定着化」と呼ばれている(陳其南『台湾的伝統中国社会』)。

これとともに、エスニック・バウンダリーつまり族群の境界にも変化が生じた。言語など文化的同質性の高い泉州人・漳州人のバウンダリーは清末期にはいちじるしくその意義を減じた。

福佬人と客家

一方、福佬人・客家人の境界はと見ると、一部では客家が多数集団である福佬人に同化していく事態もあった。つまり、周辺を福佬人コミュニティに囲まれた少数集団は、文化的に福佬人に同化していくことになった。これが、いわゆる「福佬客」と称される人々である。台湾の元総統李登輝〔一九二三―二〇二〇年〕の一族もこれである。台湾にやってきた李家の先達は、まず客家の集住地区である現桃園県龍潭《りゅうたん》に来たが、李登輝の曽祖父李乾葱《りけんそう》の代に、三芝に転じた。三芝は福佬人の土地であり、李登輝の母方の江家も福佬人である。俗に台湾語と呼ばれる福佬語が李登輝の母語であり、李登輝は自分が客家の血統であるとの認識はもっているが、客家語は話せなかった。

しかし、このように人口的多数派である福佬人の社会は少数派である客家人に対して（当然また平埔族に対しても）同化力を有していたものの、福佬人と客家の境界は、全体として消滅はしなかった。これには母語の相違をはじめとする相互の文化的な差異とともに国家の政策も関係している。清朝は台湾の治安維持に際し常に兵力不足をかこっていたため、不足する兵力を補うため、村落で自治的に治安維持や「械闘」のために組織された武力を「義民」（政府側についた民）として利用した。そして、そのような村落に客家のものが多かったため、両者の悪感情は容易には消えず、エスニックなバウンダリーも残ることとなったのである。

相対的に遅れて台湾に移民した客家の村落は、丘陵地ないしそれに近いところに立地することが多く、官の側からすれば、「民変」に際し官軍と呼応させるに便があった。このために「治まっている時は閩南が客家を苛め、乱が起こった時は客家が閩南を侮る」（戴國煇「中国人にとっての中原と辺境」）との言い方が残った。それぞれが差異を残しつつ、また相互のバウンダリーを意識しつつも、両者を架橋していくようなアイデンティティが登場するような条件も、台湾の各地をつなぐ交通・運輸手段が未発達で台湾全体としての経済的統合も進まなかった清朝統治下では乏しかったのである。

こうした社会状況のなかで、台湾は一九世紀後半からの激動に巻き込まれていくことになる。

第二章 「海のアジア」への再編入——清末開港と日本の植民地統治

台湾史第二の転機

台湾の歴史にとって、一七世紀は台湾が世界史に登場するという決定的な転機であった。西洋のオランダ東インド会社と中国の鄭氏勢力が相継いで台湾に拠る間に、清の勃興、中国大陸制覇とともに、「海のアジア」と「陸のアジア」の「気圧の谷」は、東に移動し台湾島から遠ざかった。台湾は、清帝国が東アジアにもたらした秩序の中に完全に入り、一世紀以上の間中国大陸から台湾への移民の波が続き、台湾には、平原地域の先住民族を内に含みつつ複雑な重なりを持つ移住漢族の社会が牢固として形成されたのである。

そして次の大きな転機は一九世紀後半にやってきた。この時期の台湾の転機には、二〇世紀の今日まで続く二つの側面があった。一つは、台湾経済が再び世界経済の中に組み込まれ、オランダ時代、鄭氏時代と同様に輸出を主導とする発展の軌道に入ったこと、もう一つは、今日まで続く中国大陸と台湾との政治的分断が事実上始まったことである。「海のアジア」と「陸のアジア」の「気圧の谷」が、台湾島を越えて再びその西側に移動してきたのである。その主な原因は、清帝国の衰弱と欧米列強の東アジアへの帝国主義的進出、そして新興の帝国主義日本の台頭であった。康熙・乾隆の盛時を過ぎて一九世紀に入ると清朝は衰退の兆しを見せ、ついで一八四〇年代以降、アヘン戦争に始まる外患、太平天国の乱にはじまる内憂に悩まされることになった。そして、以後、この「気圧の谷」は長く台湾海峡上に居座ることになる。

清帝国の一部であった台湾も当然その圏外に置かれることはなかった。アヘン戦争に際しては、英国軍船が第二戦線を開かんとして鶏籠をうかがい、一八七四年には新興日本が先住民族の漂着琉球人殺害を口実として台湾南部に出兵し（牡丹社事件、台湾出兵）、一八八四―八五年の清仏戦争では鶏籠、淡水が攻撃されたほか、澎湖諸島が一時占領された。こうした台湾をめぐって高まる外患に対して、清朝は、従来の消極策をすて、台湾・大陸間の電線敷設、海防の強化、平地に対する行政密度の強化（台北府の設置、ついで台湾省の設置）、山地に対する実効統治拡大（「開山撫番《かいざんぶばん》」）、経済近代化への着手（鉄道敷設の開始、土地所有関係の整理など）など、積極的に台湾を掌握し統合する政策に転じたのであった。その主な推進役となったのが、初代台湾巡撫に任命された劉銘伝《りゅうめいでん》であった（在職一八八五―一八九一年）。

しかし、その速度は新興日本の野心を押しとどめるものとはなり得ず、清朝は一八九五年には日清戦争に敗れ、その結果台湾そのものが、アヘン戦争から二十数年後、明治維新を経て東アジアにおける列強のパワー・ゲームに参入してきていた日本に割譲されるに至るのである。そして、一九四五年太平洋戦争で日本が敗れ、台湾は中華民国に接収されてその一部となったが、四年後中華民国を統治していた中国国民党が中国共産党との内戦に敗れ、台湾に逃げ込んだ。そして五〇年の朝鮮戦争勃発を機に台湾海峡に東西冷戦が波及、台湾の国民党政権はアメリカの庇護を受け、以後共産党が樹立した中華人民共和国と対峙し続けた。中華人民共和国は、「中国は一つで台湾は中国の一部」と主張しつづけ、台湾の中国への統一を目標に掲げつづけているが、今日にいたるもまだ実現していない。

一九世紀末以来、一九四五－四九年の四年間を除いて、日本の台湾植民地支配と国共対立により、すでに一〇〇年以上台湾と中国大陸の政治的分断は続いているのである。

清末開港と輸出主導の開発の進展

「海のアジア」と「陸のアジア」の「気圧の谷」の移動は、東アジア秩序の激動として現れ、台湾はそこに直接巻き込まれることとなったが、その影響は経済面でも顕著であり、しかも、それは台湾の経済にとっては急速な発展の契機となったのである。

アヘン戦争の結果、清朝は南京条約により広東、上海、廈門《アモイ》など五港を開港させられたが、英仏との第二次アヘン戦争（アロー号戦争）の結果、一八六〇年北京条約で開港場追加を余儀なくされた。その中には台湾の台南と淡水が含まれており、その後まもなくそれぞれの「子港」として、打狗《ターカウ》（後の高雄）と鶏籠も開港された。

開港は、それ以前から吸飲の習慣が始まっていたアヘンのいっそうの流入を促すなどマイナス面もあったが、全体としては台湾の経済を新たな市場に結びつけることによってその潜在力を引き出すものとなった。それまで中国大陸への移出商品であった米は西欧商人が持ち込むタイ米と競合することになったが、砂糖の日本向け輸出は増大し、さらに新たに台湾に導入された茶と、この時期にセルロイドや防虫剤の原料として突如世界商品となった樟脳の輸出が急速に伸びた。通関統計が取られるようになった一八六五年以降九五年まで台湾の輸出総額は六倍に膨れ上がったが、そのバランスは七〇年代以降一貫して台湾の出超であり、並行するアヘン輸入の急増を補ってあまりある貿易黒字を台湾にもたらした。清末の台湾は急速に清国の中でももっとも豊かな地方の仲間入りを果たしていったのである。

このような経済発展は、今日にも続く重要な影響を台湾の社会に残すこととなった。茶は丘陵地で栽培され、樟脳の原料となる樟樹はこの頃には平地では少なくなり山地に入って採取するしかなかった。したがって、茶と樟脳の生産活動の活発化は、それまで小規模交易の他は漢族との接触の少なかった山地先住民族の生存空間に、本格的に平地の勢力とその文明が侵入を開始したことを意味した。それまでに西部平原の「平埔番」が移住漢族の圧倒的な勢いにさらされてきたのと同様の圧力に、「生蕃」、すなわち山地先住民族も直面するようになったのである。この趨勢は、一八七〇年代に入り日本の台湾出兵など台湾に対する外部脅威が強まる中で対山地積極政策に転じた清朝の「開山撫番」政策および日本の台湾総督府の「理蕃《りばん》事業」（後述）を通じて継続し、さらに戦後の急速な経済発展のなかでいっそう激しくなっていった。

また、この時期の経済発展は、台湾の社会経済の重点を開発の起点だった南部から北部に移すこととなった。北部には茶の生産に適した丘陵が多く、樟脳の原料採取に適した森林は北部から中部にかけて存在していた。このため、北部にはこれらの集散地として小鎮が発達した。そして、それらの集散地からの産品輸出のための商業地区として、台北盆地を流れる淡水河河畔に艋舺《バンカ》（後の萬華）が、ついで大稲埕《だいとうてい》が栄えることになったのもこのためである。日本統治下に入っても、戦後の中国国民党統治下でも、萬華や大稲埕は台湾的特色の強い区画として外来の統治者の治める首都で土着の息吹を発散し続けることとなった。

前述のように一八七五年の日本の台湾出兵後に新たに台北府が置かれ、清仏戦争を契機とする台湾省の設置に際しても、省都が当初予定された台中にではなく台北に置かれたことは、対外危機の反映であるとともに、台湾経済の北部への重点移動の、政治的反映でもあった。台北のこの地位は、日本にも、その後の国民党政権にも引き継がれて、今日に至っている。それは、台湾社会にとっての台北の中心性が時代を追うごとに強まっていったということであり、そのことはまた次に述べるような、台湾社会の台湾規模でのまとまり、いわば「台湾大」の統合が時代を追うごとに進展していったことを象徴しているのである。

日本の植民地支配

清末における台湾の転機、その第二の側面は、日清戦争の結果台湾が日本に割譲されたこと、そのものである。日本の台湾出兵後に進められた台湾の防備と統合強化策にもかかわらず、隙を窺う列強に対して、清朝は終に台湾を保持することができなかった。台湾をとったのは新興の帝国主義日本であった。

日本の統治は、一八九五年、日清戦争の結果締結された下関条約により、台湾が日本に割譲されたことから始まった。割譲決定とともに日本は、台湾総督を任命し、占領軍を派遣し、台北に台湾総督府を置いて統治を開始した。台湾総督には台湾の行政権のみでなく立法権、そして司法もコントロールできる強大な権限が与えられた。統治前半期には、総督には駐屯軍指揮権を持つ陸軍中将ないし大将があてられることになっており、駐屯軍指揮権が総督から分離され文官も総督に任命できるようになったのは、ようやく一九一九年になってのことであった。

日本軍の占領行動は、当初激しい抵抗に直面した。平地の漢族居住地域では、土着勢力のゲリラ的反乱を制圧するのに一九〇二年までかかった（この間日本側統計に現れた台湾側戦死者約三万二〇〇〇人）。山地先住民族地域（「蕃地」）に対しては、一九一〇年からいわゆる「蕃地討伐五箇年事業」（約二二〇〇人の戦死傷者を出して、先住民から約一万八〇〇〇丁の銃器を押収）を敢行し、一九一〇年代半ばにようやくほぼ全島をコントロール下においた。支配の確立につれて、日本国家の官吏は、上は台湾総督、下は警察派出所巡査として村落レベルまで浸透し、治安と行政の網の目が形成された。

植民地の統治に警察の果たした役割は大きかった。台湾総督府は、かつて台湾で実施されたことがあった「保《ほ》甲《こう》」という一種の村落レベルの治安維持組織（一〇戸を「保」、一〇保を「甲」にしてそれぞれに長を置く）を警察官派出所の監督下において、住民を把握するとともに、警察には、この「保甲」を通じて、村の道路補修や農事改良技術の普及、伝染病予防措置の徹底から進出する製糖会社の土地買収の手助けまで、広範な役割を担わせた。「台湾統治は警察政治」(矢内原忠雄『帝国主義下の台湾』)と言われたゆえんである。

台湾総督府はまた、治安・行政体制の整備とともに、経済基盤の近代化事業を推し進めた。一九〇〇年には早くも南北をつなぐ幹線道路は総延長約七〇〇〇キロメートルに達し、一九〇八年には、北部の基隆港と南部の高雄港をつなぐ西部平原縦貫鉄道が開通した。一九年には、開発の後れていた東部(太平洋側)にも電信線がつながり全島通信網が完成をみた。こうして台湾内部が近代交通・通信システムで結合されていくとともに、基隆、高雄の港湾近代化工事、海底電線の敷設・無線電信の整備なども行われて、台湾と日本本国とは強力に結合された。

また、土地調査事業と税制の改定も実施され、複雑だった土地権利関係は相当に単純化された。同時に地租の増徴も可能となり、アヘン・塩などの専売事業の実施とあいまって総督府の財政基盤を固めた。その他、度量衡の統一(地方ごとに異なる計量基準・機器の日本式への統一)、貨幣の統一(最終的に日本本国と同一化)、金融制度の整備(発券銀行としての台湾銀行の設立)なども推進された。

こうした経済の基盤整備事業は、土地調査と土地税制改正などその一部は清朝末期の改革として着手され中途挫折していたものであるが、日本統治期に入って外来植民地権力の効率的な強権の行使により実現を見たものである。戦前台湾研究の古典的名著『帝国主義下の台湾』を残した矢内原忠雄〔一八九三―一九六一年〕は、同書の中でこれらの措置を「資本主義化の基礎工事」と呼んでいる。

この「基礎工事」の上に、日本政府の肝入りで経済開発が進められた。台湾には、日本本国の工業化推進のための食料供給という補完的役割が割り当てられた。まず、すでに清朝期より基盤のあった糖業がテコ入れされ、日露戦争後には周到な保護政策の下で本国資本が続々と参入、近代糖業が確立をみた。ついで、日本人の好みと台湾の気候にあうジャポニカ種の「蓬萊米《ほうらいまい》」が開発された。日本本国で都市化・工業化が進展すると、大正期には米穀の供給が不安定となり、一九一八年にはついにいわゆる「米騒動」が発生したが、台湾ではこれ以後、蓬萊米の作付けが急速に増やされ、本国に移出されるようになった。

工業部門では、製糖業など食品加工業を除くと、目立った産業は移植されず、台湾は日本の消費材産業の市場の一つとなったが、一九三〇年代以降、戦時自給体制の一環として一部重化学工業がわずかながら導入された。日中戦争ばかりでなく、日本軍の東南アジア侵略とともに、軍需物資供給機能を備えるよう「南進基地化」が唱えられたからである。

「台湾大」の社会統合と民族運動

ところで、清朝は前近代型の帝国であり、近代国家のように、その版図全体に一元的で均質な支配を浸透させようとする意欲と能力を持たなかった。山地先住民族居住地域に支配を浸透させ、台湾全体を積極的に版図に統合しようという意欲を見せたのは、前述のように日本の台湾出兵によりその台湾支配が脅かされた後のことだったのである。

一方、明治維新を経て近代国家への転換に成功した日本は、台湾割譲を受けたそもそもの最初から、版図全体に一元的で均質な支配を行使する意志を有し、また実際に明治維新後の経験をも有していたのである。

それゆえに、前項で見たように、台湾社会は、社会にかつてない深さと密度で浸透した国家の支配と、米と砂糖を柱とする経済発展とを軸に、日本に対する政治・経済・文化的従属の代価を払いつつ、「植民地的近代化」を経験したのだということができる。さらに、この近代化とともに、かつては中央山脈から流れ出る幾多の急流にさえぎられ、それぞれバラバラに中国大陸の港湾都市と結びつく傾向があった台湾の南部、中部、北部各地方をより緊密に結びつけ、この島の社会に初めて「台湾大」のまとまり、あるいは社会統合が生まれたとも見ることができる。日本が、全島に交通網・通信網・行政機構・学校体系を建設し、そして全島規模の市場を成立させていったのは、台湾を植民地としてより効率的に統治し、かつ日本本国に結合するためであった。だが、そうした植民地的な、本国の利益に奉仕するため「台湾大」に形成されたシステムのいわば「裏側にはりついて」、台湾社会自身の社会統合がもたらされたのである（ただし、この時期にはこの社会統合はまだ山地先住民地域には及んでいない）。

こうした台湾自身の社会統合の誕生は、それを体現するような一群の人々を生み出した。西欧列強支配下の植民地においてもそうであったように、宗主国日本が持ち込んだ近代教育制度で学んだ人々である。日本は、台湾領有早々から初等教育を中心に近代学校教育制度の導入を開始し、最終的には、一方で日本本国の学校体系に接続させ、かつ台湾内では台北帝国大学を頂点とする学校教育体系を形成した。植民地支配終焉まぢかの一九四四年には、学齢児童の就学率は七〇％を超えていた。すでに一九一〇年代には、台湾の上層階層は、総督府が進める学校普及策には満足できず、子弟の日本本国留学がしだいに増加した。台湾内の学校体系には台湾在住日本人に有利で台湾人の進学には不利な植民地的差別が存在したからである。

よく日本の植民地支配政策の特色として指摘されるように、この学校体系では初等教育段階から「国語」（日本語）が教授用語とされ、かつ「国語」の習得が台湾住民の日本人への「同化」の重要な手段と位置付けられたのであった。この「同化」は日本人の文化は押し付けようとするが、市民的権利・義務においては差別を維持するという点で、いわば「曖昧な国民化」であった。

教育の普及を背景として、農業中心の社会としては決して薄いとはいえない、教師、技師や医師、弁護士その他の自由業者を主体とする輪郭の明確な新しい中産階級が登場した。台湾では日本の支配が浸透して以降、各地の紳士録の類が盛んに発行されたが、そこには、支配民族として優越する地位に就く日本人官僚や実業家などとともに、このような台湾人の中産階級人物の相貌を見ることができる。

一九二〇年代に入ると、こうした中産階級をリーダーとして、さまざまな政治・文化・社会運動が展開されるようになる。日本本国の国会（帝国議会）に対して「台湾議会」（台湾に関する予算と法令を審議する権限をもつ）を設置する法律制定を求める一種の植民地自治運動がはじまり、文化啓蒙を標榜して台湾人知識人による台湾文化協会が設立されて台湾各地で活発な巡回講演活動などが展開された。台湾議会設置請願運動の第一回の筆頭請願人となり、また文化協会創立時の総理となり、資金面でもこれらの運動を支えたのは、台湾中部霧峰の大資産家林献堂（一八八一―一九五六年）であった。漢族の土着地主資産階級の一部分と近代教育を受けた新興知識人とが結合して植民地台湾の近代的民族運動が開始されたのであった。

また、日本語による「同化」攻勢に対抗して中国「白話文」（口語文）による言論機関『台湾民報』が創刊されて、同時代の中国の「文学革命」にならって「台湾新文学」が提唱された。この文学運動は後に台湾土着の要素の重視を主張した「台湾話文」と「郷土文学」の構築運動へと展開した。また、台湾キリスト長老教会が布教のため使っていた福佬語のローマ字表記法を民衆啓蒙のため普及させようという運動も、台湾文化協会のリーダーの一人、蔡培火《さいばいか》（一八八九―一九八三年）によって行われた。

さらに、二〇年代中頃からは製糖会社と甘蔗（さとうきび）農民との争議をきっかけに農民運動が勃興、日本や中国経由で社会主義の影響力が増大し、二八年には地下組織として台湾共産党も結成された。これら社会運動のリーダーも、主として前記の中産階級から供給されたのであった。

このような中産階級の活動こそが、「台湾大」の社会統合を主体的に表出するものであったといえよう。また、これらの中産階級こそが、日本支配を通じて入ってくる「近代」に最も深く接触し、近代的学術、技術、制度、経済運営の長所を理解し、それを台湾社会に接続する役割を果たしたのであった。もちろん、日本国家と日本人が持ち込む「近代」は、台湾人にとって「植民地的近代」であった。日本支配からの「近代」の吸収は、植民地性との闘いという大きな代価を必要としたのであった。

植民地統治下の先住民族

ところで、先に台湾社会は日本統治下でいわば「植民地的近代化」を経験したのだ、と書いた。いったいそれは、近代的経済の制度とインフラストラクチャーを初歩的に獲得したということのほかに、台湾住民自身にとってはどういうことだったのだろうか。「四大族群」の過去を探る、という前章の観点を引き継ぎつつみてみよう。

まず、先住民族について。一九世紀後半、高雄や基隆の開港の社会・経済的影響や新興日本の台湾への野心の表出の前に、清朝は台湾に対する「消極的関与の態度」を保持できなくなり、大陸から台湾への渡航の禁令を公式に解くとともに、樟脳輸出の好調を背景に山地統治にも乗り出すこととなった。これが前に触れた「開山撫番」政策である。清朝は一定数の「番社」を帰順させることに成功したのみで、台湾山地全体に平地の行政権力が及ぶようになったのは、前記のように日本統治時期であった。

日本統治期、台湾総督府は、「熟蕃」（「平埔番」）に対しては、人類学的研究によりカバラン、ケタガランなど一〇を越える部族の存在を確認し（その後学術上前述のように「平埔族」と呼ばれるようになった）、人口統計上そのカテゴリーを維持し続けたものの、居住地域が漢族地域の中にあるため行政的には漢族と区別しなかった。これは、「平埔族」と漢族とのエスニック・バウンダリーの政治・社会的意義をさらに減殺する方向に作用したと考えられる。ちなみに、一九四三年の総督府統計によると、同年の総人口六五八万六〇〇〇人のうち、福佬人は四九九万七〇〇〇人で七五・九％（日本人を除いた土着人口総数の八一・五％）、客家人は九一万三〇〇〇人で一三・九％（一四・九％）、高砂族は一六万二〇〇〇人で二・五％（二・六％）、平埔族は六万二〇〇〇人で〇・九％（一・〇％）、そして日本人三九万七〇〇〇人で六・〇％であった（台湾省行政長官公署統計室編『台湾省五十一年来統計提要』）。

戦後は、人口統計上からも「平埔族」のカテゴリーは消失し、漢族とのバウンダリーが取り立てて意識されない状況が民主化期まで長く続くこととなった。「平埔族」は「歴史上の族群」となったのである。

一方、台湾総督府は「生蕃」に対しては、その居住地を「蕃地」として区別し、討伐により帰順した「蕃社」に対して警察派出所を置き、「蕃地」を、警察官が行政を執行する特別行政、「理蕃行政」をしいた。日本国家の介入により漢族と先住民族の直接の社会的相互作用関係は減退したが、こうした統治体制の下では、「文明化」の度合いによる「内地人」―「本島人」（漢族）―「蕃人」のエスニックな階統秩序が意識され、そこでは漢族と先住民族とのエスニック・バウンダリーはそのままであったと見ることができる。

こうしたエスニックな階統秩序形成にあずかって力があったと思われるのが、阿里山のツォウ族の「通事」（通訳）を務めていたとされる漢人呉鳳《ごほう》にまつわる説話である。「阿里山蕃」には首刈をしてお祭りのときに供え物とする風習があった。呉鳳はこれを止めさせようとして、すでにとった四〇人あまりの首を毎年一つずつ使わせ、それがなくなると四年間我慢させたあと、明日赤い帽子をかぶり赤い服を着た人が来るからその人の首を取れ、と言った。「阿里山蕃」がその人の首を取ってみると、呉鳳であったので、かれらはそれから首刈はしないと誓った、という話である。

この話には実はさまざまな異説があったのだが、にもかかわらず、総督府は呉鳳が「蕃人」の首刈の風習を止めさせるために自ら犠牲になったという形の「呉鳳神話」をまとめ上げ、それを教科書に掲載して浸透をはかったのである（駒込武『植民地帝国日本の文化統合』）。この「呉鳳神話」は、戦後の国民党統治下でもそのまま教科書に採用され続けたが、後に述べる民主化の時期になって先住民族のアイデンティティ回復運動がおきてようやく廃止された。

また、日本統治期の人類学的調査で、「生蕃」は言語や社会構造が相互に異なる九つの部族（人口の多い順に、アミ、タイヤル、パイワン、ルカイ、ブヌン、プュマ、サイシャット、ツォウ、ヤミの各族）に分かれるとされた。この分類は戦後にも踏襲されている。これについても民主化期以降先住民族自身から疑義が出ていて、「台湾原住民族権利促進会」では、これにタロコ族を加えた一〇族分類としており、さらにツォウ族から日月潭のサオ族を分ける考え方もあった。また、ヤミ族については、自称である「タオ」を族称とすることを求める要求も出ている。ちなみに、「ヤミ」とは彼等自身の言葉では「われわれ」という意味である。

＊文庫版の注　その後、本文にあげたヤミ族のタオ族への改称が認められ、タロコ族、サオ族が政府認定部族とされた他、さらにセデック族、クバラン族、サキザヤ族、サアロア族、カナカブ族が認定され、台湾原住民族は計一六族となった。この他、台南地方のシラヤ族（平埔族）などが認定を要求している。

さて、日本植民地統治下では、この「理蕃」と称する警察官の統治のもと、「授産」の名目で水田耕作や牧畜が奨励され、また「蕃童教育所」や「蕃人公学校」が設置されて先住民族の子女に対し日本語の教育が行われた。これらの施策は先住民族の固有の文化や生活様式を無視した性急なものであった。歴史上著名な一九三〇年の霧社《むしゃ》事件は、これに対する先住民族の反発を如実に示すものであった。一九三〇年一〇月二七日、当時の台中州能高郡霧社のタイヤル族六社三百余名が、霧社公学校で開催中の運動会場を襲撃して日本人百三十余名を殺した。ついで鎮圧に出動した総督府警察と陸軍部隊とに対し、山岳に拠って一ヵ月余にわたって抵抗を継続したのであった。

しかし、エスニシティの観点から言えば、言語・習慣も異なる先住民族諸族に対して画一的な統治が押し付けられたことは、諸族にまたがる汎先住民族アイデンティティの基礎を作ることにもなった。「国語」（日本語）が当時の若い世代の先住民族諸族の共通語になったことはその点を端的に示すものである。戦後の中国国民党統治下での「国語」（中国標準語）

教育も同様の役割を果たした。後に触れる一九八〇年代に民主化運動とともに開始された「台湾原住民運動」の歴史的基礎の一端がここに見出される。

登場する台湾人アイデンティティ

日本の統治は、台湾社会の族群関係にそれまでと全く異なったインパクトを与えた。それは近代国家の統治であり、日本はその統治領域内における均質な支配の確立を意図しかつ実行した。その結果、台湾史上初めて「台湾大」の社会統合、まとまりがもたらされたのである。しかし、同時にそれは植民地支配であり、台湾住民に付与されたのは、そのエスニックな属性にかかわらず、いわば「大日本帝国」の「二等臣民」のステータスであった。日本統治者側は台湾の漢族系住民を「本島人」と呼んだが、この呼称がそのステータスを象徴している。言い換えれば、台湾の漢族系住民は「国語」（日本語）教育などを通じて、従属的・差別的な日本国民への「同化」（曖昧な国民化）を押し付けられていたといってよい。そして、それが同時に「呉鳳神話」などで培養される、「内地人」―「本島人」―「蕃人」の階統秩序意識の中に置かれ

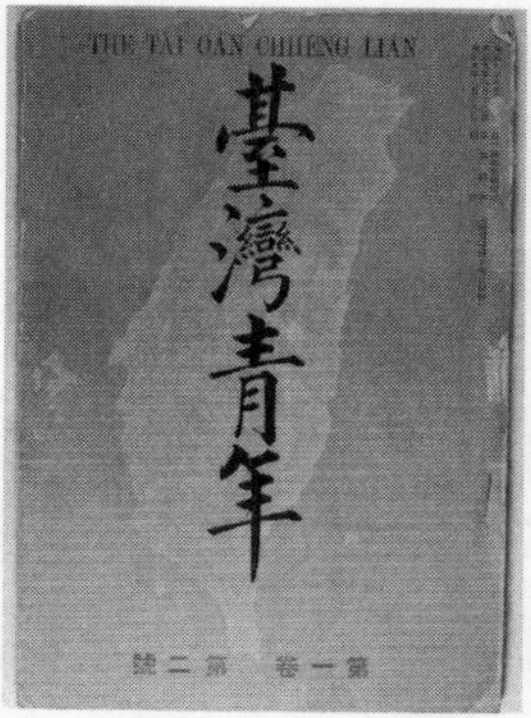

台湾人東京留学生が発行した『台湾青年』（1920年7月創刊）の表紙。後に『台湾民報』『台湾新民報』と発展する台湾人ジャーナリズムの発端。

台湾議会設置請願のため上京した運動の幹部とそれを歓迎する留学生の記念写真。（『台湾史100件大事 上 戦前篇』）

ていたのである。

しかし、台湾住民はこのような従属的国民化を押し付けられていたばかりではなかった。先に述べた抵抗運動や文化運動を通じて、いわばネガとして押し付けられた「本島人」アイデンティティをポジに反転させた「台湾人」のアイデンティティ（「台湾意識」）が登場してきたのである。一九二〇年代には、前述のように台湾議会設置請願運動などの自治運動が展開されたが、そのリーダーの一人でもあり、文化協会分裂後に設立された台湾民衆党をひきいた蔣渭水《しょういすい》（一八九一―一九三一年）の「台湾議会請願の出現せしと同時に台湾人の人格が生れたり」（台湾総督府警務局『台湾社会運動史』）という発言が、このアイデンティティの誕生を如実に物語る。

ただ、「台湾人」アイデンティティが生

まれたといっても、前述の清朝時代に形成されていた族群関係からみて、これは福佬人や客家のエスニック・アイデンティティが消滅したというのではない。中等教育までを日本植民地統治下で過ごした戴國煇《たいこっき》（一九三一―二〇〇一年）は、福佬人が客家を「客人猴《ケーランカオ》」（客家の猿野郎）と、客家が福佬人を「福佬屎《ホクロースー》」（福佬人のクソ野郎）とののしる言葉が存在していたという（戴「中国人にとっての中原と辺境」）。この証言のように、福佬・客家のエスニック・バウンダリーは日本統治時期にも意識され続けていたといえる。

したがって、新たな「台湾人」アイデンティティは、福佬・客家のアイデンティティを消滅させて誕生したのではなく、「台湾大」の社会統合を基礎として、日本国と「内地人」が押し付ける「本島人」という「二等臣民」のアイデンティティとステータスにあらがう知識人らの言説や運動により、清朝時期に定着した福佬・客家のアイデンティティの上に、想像され創造された、写真の比喩を使えば、共通の意識としていわば「焼きつけられた」のであるといえよう。この時期の「台湾意識」は、「日本・日本人」を対抗相手として形成されたものなのであり、「中国・中国人」を正面の対抗的参照枠として形成されるのは、言うまでもなく戦後のことなのである。この段階では「台湾人」アイデンティティを独自のナショナル・アイデンティティと位置付ける言説（「台湾人」は「台湾大」の自分自身の国家を持つべきだ、とする）は「台湾人」の中でも有力ではなかった。

一方、台湾には、清朝時期には中華王朝を担う文人官僚選抜試験（科挙）が台湾でも実施され、大陸に比べて極めてうすいものながら、伝統的士紳層の形成はあったから、台湾人の知識層は、伝統的な文化意識に基づいて、「日本・日本人」に対して文化的に「漢民族」たることを明確に意識することが可能であった。そして、同時代の中国大陸に留学したりその革命運動に飛び込んだりするなどして、中国で形成されつつあったナショナルな意味での「中国人」意識に共感するものも一部にはあったのである。たとえば、中国大陸に渡ってはいないが、前述の蔣渭水は、後に中華民国の「国父」とされた孫文を崇拝し、同時代の中国大陸で進行していた「国民革命」にも共鳴していた。こうした中国からの影響もその後の歴史において無視できない意味をもったといえる。

「皇民化」と戦争動員

一九三〇年代に入ると、これらの運動も台湾総督府警察の効率的なチェックにあってしだいに圧殺されていき、三〇年代中頃には、二〇年代から続いた民族運動は、穏健な自治運動も含めて壊滅した。ただ、組織だった抵抗運動は壊滅させられたといっても、台湾知識人による文学の創作や前述の「台湾話文」運動などを通じた、独自のアイデンティティの追求はやむことはなかった。そのことは記憶にとどめておかなければならない。

ついで、日本本国政治のファシズム化の勢いが植民地にもおしよせ、三六年九月に任命された第一七代の小林躋造《せいぞう》（予備役海軍大将）から、総督には再び武官が任命されることになった。さらに、日中戦争勃発以後は、台湾総督府により上から「皇民化」運動が展開された。「皇民化」とは、それまでの主として学校教育を通じた「同化」と異なり、台湾の漢族

日本式姓名を与えられ志願兵（高砂義勇隊）として出征する先住民族の青年。（『台湾史100件大事 上 戦前篇』）

系住民の同民族の国家である中国との戦争を背景として、日本式姓名への改名や「国語」（日本語）を家庭でも常用することを奨励したり、学校生徒の神社参拝や住民の住宅内への神棚設置の強制など、上からの「運動」により台湾住民に日本式の「文化」を直接的に押し付けるものであった。

こうした運動の展開のあと、先住民族を含む台湾の青年男女の戦争動員がやってきた。最初は軍夫として、ついで「志願兵」の名目で、最後には日本国家がその施行を長く躊躇していた徴兵制が施行されて、そして一部の女性はいわゆる「慰安婦」として、戦場に動員されていったのである（駒込武「台湾植民地支配と台湾人『慰安婦』」）。

第三章　「中華民国」がやって来た——二・二八事件と中国内戦

戦後東アジア国際秩序の再編の中で

一九四五年八月一五日、太平洋戦争は終わった。「忍び難きを忍び、耐え難きを耐え」——無条件降伏を求める連合国のポツダム宣言を受諾する旨の、昭和天皇の肉声の「玉音放送」は台湾でも聞かれた。

ポツダム宣言の受諾により、日本の主権は本州をはじめとする主要島嶼に限定されることとなり、日本の植民地帝国は半世紀で崩壊した。同宣言の第八項は「カイロ宣言の条項は、履行せらるべく、又日本国の主権は、本州、北海道、九州及び四国並びに吾等の決定する諸小島に局限せらるべし」としており、四三年一一月、米のルーズベルト大統領、英のチャーチル首相そして中華民国の蔣介石によって署名されたカイロ宣言は、同盟国の戦争目的の中に「満州、台湾及び澎湖島のような日本国が清国人から盗取したすべての地域を中華民国に返還すること」を記していたのであった。

一九世紀後半からの急速な勃興と膨張により、帝国主義日本は東アジアの国際秩序に衝撃を与えていたが、その敗北により、二〇世紀中葉、東アジアの秩序はまた再編成の時期に入った。日本は一九五二年まで連合国軍（事実は米軍）の占領下に置かれ、旧軍部や財閥の解体、新憲法の制定などの民主化が進められたが、米ソ冷戦の進展とともに、米国のアジア戦略に組み込まれて（五一年日米安保条約締結）、経済復興が推進されていった。

日本の支配から解放された朝鮮には、北緯三八度線を境に北にソ連軍、南に米軍が進駐することになり、これも米ソの対立の深まりとともに、南北に、社会経済体制とイデオロギーを異にする国家（大韓民国、朝鮮民主主義人民共和国）が成立、五〇年には北朝鮮軍の南下によって朝鮮戦争が勃発した。中国大陸では、台湾が日本統治下にある間に、辛亥革命により清朝が倒され中華民国が成立していたが、対日戦争勝利後は、この間農村地域に根拠地を固めていた中国共産党と中央政府を握る中国国民党とが対立を深め、四六年夏、両者は大規模な内戦に突入した。

こうした戦後の激動に台湾の命運も大きく左右されることとなったのは言うまでもない。一九四五年から四九年までのわずか四年間が、台湾が中国大陸と同じ政治的境域内にあった期間であった。この間、中華民国が二度台湾にやって来た。一度目は、台湾をその一部とする中華民国として、二度目は、事実上台湾のみを支配する「中華民国」として。

一度目で、台湾は中華民国の一省、台湾省として編入された。台湾住民の多くは、これを「祖国復帰」として歓迎した。しかし、二度目はそうはいかなかった。「祖国復帰」まもなくの四七年には、二・二八事件（後述）が発生していた。二・二八事件は、今も台湾と中国とを複雑に苦しめる、戦前からの台湾住民と中国ナショナリズムとの不協和の歴史的根源となった。さらには、前記の中国内戦があった。共産党と国民党の内戦は、結局四九年に共産党が勝利して中国大陸に中華人民共和国を打ち立て、中華民国政府（以下、時に国府と略称）と国民党は台湾に逃れた。これが、二度目にやって来た「中華民国」である。そして、五〇年朝鮮戦争が勃発すると、アメリカは朝鮮半島に大量派兵すると同時に台湾海峡で第七艦隊の常時パトロールを開始し、国府支援も再開、以後台湾海峡を隔てた中華人民共和国と「中華民国」の対峙が固定化することとなった。アメリカの庇護下で国民党政権は、共産党との内戦の態勢を堅持したまま国家を再編し台湾統治の体制を固めた。中国内戦と東西冷戦とが台湾海峡で結びついたのである。

「本島人」から「本省人」へ

日本の無条件降伏により、台湾は連合国の一員であった中華民国の一つの省、台湾省として編入されることになった。この背景には、対日戦勝後の台湾と澎湖諸島の中華民国返還を謳った、四三年一一月の前記「カイロ宣言」があった。共産党は、それまで戦後の台湾の帰属について態度が明確でなかったが、英米が対日戦勝利後の台湾の帰属についての意志を明確にしたことで、その立場も明確となり、中国主要政治勢力が台湾を中国の一部とする点でようやく一致した。台湾は「光復」（中国語で自民族の土地・人民を取り戻すこと）されるべき土地となったのである。

さらに、日本が「カイロ宣言」履行を規定した「ポツダム宣言」受諾を決めると、連合国最高司令官のダグラス・マッカーサーは、「対日一般命令」第一号の中で、中国大陸と台湾の日本軍に対し中国戦区最高司令官蔣介石への降服を命じた。当時、国民党が実権を握る国府は重慶を戦時首都としていたが、蔣介石は、陳儀〔一八八三―一九五〇年〕を台湾省行政長官兼同省警備総司令に任命、台湾における日本軍の降服接受を命じた。これより先、カイロ宣言が出されると、蔣介石は政府部内に台湾調査委員会を設けて、戦後の台湾接収に備えさせており、その委員会の主任に任命されていたのが、陳儀であった。

陳儀は、重慶で行政長官公署の要員を任命して台湾接収組織の中核を編成、一〇月一七日国軍第七〇軍と長官公署官員が台湾に到着した。遅れて二四日陳儀自身が到着、翌二五日、台北市公会堂（現在の中山堂）で台湾受降式典が行われた。陳儀は蔣介石の代理として最後の台湾総督であり日本軍第一〇方面軍司令官を兼任していた安藤利吉から降服を受けるとともに、台湾と澎湖諸島の中華民国編入を宣言し、台湾省行政長官公署を正式に発足させた。以後、台湾ではこの日が「光復節」とされる。

さらに、台湾の住民は、翌四六年一月に至り国府行政院訓令により「一九四五年一〇月二五日より中華民国の国籍を回復した」ものとされた。後に触れる「本省人」と「外省人」という区別の法的根拠はここにある。この訓令で中華民国国籍を回復した男女およびその父系の子孫が本省人、それによらず中華民国国籍を所有しており台湾に居住する男女およびその父系の子孫が外省人ということになる。日本統治下の「本島人」は中華民国統治下の「本省人」となったわけである。本省人と外省人の関係は、法的にはここからスタートしていることになる。その関係が、二・二八事件とその後の外省人の大量移住で台湾の多重族群社会における新たな、最もインパクトの強いレベルの族群関係となるのは、まもなくのことである。

国府が発布した「台湾省行政長官公署組織大綱」によれば、台湾においては中国大陸と同様の省政府を設置する制度はとらず、中央政府に直接任命された行政長官が行政、立法、司法の権限を一手に握る「特殊制度」がとられ、さらに行政長官は、台湾省に所在する中央政府機関に対して指揮監督権を有するものとされた。これに加えて、前記のように陳儀は台湾省警備総司令として、直属の特殊部隊・通信部隊や陸軍第七〇軍をはじめとする台湾進駐の陸海空軍、憲兵部隊の指揮権をも有していた。まさに日本統治時代前半期の武官総督にまさるとも劣らない独裁的権限を付与されていたのである。行政長官公署はまもなく台湾人から失望とともに「新総督府」と揶揄されるようになった。

「犬が去って豚が来た」

このような強大な権限をもつ陳儀のもとで、翌月より、軍事、行政、司法、教育・研究、報道機関など、各方面にわたる接収・再編が開始された。作業の進行はスムーズであり、翌四六年四月には、各地に分散している衛生機構などを除いて終了し、植民地時代の五州三庁制に代わり、八県九市の新しい行政区画が発表され、引き続き県長、市長の任命が次々と行われたのであった。日本人の官吏は、ボールペン一本まで引継ぎ目録にのせ、国府の接収担当者に渡したといわれる。国府は日本が台湾に残した統治機構をまるごと、やすやすと引き継ぐことができた。ナショナリズム研究家のB・アンダーソンの言の如く、陳儀（従って蔣介石）は、旧国家を打倒した革命指導者のように、まさに植民地国家の「配線」（関係書類、公文書、財務記録、人口統計、地図、ときには役人、情報提供者も）をそっくり「相続した」のである（『増補　想像の共同体』）。

また、統治機関の接収とともに、公有・私有財産の接収も開始された。四五年一一月、まず元台湾総督府所属の公有財産の接収が行われ、翌月に終了、翌四六年一月、接収委員会の下に「日産処理委員会」が置かれ、日本人私有財産の接収および処分が四七年前半にかけて進められた。その総額は、四七年二月末の数字で約一一〇億元に及んだ。

接収された財産は、いったん「敵産」としてすべて国有とされた後、主要企業の大部分は、国営、国・省合営、省営、県・市営の四つの形態に分けて公営化された。劉進慶《りゅうしんけい》の研究によれば、日本統治期の専売がそのまま引き継がれたほか、銀行、保険会社、信用金庫などの金融機関が公営化され、さらに台湾の産業の柱であった糖業をはじめとして、一九三〇年代以降の植民地工業化の過程で移植された石油、電力、アルミニウム、肥料、ソーダ、機械、造船、セメント、製紙などのすべての主要企業がもれなく公営企業に編成替えされた。加えて、陳儀の一種の「社会主義」の理念から、交通・運輸部門に加えて、貿易・商業関係の企業も公営化され、台湾省貿易局が台湾と外部との交易ルートを独占することとなった。かくして、「戦前の日本資本が国家資本の形で一層集中し、この国家資本が台湾の産業、金融、貿易の『管制高地』を統括」することになった（劉『戦後台湾経済分析』）。

この「国家資本」の運営から本省人は排除されていた。日本人の去った後台湾再建の第一線に、と意気込んだ土着資本家やエリートたちの期待は水泡に帰したのだが、これはしばらく後のことである。台湾住民は、まずは「光復」を歓呼して迎えたのであった。「祖国」の軍・政府人員の歓迎アーチが各地に飾られ、街には戦時中の「皇民化」により抑えられていた漢族的色彩が一挙に復活した。インテリは争って旧い「国語」（日本語）にかわる新しい「国語」（中国標準語）の勉強を始め、台湾の新生に期待を高めた。

しかし、かれらが「祖国」にかけた期待と対日戦争で疲弊していた国府の実情とのギャップは大きかった。蔣介石ら国府中央は、日本の植民地支配下にあった台湾には、東北（旧満州）などに比べて統制に手を焼く地方軍閥などの勢力が存在せず、その住民は従順で与し易し、と見ていた。そのため、中央は陳儀には精鋭とはいえない貧弱な部隊しかつけてやらなかった。そして、接収に際して東北に比しても、より徹底的な外省人支配を貫徹したのも同じ理由からであったと考えられる。加えて、全体として来台の官吏・軍人は玉石混交で、台湾社会の運営の必要を満たすことができなかった。さりとて本省人の登用も行わず、その間隙をぬって「（中国大陸）各地から流れてきた機会主義者、商人、政治亡命者、および本島人の一部の機会主義者、インチキ分子がそのなかにまぎれこんでいった」（呉濁流《ごだくりゅう》『夜明け前の台湾』）。政府諸機関や公営部門の人員の任用にはネポチズム（身内びいき）がはびこり、かつての日本人に代わり外省人が本省人職員の上に二倍の給料をもらってふんぞり返った。その下にも縁故採用の外省人が冗員としてあふれ、一方本省人の失業は深刻化した。

共産党との対立が深まり険悪化する大陸の政治・経済情勢を前に、接収はこのような状況下に行われたのであり、それは、単なる戦敗国家の残した政府機構と資産の移管・再編にとどまらず、その範囲を超えた台湾社会そのものからの富の略奪をも伴うものであった。復興に使われるべき工場の機械が取り外されて鉄材として売りはらわれたり、戦時中台湾総督府の経済統制により備蓄されていた砂糖が投機のため上海に売り飛ばされたりした。

加えて、戦後インフレの昂進と社会秩序の混乱が民衆の生活を直撃した。行政長官公署が戦後大陸経済の混乱の直接波及を防ぐため、台湾元（台湾銀行券）を大陸の通貨（「法幣」）から切り離す措置をとったのは賢明であったが、それでも自身の行政費捻出を台湾銀行券増刷に頼らざるを得ず、また日用品が日本から入らなくなったために盛んになった上海との貿易を通じて、大陸のインフレは台湾に波及せざるを得なかった。さらに、四六年一月、行政長官公署が戦時中からの米の配給制度を廃止するとともに、各地の農業倉庫（戦時中の食料配給統制のため台湾総督府が設置したもの）を封鎖したため、市中に出回る米は激減し、かつ灌漑用水の管理が混乱して生産に影響が出たため、清朝時代から「一年の豊作で三年食べられる」とまで言われた台湾で、米不足と米価急騰の現象が生じたのであった。ここに至って接収は「劫収《ジエショウ》」（中国語で「接収」と発音が同じ。奪って自分のものにしてしまうの意）と呼ばれるようになった。

過酷だが規律があった日本人官吏・警察官に代わり登場した無規律の兵士と警察官、はびこる縁故採用、そして無能の官吏の下で、社会秩序は一気に悪化した。一九二〇年代以来初めてコレラの流行がぶり返したのがその端的な表れであった。社会の風紀も悪化し、絶えてなかった学校の先生に生徒が賄賂を贈る悪習が蔓延し始めた。オーストラリアのジャーナリスト、J・ベルデンは「島から逃げ出す一匹の犬（日本人）と入ってくる一匹の豚（外省人）」を描いたポスターをあちこちで目にしたことを証言している。ポスターのキャプションには「犬はうるさいが人を守ることはできる。豚は食って寝るだけだ」とあったという（『中国は世界をゆるがす 下』）。

「いつ暴動が発生してもおかしくない」

このような「犬」と「豚」の対比は、民衆の憤懣がすでに陳儀政府に対するもののみならず、陳儀とともに来台した外省人に対するエスニックな性格を帯びたものになっていたことを示すが、インテリなどエリートの場合、よりいっそうそうなるべき理由があった。陳儀の「祖国化」（中国化）政策である。陳儀は、台湾の「光復」にあたり、当然のことながら、半世紀にわたり日本の植民地統治を受けてきた台湾住民の中国国民への統合を目標として掲げた。この目標そのものが問題だったのではない。本省人のエリートもそれは受け入れていた。問題は政策の実施方法の、実情を無視した性急さと杜撰《ずさん》さにあった。焦点となったのは、言語政策である。

「光復」は台湾住民にとって日本語にかわる新たな「国語」の学習の必要を意味した。本省人も熱心にこれに取り組んだのであるが、問題となったのは、第一に、国語未習熟であることが政府機構に本省人を任用し難いことや地方自治実施延期の根拠とされたことである。国語能力の不足ゆえに台湾住民の自治能力に疑念を呈する行政長官公署高官の発言が何回も取りざたされ、さらに陳儀は、国語習得が不十分なうちは県・市長の本省人による直接選挙は、「中国の台湾ではなく台湾人の台湾」を作る可能性があるとして、四九年まで実施しない旨の発言まで行った。

国語普及政策の性急な実施のもう一つの側面は、日本語の禁圧である。同じ漢族であった台湾の本省人と国語（中国標準語）との間には二重の距離があった。一つは、同じ漢語ながら中国北方語を基礎として作られた中国標準語と南方語である台湾住民の母語（福佬語、客家語）との距離である。両者は通じない。もう一つは、台湾住民の教育を受けた層にとって、植民地支配により押し付けられた言語ではあったものの、学校教育の普及により日本語が知識の吸収、意見の表明の道具となり、さらに台湾の他の族群との意思疎通のための共通語としての意義を有するようになっていたことである。

陳儀政府においては、こうした日本語の存在は国語普及の障害として受け止められ、「光復」一年後を期して、マス・メディアでの日本語使用が一律に禁止された。来台外省人官僚から見れば、台湾人の日本語使用は「日本による奴隷化教育」の証《あかし》でしかなかった。時に、前述の接収をめぐる悪弊や混乱はすでに明白となり、新聞・雑誌での批判も高まり始めていた。言語の習得には時間と意識的な努力とが必要である。新たな国語の習得が間に合わない時期に日本語が禁圧されたことは、本省人エリート層の発言を封じる結果ともなり、また、われわれは植民地時代に日本人の同窓生と張り合いながら近代知識を身につけてきたのだ、という、かれらの誇りをも傷つけるものだった。

本省人エリートにとっては、これらは「光復」に対して抱いていたかれらの期待に反する、思いがけぬ政治的、文化的さらには経済的価値剝奪であった。こうした価値剝奪に直面して、本省人エリートがとった手段は、かつて日本に対抗した時と同じく、自治運動を展開することであった。国府は対日戦争勝利後世論に押され、孫文の政治発展論（軍政↓訓政↓憲政）に従い、「憲政」実施（憲法制定、各級議会の設置）の準備に入り、台湾では陳儀政府が、県・市制実施後、基層から県・市さらに省レベルの参議会（行政の諮問機関）の選挙を実施していった。これら「民意機構」の形成は、陳儀の施策のうちで唯一住民側の脱植民地化の意欲と合致するものであったと言える。しかし、選挙は行ったものの、「新総督府」は諮問機関にすぎないこれらの民意機構の批判に耳を傾けることなく、本省人エリートは不満をいっそうつのらせる結果となったのであった。そして、国府が四七年一月中華民国憲法を公布（四六年一二月二五日国民大会制定）すると、これに定める省以下の地方自治の早期実現を求めた運動が、かつての抗日運動経験者を中心に展開され始めたが、前述のように陳儀は県・市長民選の実施を拒否していた（何義麟『台湾人の政治社会と二・二八事件』）。

この時すでに民衆の憤懣は爆発寸前、「いつ暴動が発生してもおかしくない」状況であった。そして、暴動は実際に勃発してしまった。二・二八事件である。

二・二八事件

2月28日専売局台北分局に抗議する民衆。書類などを持ち出して焼いている。(『台湾史100件大事 下 戦後篇』)

二月二七日夕刻、台北市内で街頭のヤミの煙草売りで生計を立てていた寡婦が、取締りの省公売局職員に殴打されたことから民衆との衝突が発生し、うち一人が職員の威嚇射撃の流れ弾にあたって死亡した。そして翌二八日、行政長官公署に抗議に赴いた民衆に警備兵が発砲して死傷者が出たことをきっかけに、全台北市が暴動状態となった。激昂した民衆が街頭で、外省人とわかればこれを殴打する場面も生じたのは、台湾民衆の不満がすでに外省人に対するエスニックな反感にまでなっていたことを物語る。

暴動の民衆は、さらに台北市内の新公園(現二二八和平公園)にあった台北放送局(現二二八記念館)を占拠して放送で全島に決起を呼びかけた。このため、翌三月一日から全島の主な都市で住民が警察を押さえ、駐屯地に立てこもる軍と対峙する局面が生まれた。台北ではインテリと参議会員などの有力者が二・二八事件処理委員会を作って善後処理にあたり、各地もこれにならった。台北の処理委員会は、陳儀に対して貪官汚吏の処罰、「特殊制度」である行政長官公署の廃止、省自治の実施、行政・

司法・軍事各方面における台湾人の登用などの要求を突きつけた。

しかし、陳儀はいったん宣布した戒厳令の解除などの表面的譲歩で時間をかせぎつつ、密かに南京の蔣介石に援軍の派遣を要求、三月八日その援軍が到着するや、徹底的な弾圧をもってこれに応えた。中部地方に生まれた武装部隊「二七部隊」(元台湾共産党員の謝雪紅《しゃせつこう》〔一九〇一―一九七〇年〕が指導)なども、有効な抵抗ができず、中央山地の入口にある埔里盆地まで撤退して自ら解散した。本省人エリートは自治を求めていると思っていたのだが、蔣介石の軍隊は国家に対する反乱としてこれを鎮圧していたのである。ために陳儀政府に対し批判の行動・言動をとった多くの本省人インテリや有力者は逮捕状なしに連行され、裁判なしに処刑されて、行方知れずとなった者も少なくなかった。国府軍の弾圧の犠牲になった人の正確な数は、依然不明であるが、一九九二年李登輝政権下で発表された調査では、一万八〇〇〇人から二万八〇〇〇人と推定されている(行政院研究二二八事件小組『二二八事件研究報告』)。

政治に対する恐怖と「省籍矛盾」

二・二八事件は、その後の台湾に深い影響を与えた。

事件後台湾を訪れたある中国人記者は「今日の台湾の至るところで恐ろしい沈黙が現れた」と述べている。事件後の弾圧は、台湾人にとっては恐怖による政治教育でもあった。同時代を生きた作家呉濁流〔一九〇〇―一九七六年〕は、台湾人インテリやエリートのある者は政治に背を向けて遠ざかり、ある者は態度を一八〇度転換して政府に摺り寄り、ある者は海外に逃走し、そうでない者は沈黙を守った、一般民衆はといえば、日本統治時期と同様に政治への無関心と日常生活への埋没に舞い戻った、と観察している（呉濁流『台湾連翹』）。

　また、事件後の弾圧について、アメリカの社会学者T・ゴールドは、軍による殺戮は一見無差別のように見えて、台湾人のインテリとエリートを抹殺していくというはっきりとしたパターンが見られる、と指摘している（Gold, *State and Society in Taiwan Miracle*）。蔣介石が派遣した軍は、台湾社会が日本の植民地統治下で「同化」の圧力に抗して蓄えてきた指導層の最良部分を奪い去ったのである。作家葉石濤《ようせきとう》（一九二五―二〇〇八年）は「（二・二八事件と五〇年代の「白色テロ」を経て）私の世代で生き残っているのは二流以下の人材だ」と筆者に述懐したことがある。台湾地方政治エリートの変遷を実証研究した呉乃徳《ごだいとく》・陳明通によれば、一九四五―四六年（日本から中華民国への政権移譲）の際には政治参与する台湾地方エリートに断絶は見られないが、四九―五〇年（分裂国家化前と後）では、明白な断絶が存在するという（「政権転移與《と》菁英《エリート》流動：台湾地方政治菁英的《の》歴史形成」）。

　土着指導層の弱体化と政治への恐れ、大衆の政治無関心は、外来の権威主義統治の良き土壌であろう。蔣介石は将来の台湾逃げ込みのための政治条件の重要な部分を、事件により、いわば悪魔的に先行取得したこととなる。同時にまた、二・二八事件は、本省人のエスニックな不満の爆発としてもとらえることができる。だからこそ、国府エリートにとってみれば、二・二八事件の勃発そのものが、台湾住民に対する「祖国化」、つまり中国化政策の正しさを立証するものであり、事件の弾圧後、急進的中国化政策はそのまま維持された。しかし、本省人はもはや抗議するすべも意欲も持つことができず、本省人のエスニックな不満をもたらした不平等はそのまま残り、四九年以後の体制のもとで、いっそう構造化された。権威主義体制の強圧の下で本省人のエスニックな意識の政治的表出は押さえ込まれたが、それでも、本省人における反外省人・反国民党感情の反射としての「親日感情」の底流、そして外省人のそれへの不信感というかたちで、双方のエスニックな感情の隠微な表出は続き、「省籍」は一貫してセンシティヴなものであり続けた。言い換えれば、それは押さえ込まれたが、台湾内部においていわゆる「省籍矛盾」として潜在し続けたのである。

一方、本省人の二・二八事件における行動は、国家に対する反乱として弾圧・断罪されたのであった。そのため、本省人中の一部の社会主義者は中国大陸に逃れ、そこに新たな「祖国」を見出そうとしたが、日本、ついで米国に亡命した者の中には、台湾独立運動を生んだ。台湾独立運動においては、二・二八事件での本省人のエスニックな不満の爆発は、「台湾人」の中国人に対するナショナルな反抗として解釈された。その運動とイデオロギーとは、当面台湾内部政治に対しては無力であったが、国民党版の中国ナショナリズムに対抗するイデオロギー的選択肢としては生き続け、一九八〇年代から台湾内部の政治にも影響を与えるようになるのである。

「法統」の誕生と「内戦モード」

前述のように、中国大陸では、一九四六年七月から本格的な国共内戦が開始されていた。当初戦局は、米国製の最新兵器で武装して圧倒的な軍備、兵力の優位を誇る国府軍優勢に展開したが、翌四七年共産党は東北で反攻に転じ、四八年を通じて国府軍は、遼瀋《りょうしん》・淮海《わいかい》・平《へい》津《しん》のいわゆる「三大戦役」で一〇〇万を超える兵力を失った。中国国民党の中国大陸における統治は、こうした軍事的敗北と国民党自身の腐敗と派閥闘争、そしてその統治地域の経済を襲い、むしばむハイパー・インフレーションの中で、崩壊しつつあった。

だが、もちろん、こうした状況の中で国民党も手をこまねいていたばかりではなかった。前に触れた「憲政」の実施である。対日戦争後、共産党が、その支配地区で地主の資産を没収し農民に分配する「土地革命」を実施して基盤を拡大していった。国民党も土地の権利の再分配を目指す「地権平均」の理念を持っており、政府内にこれに対応する土地行政（「地政」）部門を作り上げていたが、実際の成果は微々たるものであった。そこで、内戦期には、国民党は、辛亥革命以来長く待たれた「憲政」を実施に移して、統治の正統性を固めようと試みたのである。

蔣介石と国民党は、憲法制定の国民大会を開催して、四六年末に国家元首たる総統の下のユニークな五院体制（行政院・立法院・監察院・司法院・考試院）を定める「中華民国憲法」を制定し（四七年一月一日公布、同年一二月二五日施行）、さらに四七年から四八年にかけて「中央民意代表」（立法委員、監察委員、国民大会代表）選挙（監察委員のみが省議会議員による間接選挙）、およびその新規選出の国民大会による総統・副総統の選出（蔣介石・李宗仁《りそうじん》が当選）、さらに総統による行政院長（首相に相当）の任命とこれに対する立法院による「同意権」の行使などが行われた。このこと、つまり、憲法を制定し憲法に則った政府の編成が行われたことが、後に「法統」と称され、国民党が、共産党政権を不法な存在とし、自らを中国唯一の合法政権と主張し続ける根拠とされた。

ただ、この生まれたばかりの「憲政」の境遇は悲惨だった。そもそもの憲法制定からして、内には国民党内派閥闘争にまみれ、外には共産党が反対、国共両党以外の第三勢力の中心的存在であった中国民主同盟にもボイコットされた。加えて、国民党自身によって「憲政」を実質的に骨抜きにする措置がとられた。内戦の形勢が不利になっていた四八年、国民大会は、「反乱鎮定動員時期臨時条項」なるものを制定し、総統に選出された蔣介石に、立法院の追認を必要としない緊急処分権を付与して、その権限を強化した。「反乱」とは言うまでもなく「共匪」（共産党）の「反乱」であり、国家は共産党の反乱鎮圧に一切が動員される、いわば「内戦モード」に置かれたのである。

「中華民国」がやって来た

しかし、「憲政」の実施も「臨時条項」の制定も内戦の役には立たなかった。四九年一月共産党軍が北京を占領すると、蔣介石総統は「下野」を宣言し、副総統李宗仁を代理総統とし、自らは国民党総裁として依然軍・政の指揮に当たるとともに、国民党勢力の台湾撤退の準備を本格化した。その最も重要な布石は、黄埔《こうほ》系の腹心の軍人である陳誠（一八九八―一九六五年）に台湾を掌握させることであった。下野に先立つ四八年一二月、蔣介石は病気療養のため台湾滞在中の陳誠を台湾省主席に任命、翌年二月には台湾警備総司令を、翌月には国民党台湾省党部主任をも兼任させた。

そして、四月には首都南京が、五月には上海が、八月には台湾の対岸福建省の省都福州が共産党軍の手に落ち、一〇月、共産党はついに北京を首都とする中華人民共和国の成立を宣言した。この間、陳誠の統括下で、台湾・大陸間の民間の移動の封鎖の上、次々と敗走する国府軍の受け入れが行われ、故宮（旧清朝宮殿）の宝物などの台湾移送や各種政府機関の台湾移転が実施されていった。四九年五月、陳誠は台湾に戒厳令を実施した。これが、八七年七月まで続く、世界史上まれな長期戒厳令の始まりである。

この間、国府中央政府は、広州、重慶、そして成都を転々としていたが、一二月に入り台北移転を決定、八日、総統府と行政院の官員が台北に到着、行政院は翌日より事務を開始した。遅れて一〇日、蔣介石が成都より到着、その翌日には国民党の中央党部が移転した。そして翌年三月、香港に逃亡していた李宗仁に代わって、蔣介石が総統に復職した。蔣介石は、党・政府の幹部を集めて「われわれの闘争は終わっていない。私は新しい神聖な任務、大陸回復を行なう責任をとる。私はこの場所を去らない。私がこの任務を遂行する時、われわれ自身の土地に諸君と帰ることになる」と「大陸反攻」を叫んで、士気阻喪した部下を鼓舞しなければならなかった（衞藤瀋吉他『中華民国を繞る国際関係』）。

このようにして、再び「中華民国」が台湾にやって来た。しかし、この「中華民国」は数年前の中華民国とは異なっていた。第一に、それは前述のように国家制度を「内戦モード」においたものであった。アメリカの台湾海峡介入と援助再開で情勢が落ち着いても、前記「臨時条項」は廃止されず、戒厳令は長期にわたって施行され続け、住民の政治的自由は、その戒厳実施機関である台湾警備総司令部「警総」の圧迫にさらされたままであった。

さらには、台湾移転後、「中央民意代表」つまり国会議員の任期（国民大会代表と監察委員が六年、立法委員三年）が次々に満了となったが、蔣介石・国民党は「大陸反攻」を呼号し、国家が「反乱鎮定動員時期」にあることを理由に、「大陸の回復」まで改選は延期されることとなった。大陸に成立した中華人民共和国を不法とし、自らを正統化するには、「法統」が堅持されねばならず、大陸選出の「中央民意代表」の存在こそが「法統」の実在を示すものであったからである。

かくして、大部分が中国大陸選出であって実効統治地域のほとんどを占める台湾地域の民意を代表しない、しかも定期改選されない、という意味で二重に代表性を欠いた国会が、五〇年代を通じて出来上がっていった。蔣介石の強い意向によりその軍事態勢は維持され続けたとはいえ、「大陸反攻」は事実上不可能な夢となっていったから、改選延期は結果的にこれら議員に終身任期を与えたに等しい。民主化期に入り、このような国会が「万年国会」と揶揄され、非改選の議員（ほとんどが外省人）が「老賊《ラオゼイ》」、「老法統《ラオファートン》」と非難された所以《ゆえん》である。「万年国会」の形成は、長期戒厳令下の政治的自由の抑圧と相まって、台湾住民の国政レベルの政治参加の道を封殺するものであった。

第二に、「中華民国」は統治領域を著しく減らしていた。台湾島と澎湖諸島、そして金門島、馬祖島など大陸沿岸のわずかの島嶼にその実際の統治領域は限られた。金門島、馬祖島などを支配下におきつづけたことは、「中華民国」が地理的な意味での台湾（台湾島と澎湖諸島）のみの国家でないことを示す象徴的な意味があったが、その面積と人口はわずかであり、「中華民国」の統治領域は台湾であった。七一年の「中華民国」の国連「脱退」と、中華人民共和国の国連入り以後、国際的メディアで、台湾島と澎湖諸島、金門島、馬祖島などを統治する政治体が「台湾」と通称される根拠はここにあるといえよう。

第三に、台湾がいわば中央化された。つまり、台北が「中華民国」の臨時首都とされ、中央政府が置かれた。しかし、この台湾の中央化は、戦後台湾の国家体制と政治体制に、国家を「内戦モード」に置いたこととは別の矛盾をもたらした。憲法が認めている「省自治」が歪められる、という問題である。行政区画上福建省に属する金門島、馬祖島などの離島地域を除けば事実上台湾省しか統治していない中央政府が台湾に移転したわけであるが、にもかかわらず、中央政府の下に、省―県・市―郷・鎮の三級の地方行政組織を設ける方式を変更せず、そのまま台湾省を残し、憲法に認める「省自治」（省政府主席と省議会の公選）を完全実施せず、省議会の選挙のみを実施した。台湾省政府と中央政府の管轄領域は大部分が重なる。台湾省政府を解消すれば「全中国の正統政権」であるという「法統」の建前と齟齬を来し、かといって省主席選挙を実施すれば、総統に匹敵する権威を有する民選の政治エリートを造ってしまうのである。

再度の移民の波と多重族群社会の再編成

再度台湾にやって来た「中華民国」とは、このようなものであった。そして、その「中華民国」とともに、中国大陸から約一〇〇万の人々が台湾に移り住むことになった。これらの人々の出身地は、中国大陸の東西南北全域にわたっており、漢族であればさまざまな方言を話し、十分な教育を受けていない下級兵士には国語をまともに話せない者も多かった。そしてこの他少数ながら、モンゴル族、満州族、回族などの少数民族も混じっていた。だが、すでに示唆してきたように、これらの雑多な構成の人たちが、戦後台湾の歴史的環境の中では、本省人と向きあう一つの族群（エスニック・グループ）として、本省人と相互関係を持つようになったのである。

なぜ、そうなのか。一つには、すでに示唆してきたように、二・二八事件など戦後直後の動乱から、本省人の側が四九—五〇年に大陸から移住してきた人々に対し、すでに特定の、反感や疎隔感を潜在させたまなざしを有していたことが指摘できる。この本省人の視線の中で、外省人は非漢族も含めてその出身地や言葉のなまりにかかわらず外省人となるのである。

さらには、本省人と外省人の「中華民国」との距離の相対的な違いがある。当時の厳しい国共関係を反映して、このとき台湾にわたった外省人の中には、国民党や政府内に浸透した共産党や左翼的な文化人も含まれていた。したがって、陳誠台湾省主席の下で四九年頃から開始され、ついで蔣介石の長男蔣経国が情報機関を統合して展開した激しい共産党狩り（台湾現代史では「白色テロ」と称される）で犠牲になった人々の中にも外省人は少なくなかったのである。しかし、外省人の大部分は、台湾で生存を続けるためには、ともに台湾に渡った「中華民国」に深く頼っていかざるを得ず、また、国民党・政府の側からすれば、その組織・機構を充当するに、まずもって信頼できる人員の来源は、外省人に求めざるを得なかった。五二年の国民党員総数約二八万人のうち、外省人が二〇万人強で七割を超える比率であり、五五年の国民党員の職業分布で、軍人・警察・公務員・教員の割合が三分の二を超えていること、また、政府が五〇年代から実施してきた社会保険の対象・内容も、これらの職業に手厚いことなどが、このことをはっきりと示している（林成蔚《りんせいい》「もう一つの『世界』？」）。この他、多数の下級士官・兵士とその家族は、都市の空き地や軍の駐屯地の近くにバラックを建てて住み着いた。政府はそれらに住宅を建て、特別のコミュニティ（「眷村《けんそん》」と称された。「眷」とは「軍眷」、つまり軍人・兵士の家族のこと）をつくり、その生活を世話するとともに、本省人が大多数を占める農村や地方都市におけるものとは異なった系統の党組織を作って、強力に浸透していき、かつコントロールしたのであった（龔宜君《きょうぎくん》『「外来政権」與《と》本土社会』）。

このように、人口上の多数者である本省人のまなざし、そして国民党のこのような外省人社会への強力な浸透とが、族群としての外省人を形成したのである。かくして、台湾の多重族群社会は、日本の敗戦で日本人が去り、さらにその数を大幅に上回る外省人の移住により、再編成されていくこととなったわけである。

第四章　「中華民国」の台湾定着——東西冷戦下の安定と発展

「莒《きょ》に在るを忘るなかれ」

一九五二年一月、蔣介石は対中国の軍事的最前線となっていた金門島の太武山の巨石に「莒に在るを忘るなかれ（毋忘在莒）」の文字を刻ませた。この四文字は、中国古代、春秋戦国時代、燕に敗れた斉の田単が莒の国に逃れて兵を鍛えなおし、五年で燕を破り斉の再興を果たした、との故事に拠っている。言うまでもなく、蔣介石にとっての「莒」とは、金門・馬祖など実効支配を続ける福建省沿岸の島々であり、そして何よりも台湾島・澎湖諸島であった。蔣介石は、この田単の故事で、中国共産党との内戦に敗れてともに台湾に逃げ込んだ将兵や党・政府幹部たちを鼓舞したのであった。台湾とは、蔣介石にとって何よりも「莒」、大陸回復のための「復興基地」であった。

しかし、蔣介石は田単ではなかった。五年たっても一〇年たっても、蔣とその将兵・幹部たちは依然「莒に在」った。蔣介石の軍と政府は、戦後世界の一方の覇者アメリカの支持と援助無しに立ち行かなかったが、そのアメリカが、共産党の「台湾解放」を阻止し台湾を守るとともに、蔣介石の「反共復国」、「大陸反攻」の軍事行動も許さなかったからである。中国内戦はアメリカにより封じ込められたのである。かくして、この大陸を回復すべく国家体制を「内戦モード」においていた「中華民国」は、台湾島・澎湖諸島・金門・馬祖などに実効支配地域を局限されたまま生存を続けた。

そして、皮肉にも、「中華民国」を名乗るこの国家は、その「封じ込められた内戦」の故に、台湾史上初めて、ほぼ台湾全土を範囲とする国家となり事実上の台湾国家として存続していった（逆に言えば、事実上台湾に史上初めて独自の国家が与えられた）のである。だが、もちろん、そのためには、大陸での内戦敗北で崩れた国民党自身の態勢をたてなおすとともに、経済の回復と安定をはかり、また二・二八事件を経て決して友好的ではない台湾社会との関係をも再編する必要があった。

中国共産党と台湾

そして、もう一つ、台湾海峡の向こう側に、台湾をその支配下に置こうと意欲する国家が生まれていた。中国共産党が建国した中華人民共和国である。ここで少しだけ話を前に戻して、中国共産党と台湾のかかわりの歴史を簡単にふり返っておく。

『帝国主義下の台湾』の第五章「民族運動」の中で、矢内原忠雄は「台湾は日本と支那の二つの火の間に立つ」と喝破《かっぱ》している。矢内原がこの本のための研究を進めていた一九二〇年代後半の東アジア情勢を見ると、日本では、第一次世界大戦後の帝国主義的発展を背景に、日本共産党の結成と治安維持法の制定に象徴される社会運動の深刻化と治安体制の強化があり、中国では、孫文の「連ソ（ソ連）容共」、「国共合作」の方針のもと、軍閥打倒の「国民革命」が燃え盛り、そして、台湾では、矢内原の言葉を借りれば「日本帝国主義の支配の進展は本島人の民族的運動を当然の結果として自ら成熟せしめつつあった」。

東アジアにおいてこうした革命と反革命、帝国主義と反帝国主義民族運動が交錯するダイナミクスの中、一群の急進台湾青年が、中国の、また日本の革命運動に飛び込み、一部は台湾にもどって台湾文化協会などの左傾化に影響を与えた。また、謝雪紅や林木順《りんぼくしゅん》らは、上海からさらにモスクワに行って共産主義者としての訓練を受け、上海に帰還して、日本共産党員から党綱領案などをもらい、一九二八年四月「日本共産党台湾民族支部」という形で、台湾共産党を結成した。上海の租界で開かれたその結成大会には中国共産党員の列席と指導もあったという。

このように、共産党主義運動の形成史の面でも、台湾はまさに「日本と支那の二つの火の間に立つ」ものであったが、そんな中で、中国共産党が台湾とかかわりをもったのは、まずは二〇年代東アジアの革命運動に影響力のあったコミンテルンを介してであり、コミンテルンの一支部として台湾の問題に対応したものということができる。そのためか、台湾総督府警察による弾圧で組織が壊滅し、中国大陸に逃走した台湾共産党員を吸収すると、中国共産党はこれら台湾人を「少数民族」として扱い、中国人民は日本支配下の朝鮮、フランス支配下のベトナムに対するのと同じように、台湾人民の日本帝国主義に対する闘争を支持するというものであった。

この点をよく示すのが、一九三六年、革命根拠地に入った米人ジャーナリスト、エドガー・スノーに毛沢東が語った次のような言葉である。「すべてのわが国の失陥領土を取りもどすのが、目前の事業です。すなわち満州を取りもどさなければならぬというわけです。けれども私たちは中国の以前の植民地であった朝鮮を取りもどすわけではありません。けれども私たちが中国の失陥領土の独立を再確立した場合、もし朝鮮人が日本帝国主義の鉄鎖からのがれたいと望むなら、私たちはかれらの独立闘争に熱烈なる援助を与えるでしょう。台湾についても同様です」（宇佐美誠次郎訳『中国の赤い星』）。

しかし、前述のように、このような立場は、台湾・澎湖島の中華民国返還を連合国の戦争目的として確認した一九四三年のカイロ宣言以後に一変した。中国共産党も、カイロ宣言に加わった蔣介石と同じく台湾に関する回復主義的（irredentist）立場へと転換したのである（若林正丈『増補版　台湾抗日運動史研究』）。後の「一つの中国」原則（中国は一つ、台湾は中国の一部）の歴史的起源は、共産党については、この時の台湾政策の転換にある、あるいは、この時初めて、実際的課題に対処するものとしての（問題に単にイデオロギー的に対処するものとしてではなく）、中国共産党の台湾政策が生まれたといってよいかもしれない。

そして、中国大陸での内戦で国府軍に勝利して中華人民共和国を樹立し、国民党の「中華民国」が台湾に逃げ込むと、「台湾解放」を呼号することになったのである。

「台湾解放」と「大陸反攻」

さて、一九四九年、国府軍は中国大陸の大都市を次々に失いつつも、商船拿捕や都市空爆など大陸沿岸部、特に上海を封鎖する挙に出ていた。五〇年一月には米軍提供のB24機で上海に大規模爆撃が行われた。中国共産党は、「台湾解放」を呼号したが、当面海・空軍力の不足する共産党軍はただちにこれらの抵抗を克服して台湾に侵攻することができなかった。

しかし、大局的には「台湾解放」は不可避のように見えた。アメリカの国務省は、四九年夏、アメリカの援助にもかかわらず国民党政権は腐敗と堕落で自壊したとの見解を盛った『中国白書』を発表したが、この頃には、アメリカ政府・軍当局ももはや経済的・外交的手段では台湾は守れないとの見通しで一致していた。翌五〇年一月五日、トルーマン大統領は台湾海峡不介入を声明、一二日アチソン国務長官はアメリカの西太平洋の「不後退防衛線」(アリューシャン列島、日本列島、沖縄、フィリピン。通称アチソン・ライン)から台湾、韓国を除外するととれる発言を行った。いったん蔣介石は、総統職に復帰して再三「大陸反攻」を叫んで士気を支えようとした。だが、国府の命運は風前の灯に見えた。

ただ、国務省主導で「塵の静まるのを待つ」態度をとったものの、アメリカ政府部内も世論もまとまっていたわけではなかった。四九年後半から「中国の喪失」の責任を追及する声は共和党を中心に高まり、軍内部でも、強まるソ連との緊張の中で、台湾の戦略的価値を重視する声があがっていた。例えば、マッカーサーは台湾は二〇隻分に相当する「不沈の空母」であり、それが敵対勢力の手に落ちた時の脅威を強調していた。

東西冷戦と中国内戦の結合

朝鮮戦争はこのようなタイミングで勃発した。六月二五日北朝鮮軍が突如三八度線を南下して韓国に侵入した。二七日トルーマンは台湾海峡不干渉方針の破棄を宣言、共産党軍による台湾攻撃阻止のため第七艦隊の台湾海峡出動を命令した。トルーマンは同時に国民党に対しては「大陸反攻」行動の停止を要求しており、これが「台湾海峡中立化宣言」と呼ばれる所以である。その根拠として、台湾の将来の地位に関しては「太平洋における安全保障の回復、日本との講和条約、あるいは国連による検討を待つべきである」との、いわゆる「台湾の地位未定論」が表明されていた。ここに、中国内戦から台湾を隔離したいアメリカの意図がのぞけて見える。

一〇月に至り、朝鮮の戦局は重大化した。八日、米軍が三八度線を越えると、二五日、共産党軍は鴨緑江《おうりょっこう》を越えて参戦した。共産党軍は「台湾解放」に備えていた兵力をも朝鮮戦線に割かざるを得ず、第三野戦軍は、主力を米軍・国府軍の侵攻に備えて福建省沿岸の警戒にあて、「台湾解放」に備えて上海に集中・待機していた党・政幹部も、各地に散っていった。ここに共産党軍による「台湾解放」は挫折したのである。

台湾海峡介入を決めたアメリカは、国連の場で国府の中国代表権を防衛するとともに、いったん中止していた国府援助を再開した。早くも五〇年七月末、国連軍最高司令官にも任じられたマッカーサーが台北に飛び蔣介石と台湾共同防衛を協議、ただちに常駐軍事連絡班がGHQ（連合国軍最高司令官総司令部）から派遣された。翌五一年二月、正式に「相互防衛協定」を締結、本格的なテコ入れが再開され、国民党勢力は息をふきかえした。アメリカの対国府軍事援助は、五〇年から、七四年に打ち切られるまで総額約二五億六六〇〇万ドル、MSA（相互安全保障法）などに基づく一般経済援助（「米援」と称された）は、六五年に打ち切られるまで総計約一五億ドルが供与されている。また、五一年四月には、チェース少将が団長に任命されて公式に軍事顧問団の派遣が再開された。アメリカ政府は、平時においても敵対勢力の下に置くべきでない地域として、台湾を戦略的に位置付けるに至ったのである。

一方、共産党・中華人民共和国の側は、四九年七月毛沢東が「向ソ一辺倒」を宣言、五〇年二月には中ソ友好同盟相互援助条約を締結していた。これに対してアメリカは、台湾への直接的テコ入れの他、国府との講和を日本に強要し（五二年四月「日華平和条約」）、さらには後に触れるように、自らも米華相互防衛条約を締結、アジアの冷戦体制の最前線に台湾を組み込んでいった。朝鮮戦争を契機に、東西冷戦が台湾海峡にも一気に波及して中国の内戦と結合し、またもや一組の分裂国家ができてしまったのである。

二度の台湾海峡危機

かくして、台湾海峡は、朝鮮半島の三八度線についでアジアにおける東西ブロックの分界線となった。だが、アメリカにとっての台湾防衛線は、台湾海峡にすっきりと敷かれたわけではなかった。国府軍がなおも浙江省（大陳列島）、福建省（金門島、馬祖島）沿岸の小島嶼を占領し続けていたからである。

五三年二月、就任直後のアイゼンハワー大統領は、台湾海峡「中立化」の解除、つまり国府軍の大陸攻撃抑制の解除を宣言した。蔣介石はこれら沿岸島嶼に正規軍を配備し、沿岸地域に対するさまざまな攪乱工作を活発化させた。蔣は、アメリカを中国大陸再介入と「大陸反攻」支援に踏み切らせる「第三次大戦」の勃発という僥倖《ぎょうこう》を待望していた。しかし、五三年七月、朝鮮戦争の休戦が実現すると、共産党軍は反撃を開始した。こうして、一九五〇年代、沿岸島嶼をめぐり二度にわたって国共戦争が勃発、米中両国を開戦の瀬戸際まで追い込んだ。台湾海峡危機である。

第一次危機は、五四年から五五年にかけて大陳列島をめぐって展開した。五四年五月、共産党軍は、大陳列島の小島嶼に橋頭堡を築き、一一月制空・海権を確保、翌年一月国民党軍を追い出して一江山島《いちこうざん》を、二月大陳島を占領した。共産党軍のこの行動の背景には、アメリカが作ろうとしていたアジアの集団防衛体制に国府が組み込まれるかどうかの問題があった。その結果、実現したのは国府抜きのSEATO（東南アジア条約機構）だったが、共産党軍の攻勢は、アメリカとの二国間条約締結に弾みをつけ、五四年一二月、米華相互防衛条約が調印された。五五年一月、アメリカ議会は、アイゼンハワーの要請により、大統領に、台湾と澎湖島、および「それに対する攻撃のはっきりした準備行動と認められる事態」に際して軍事力を使用する権限を与える決議（「台湾決議」）を、上・下院とも圧倒的多数で採択、翌月米華条約を批准した。

米中の対決ムードは高まっていた。しかし、双方に抑制は働いていた。共産党軍は、第七艦隊の国府軍大陳列島撤退支援作戦中、一切攻撃を控えた。西側同盟国も、そして結局はアメリカ世論も、沿岸諸島での緊張から対中全面戦争にいたることをのぞまなかった。四月、バンドンのアジア・アフリカ会議で周恩来中国首相が、台湾地域の緊張緩和についてアメリカと話し合いの用意がある旨を言明、七月、ジュネーブ四ヵ国首脳会議を経て米中会談が実現に向かい(八月一日第一回会談)、危機は去っていったのである。

米中会談と並行して、中国首脳は台湾の「平和解放」を口にし始めた。主なスポークスマンは周恩来首相であった。曰く「台湾地域の責任ある当局と台湾の平和解放の具体的措置につき協議したい」(五五年七月三〇日)、「蔣介石が北京に帰りたいなら中央政府の部長(国務大臣に相当)クラス以上のポストを用意する」(同年一一月二六日)などなど。共産党の狙いは、米中会談で台湾海峡の武力不行使を求めるアメリカに対し台湾問題の「内政問題」たることを示威し、かつアメリカと国府との間にクサビを打ち込むことであった。

これらの発言とともに「第三次国共合作」の風聞が世界をかけめぐり、台湾では、五五年八月の孫立人《そんりつじん》将軍事件(米軍筋の評価の高かった孫総統府参軍長が解任、軟禁された)や、五七年五月の台北アメリカ大使館襲撃事件(国府軍中佐がアメリカ軍人に私的いざこざで殺された事件を利用して蔣経国指揮下の特務機関が演出したと推測されている)など、ワシントン―台北間のきしみを思わせる事件が起こった。だが、動揺はそこまでであった。

第二次台湾海峡危機は、五八年八月から一〇月にかけて金門島をめぐって起こった。五八年に入り、周恩来の「台湾解放」発言から「平和」の文字は消えていた。八月二三日より共産党軍は金門島に激しい砲火を浴びせた。国府側発表によれば、一〇月六日一週間の停戦となるまで、計四二万七二〇〇発が撃ち込まれた。七月末からの空中戦で沿岸部の制空権を失っていた国府軍は補給に窮し、八月末には共産党軍の福建前線司令部が金門島司令部（国府側）に降伏を勧告するまでにいたった。共産党軍の突然の砲撃の背景には、同盟関係再編をめぐる中ソの確執があったと見られている（毛里和子『中国とソ連』）。

そこで、アメリカが再び介入したが、今度も抑制されたものとなった。九月四日、ダレス国務長官は「台湾決議」を引用しつつ金門島砲撃を非難したが、同時に台湾地域における相互の武力行使放棄に関し米中の話し合いを提案していた。これは中国が六月から要求していた米中会談（五六年九月中断）の再開に応じる発言でもあった。翌五日、第七艦隊に出動命令が下ったが、それは金門島補給護衛が任務であった。六日、周恩来は会談再開に同意、一〇月六日、彭徳懐国防相は「共通の敵はアメリカ帝国主義」との趣旨の「台湾同胞に告げる書」を発表するとともに、米艦隊の補給護衛停止を条件に一週間の砲撃停止を宣言、アメリカは護衛停止に応じた。一三日砲撃停止二週間延長、二五日さらに偶数日の砲撃停止が宣言され、国府軍もこれに応じた。かくして、奇数日には共産党軍が廈門《アモイ》島から、偶数日には国府軍が金門島から一日おきに砲撃しあうという儀式的戦争（中国内戦は続いているのだ、との対米示威）を残して、危機は去っていった。

中国内戦の封じ込めと「一つの中国」体制

依然、「台湾解放」も阻止され「大陸反攻」も実現されなかった。五八年一〇月二三日、ダレス国務長官は蔣介石に迫って「大陸の回復は原則的に三民主義の適用により、武力行使によらない」との趣旨の共同声明を出させていた。にもかかわらず、六二年蔣介石は、「大躍進」の失敗による大陸の混乱に乗じて反攻準備の動きをみせたのだが、ケネディ政権の厳しいチェックにあって中止せざるを得なかった。

このように、蔣介石の「大陸反攻」は毛沢東の「台湾解放」とともに封じ込められた。しかし、国府はアジアの冷戦における反共前哨基地の役割を受け入れつつ、その中国内戦における立場を、アメリカに、国際社会において支持させることができ、七〇年代初めまでは国府が一方的にその堅持する「一つの中国」原則の国際社会における受益者であった。

アメリカにとっては、「大陸反攻」に固執する蔣介石は、必ずしも台湾という反共前哨基地を守る上で理想の現地リーダーではなかった。しかし、アメリカは結局、蔣介石を他のリーダーと置き換えることもできず、「一つの中国」を堅持し中国正統政権たることを主張する蔣介石の立場を変えることもできず、国連での国府の中国代表権を支持し続けたし、西側主要国家も国府を支持し、これと国交を維持し続けたのであった。

一方、「一つの中国」は、相対立しつつも毛沢東と蔣介石がともに堅持する原則であった。それは今日に至るも現実とはなっていないが、台湾防衛とこの原則との分離というアメリカの意図をも実現させていない、つまり台湾海峡の秩序提供者である超大国アメリカの行動をもこの原則が拘束していると言える。その意味で、台湾海峡には「米国の平和」とともに、「一つの中国」体制が存在しているとも言えるのである。

国民党の「改造」と領袖独裁の党国体制

ここで、再び台湾内部に目を戻そう。台湾の「中華民国」が、アメリカによる中国封じ込めの前哨基地として東西冷戦下の戦後国際社会にニッチ（居場所）を見出し、「一つの中国」体制の受益者として振舞うことができていた五〇年代と六〇年代は、国民党政権が台湾で改めて自分を建て直し、かつ政治警察の厳しい抑圧とともに台湾社会に対するコントロールを確立して、政治的安定を誇った時期でもあった。その安定の下で、アメリカの援助が見事に消化され、後に「台湾の奇跡」と称される経済の高度成長が展開し、社会は大きな変貌を遂げるのである。

まず、国民党政権の建て直しから見ていこう。逆説的であるが、中国大陸での敗北はもちろん痛手ではあったが、それは蔣介石の党に対する掌握を強化する好機でもあった。敗戦により、長年中央政府を悩ました軍閥的地方勢力は消滅し、人事や利権をめぐり抗争を繰り広げた党内の派閥は弱体化した。蔣介石は、大陸での内戦の敗色が深まると、その基本的原因を党員の腐敗と組織のゆるみ、軍の士気の低下と軍閥化に求め、党の「改造」を構想し始めていた。そして、五〇年三月、総統に復位した後、アメリカの介入と支援開始で、目前の直接的危機が回避され、自身の威信が高まると、これに本格的に取り組んだ。党内派閥が克服されリーダーの指導が貫徹し（「領袖独裁」）、その党により軍・政への一元的指導が貫かれる——このような党がそのめざすところであった。

五〇年七月、国民党の中央常務委員会は「改造方案」を採択、蔣介石が任命する「中央改造委員」が、従来の決定機構である中央執行委員会と中央監察委員会の権限を次の党七全大会までの「改造期間」中代行するという一元的指導体制で、党の整頓に取り組むこととした。党組織の「改造」は、①現有党員の再登録と不良党員の粛正、②新規党員の吸収、③党員の組織編入、という手順で進められた。そして、五二年一〇月、国民党第七回全国代表大会が召集されて、「本党は革命民主政党である」という独特の自己規定を含む党規約と党綱領の採択、そして四〇名の中央評議員と三二名の中央委員を選出、さらに、党総裁蔣介石の指名により一〇名の中央常務委員を選出し、「改造」の公式の仕上げとされた。改造委員会と同様に中央常務委員の序列筆頭は陳誠（台湾省主席から行政院長に任ぜられていた）、第二位が蔣介石の長男の蔣経国であった。

この他、軍と政治警察の統制と再編は、その他の国家セクターとは別途に行われた。軍内の党組織は「特種党部」と称され、中隊規模までの部隊に党部が作られたが、政治党派の軍関与の禁止という憲法の建前から、これを非公開とせざるを得ず、軍の政治統制は実際には、かつてソ連に留学し赤軍に籍を置いたこともある蔣経国が国防部総政治部主任として、軍内に軍令系統と非公開の党務系統とを並行して設けた「政治工作」系統が担当した。

政治警察は、中国の現代政治史においては、「特務（系統）」と称されている。特務は、対外的な情報工作のみならず、政権内部の政敵や体制外の政治的反対者に対する情報蒐集、監視、逮捕・拘禁、そして時にはテロを実行する組織として、政治権力の重要な支柱の一つであった。大陸時期には、黄埔系（蔣介石が校長をつとめた黄埔軍官学校出身者による派閥）を中核とする「軍統」（国民政府軍事委員会調査統計局に由来する呼称）および党務を牛耳るCC派の影響の強い「中統」（国民党中央委員会調査統計局の略称に由来する呼称）の二大系統があったが、内戦の敗北はまた、これらの特務工作網の崩壊をも意味していた。蔣介石はその台湾での建て直しに長男蔣経国を参与させ、ついで彼にその統括を委ねたのである。

初期の経緯は不明な点が多いが、四九年八月、蔣介石は台北市郊外で「政治行動委員会」なるものを設立したと言われる。この委員会は、国防部保密局（「軍統」の後身。後に国防部情報局、後に同軍事情報局）、内政部調査局（「中統」の後身。後に司法行政部、その後身の法務部管轄）、憲兵司令部、国防部第二庁、台湾省警務処、台湾省保安司令部（戒厳令実施機関。後に台湾警備総司令部、通称「警総」）などの情報治安機構の長ないし次長クラスを委員とし、特務工作の一元的指揮をはかろうとしたものだった。この委員会は、非公式のものであったため、指揮・連絡の上で公文を発する必要上、五〇年三月、蔣介石が総統に復職してからは、「総統府機要室資料組」の名称を用いた。蔣経国はこの「資料組」の主任として自分の大陸時代からの部下でこの組織を固め、軍統を優遇し中統を抑えるやり方で台湾における特務の再編を行い、複数の特務組織を指揮しうる実権を掌握していった。その後、「総統府機要室資料組」は、一九五四年アメリカの国家安全会議に似せて設けられた国防会議（後六七年より国家安全会議と改称）の下の国家安全局として正規化され、蔣経国は国防会議副秘書長として実権を握った（松田康博「蔣経国による特務組織の再編」）。蔣経国はその後、国防部長、行政院副院長、行政院長と権力の階段を上り詰めていくが、その手に特務機構を掌握し続けていたことに変わりはなかった。

このような国民党の「改造」によって、まず蔣介石は、行政系統をまかせた陳誠および軍・特務系統をまかせた蔣経国にのみ中央における新たな派閥を作ることを黙認して、旧派閥勢力を排除するとともに、「改造」過程における一種の「非常大権」として認めさせた総裁の権限を党の通常の体制においても認めさせ、党に対する一元的リーダーシップを確立することに成功した。国民党の用語で言えば「指導の中心を鞏固にした」のである。

ただし、組織としての党の活動は全般的に形骸化していった。「改造」により、中央から末端までの行政等級に合わせたピラミッド型の党組織が整えられたものの、「改造」期間が終了すると、社会や党外組織・機構との接点となるはずの「小組」の活動は、著しく低下し、また、蔣経国が握る反共救国青年団（通称「救国団」）が新たな出世ルートとして台頭したため、正規の党務系統は「党工」（党務専従者）でない一般党員にとって魅力のないものとなっていったのであった。

また、党「改造」とともに、各級政府機関に対応して「政治小組」が、各級民意機構（国会及び地方議会）に対応して「党団」（議員団）が、さらに同級の「政治小組」と「党団」との連携のために「政治総合小組」などが設けられた。こうして組織の形が作られた。しかし、国家各セクターに対する党のコントロールは、共産主義国家のパーティ・ステート・システム（共産党が国家組織より優位に立ちこれを指揮・指導する体制）に似たこのシステムが有効であったというよりは、党のトップ（総裁）が国家機構のトップ（総統）を兼任するというアレンジメントの下で発揮される領袖のリーダーシップが、党によるコントロールを担保していた、ということができる。そこでは、蔣介石自身の他よりの挑戦を許さない威信に加えて、行政系統については陳誠の、軍と政治警察については蔣経国の統率と忠誠を期待することができた。これは、陳誠と蔣経国が、大陸時代の派閥に代わる新たな中央派閥の領袖として台頭したことと相応している（松田康博「中国国民党の『改造』」、陳明通『派系政治與台湾政治』）。

このように、党の「改造」を経て、党の国家各セクターに対する統制が、それぞれに設けられた党組織の活動を通じてではなく、領袖がその忠誠を確保している新たな派閥リーダーの各セクターに対する統制として国家に貫徹するという意味で、党が国家を指導する体制が確立したと言える。そこで、この体制を、民主化前の国民党自身のボキャブラリーにおいて、党と国家の一体性を表現していた「党国」の語を借り「党国体制」と呼ぶこととしよう。

その後、蔣介石後の領袖の地位を競えるはずであった陳誠がその機を待たずに死去し（六五年）、蔣経国が最高権力継承へ周到な準備を重ねていたこともあって、領袖蔣介石が世を去る七五年には、党内派閥闘争が深刻化することもなく、すでに蔣経国に「指導中心」が移動していた。そのためもあって、この党国体制の骨格は、八〇年代半ばの政治的自由化の本格的開始まで堅持されたのである。

「かつてわれわれ七〇代の人間は夜にろくろく寝たことがなかった。子孫をそういう目には遭わせたくはない」と、李登輝は総統現職時代の九四年、日本の作家司馬遼太郎に語っている（司馬『台湾紀行』）。四〇年代末に共産党シンパの嫌疑をかけられて、以後七〇年代初め、蔣経国の手で中央に抜擢されるまで政治警察の監視対象にされ続けた自分自身の感慨を述べているのである。

「白色テロ」

前章に触れたように、中央政府の台湾移転前に、台湾には戒厳令が施行され、青年・学生などに影響力を示し始めた共産党摘発キャンペーンが始まっていた。そして、政府の移転後も、前述の特務機構の再編と党の「改造」と並行して、キャンペーンはいっそう激しく展開されていった。ある推計によると、四九年から六〇年まで、一〇〇件を超える政治逮捕事件があり、処刑されたもの約二〇〇〇、重罪を科せられた者約八〇〇〇人に及んだという（李筱峰『台湾史100件大事下（戦後篇）』）。

これらの政治弾圧は、反共を掲げる政府が共産党員を摘発するものであったので「白色テロ」と呼ばれるようになった。だが、弾圧されたのは、地下共産党員やその同情者と目されたものばかりではなかった。先住民族の自治要求が弾圧されたもの、さらには党国体制内の権力闘争、特務機関同士の闘争によるものも含まれていた。そして、六〇年代に入ると「台湾独立」関係の事件が増えていった。

「白色テロ」のピークは、五〇年代半ばまでと見られるが、その間に、政治的異見者を効率的に監視し威嚇し抑圧するシステム、すなわち戒厳執行機関である台湾警備総司令部を始めとする、相互に重複する膨大かつ周密な政治警察の網の目が形成された。「白色テロ」はまた二・二八事件に踵を接して行われた「恐怖による政治教育」でもあった。政治を危険なものと見なし、有効な反抗は無理であると見る態度を、台湾住民は身に付けざるを得なかったのである。恐怖と相互不信が人々の日常生活における政治関係の基調となってしまった。後の民主化運動において、内なる「戒厳文化」、「一人一人の心の中の警備総司令部」の克服が呼びかけられた所以である。

確立された党国体制のムチは、抑圧的な党国体制に対する代替案を提起し、政治的反抗を組織し得るイデオロギー（社会主義あるいは台湾独立思想）をその担い手ごと物理的に排除（投獄、処刑、海外亡命）するとともに（さらに海外にも監視の目を光らせ、海外の台独組織にまで浸透してこれを破壊することもあった）、政治的自己規制の姿勢をも内面化することに成功したのである。政治警察の強く良く効くムチは、党国体制によるあらゆる政治的社会的コントロールの前提でもあった。

通貨改革と農地改革

かくして、台湾において国民党政権は、党国体制として立て直されたわけであるが、それは、人員（外省人官僚・軍人・兵士・知識人）、イデオロギー（国民党版の中国ナショナリズム）や財源（日本から接収した公営企業、アメリカ援助分配権）の面で、台湾社会からの調達にそれほど依存しない、一定の自立性をもつことになった。ただ、自立性は政権の外来性の裏返しでもあり、台湾社会からの孤立でもあったから、政治警察による厳しい抑圧の一方で、安定のためには台湾社会との折り合いを何とかつけるほうが得策であり、同時に台湾住民の同化（中国化）をはかっていくことが必要でもあった。

台湾に逃げ込んだ国民党政権が、治安の確保・反対勢力の弾圧とともに、まず実行する必要があったのは、社会経済の安定化であった。これを担当したのは中央の移転に先立って省主席として送り込まれていた陳誠である。陳誠は、四九年六月、旧台湾元四万元を新台湾元一元と交換するデノミネーションと、大陸金元券との兌換停止などの幣制改革を断行、悪性インフレの続く大陸経済と絶縁するとともに、高金利政策や金・外貨の持ち出し禁止などの措置をとった。現在使用されている台湾の通貨の正式呼称「新台湾元（ＮＴ＄）」はこれに由来している。

また、日本占領中のアメリカ政府の要請で、早くも四九年一二月から食料不足気味の日本との民間バーター貿易が始まり、五〇年九月からは正式に貿易協定が結ばれ、以後日本との貿易は年々拡大していった。こうして、台湾はわずか四年で再び中国経済圏から離脱し、アメリカを核とする西側経済のなかに組み込まれていったのであった。

同時に国府はアメリカの支援の下、農地改革を断行した。改革は、四九年四月、小作料を一律三七・五％に減免（「三七五減租」）、五一年六月、接収した日本人所有地の農民への売却（「公地放領」）、五三年一月、政府による地主所有農地の買い上げ・農民への売却（「耕す者其の田有り」政策）と、三段階に分けて実施され、成功を収めた。結果、一〇万六〇四九戸の地主（地主総戸数の五九・三％）の小作地一四万三五六四甲（総小作地の五六・五％。一甲は〇・九七ヘクタール）が買い上げられ、一九万五八二三戸の農家（小作農総戸数の六四・一％）に売却された。地主からの農地買い上げ代金として、その三割が四大公営企業の株券により支払われ、これをきっかけに一部は都市商工業者に転じたが、一部は変化に適応できずに没落し、日本統治時代からの有力社会階層であった地主階級は衰退に向かった。これより先、省政府は「米肥バーター制」、即ち政府が輸入・生産を独占する化学肥料と農家の生産する米穀との物々交換の制度を実施していた。これは実質、農家には不利な不等価交換であり、国家はこれらにより、地主に代わって農業余剰を優先取得して、膨大な軍・官僚機構の食料を確保し財政基盤を固めた。

地方自治と「地方派系」

さらに陳誠により、いわゆる「地方自治」が導入された。五〇年、関連規則が政令として定められ、翌年の臨時省議会議員選挙をかわきりに、以後台湾省管轄下の県・市の知事・市長、同議会議員などの選挙が定期的に実施されるようになった。ただし、台湾省主席や行政院直轄市に昇格したあとの台北市や高雄市の市長のポストは官選であった。

これら選挙の当選者は、ほとんどが本省人だった。外省人エリートが牛耳る中央政治舞台への本省人の進出は抑えられたから、国政は外省人、地方政治は本省人という政治エリートのエスニックな二重構造が生じた。

五〇年代初期の選挙は、農地改革が進展中で未だ転換しきっていない農村社会の状況を反映して、日本統治時代からの地方名望家が順当に当選する金のかからない選挙であった。しかし、各種選挙、特に県知事選挙を軸として、一部に国民党になびかない地方勢力を残しつつ、しだいに「地方派系」と呼ばれる地方勢力が各県にきまって複数形成され、国民党はこれら「地方派系」のリーダーを党公認候補に立て、大衆支持調達の媒介として頼るようになっていった。これとともに選挙は金と不正に汚されるようになった。

「地方派系」は地方社会に有力な家族的背景を持つリーダーと選挙民との間に、リーダーから個別選挙民に恩顧や利益を供与し、選挙民はそれに対して選挙の票を与えるという形で個別に忠誠を示す、という交換関係の束からなっている。国民党地方組織の整備や工業化に伴う商工業利益の地方浸透などを背景に、国民党政権が党候補公認権や地方バス路線利権その他の寡占的利益の供与などをテコに複数の「地方派系」を操作してその忠誠を獲得し、「地方派系」が自身の恩顧関係を通じて集めた票を国民党への民衆の支持へと転換していく、という関係が成立していった。国民党エリートと「地方派系」、「地方派系」とその影響下の地方民衆、の間に、いわば二重の恩顧・庇護関係《クライアンティリズム》が形成されていったのである。これは、いわば外来者としての国民党の台湾社会での孤立を軽減するのに大いに役立った。しかし、それはまた台湾の社会勢力が「地方派系」というかたちで国民党に浸透していくプロセスの静かな始まりでもあった。

「台湾の奇跡」と社会の変貌

一九五二年になるとさしもの悪性インフレも終息に向かい、農業生産は戦前のピーク時(一九三八年)の水準を回復した。アメリカの援助も本格化し、五〇年代を通じて台湾経済は順調に復興・発展していった。この時期の成長を支えたのは優れた基盤を持ち、農地改革で農民が生産意欲を高めていた農業であった。農業は、五三年以降の一〇年間年平均四・四%の成長を示し、外省人移民により生じた人口急増を支えるとともにいちはやく輸出余力をみせ、米と砂糖で年間約一億ドルの外貨をかせいだ。工業では、「米援」の原料綿花や手厚い保護制度に守られた繊維、堅実な農業や「米援」原料に支えられた食品工業、復興需要や軍関係需要に支えられたセメント産業などが発展をみせた。

この時期の工業化は、復興期の旺盛な内需を目当てとした輸入代替型のものであった。工業生産は同じ一〇年間で年平均一一・六%の伸びを示したが、まもなく内部市場の飽和、改善されない失業や潜在失業、貿易赤字の累積などの行き詰まり状況が現れた。そして、「米援」の形態変化や援助そのものの廃止が展望される中で、工業製品の輸出推進を目指す政策転換がはかられた。五八年以降、まず為替レートの単一化や過大評価の是正が行われ、ついで税制や金融面での輸出奨励措置がとられた。六〇年には投資奨励条例が改正され、外資導入が積極的に進められた。外資到達額は翌年から飛躍的に増大し、その成果の上に六六年には高雄に最初の輸出加工区がスタートした。

結果は以後二〇年近く続いた驚異的な経済の高度成長であった。GNPは六四年から第一次石油ショック時まで年平均一一・一％、七四年から七九年までの期間は年平均八・四％の伸びを示した。同じ期間の輸出成長率は、二九・七％と二三・九％、貿易依存度（GNPに占める輸出入総額の割合）は、五六・一％から九一・六％に上昇した。一人当たりGNPは、六〇年の一四四ドルから、二〇年後の八〇年には、二二九三ドルに上昇した。しかも、第一次石油ショック直後を除いて物価はおおむね安定しており、高度成長に伴いがちなインフレは避けられ、また開発途上国の経済成長にありがちな貧富の格差の拡大も見られず、所得五階層区分による最上位と最下位の比は八〇年代初めまで下降し続けた。韓国の「漢江《ハンガン》の奇跡」と並んで「台湾の奇跡」と称された所以である。

こうした経済発展の進展が厳しい政治支配の緩和に直ちには結びつかなかったものの、持続した高度経済成長によって、台湾社会は一挙に農業社会から工業社会に転化をとげた。六〇年代中頃がその転換点である。六五年にGNPの産業部門別構成で第二次部門（工鉱業、建設業、電力・ガス・水道業など）が第一次部門（農林水産牧畜業）を凌駕し（二八・六％対二七・三％）、輸出に占める工業製品の割合も四六％に達した。工業化はその後もいっそう加速され、七五年には就業人口比においても第二次部門が第一次部門を越えた（三四・九％対三〇・四％）。これに対して五〇年代の復興と発展をリードした農業は低米価政策などの悪条件の下で衰退し、政府はついに七三年一月より「米肥バーター制」の廃止に踏み切り、以後農業は被保護部門に転化していった。八〇年には第一次部門は、GNPに占める比率で一〇％をきり、就業人口比で二〇％を割った。

工業化の急速な進展と第三次部門の拡大は、都市化の進展をもたらした。五〇年に人口五〇〇〇人を超える市鎮は台湾には二四しかなかったが、八〇年代初めには七〇近くに達した。ただ、台湾の場合は交通が早くから発達したため労働者の通勤範囲は比較的広く、また多数の中小工場が地方の町村にも立地したため、途上国にありがちな都市人口の爆発的増加やスラムの形成は回避された。しかしながら、地下鉄などの都市大量交通網の建設や環境汚染対策は後手にまわり、河川や大気の汚染のみならず都市生活環境一般はしだいに悪化し、八〇年代以降環境問題は、政治・経済の動向を左右する重要な要因の一つとなった。

もともと高かった教育の普及は、工業化とともにいっそう進んだ。六歳以上の人口中の非識字率は、五二年にはまだ四二・一％あったが、八五年には八・四％に減少し、高等教育を受けた者の数は、同期間に八万六〇〇〇人（一・四％）から一五二万九〇〇〇人（九％）に増加した。

社会階層も多様化していった。工業化とともに新たな社会要素として大量の都市労働者が誕生し、また、外省人が多数を占める公務員層に加えて、多数の本省人の中小企業家層が中産階層に参入してきた。ただ、台湾では両者の階級としての境界は明確にはなりにくかった。国際的にみて安くて優秀な労働力を活かした台湾の輸出主導工業化が、新規参入が容易な中小企業を主体に進んだため、労働者から中小企業主への階層の上向流動性が本省人の間では比較的高かったからである。

上からの「中国化」政策

前章で指摘したように、二・二八事件の勃発は、国民党のエリートにとって台湾住民の「中国化」政策の必要をいっそう感じさせるものであった。そして、その後の国府の中国大陸での敗北、台湾への逃走という事態に基づき、国府は、政治警察による抑圧と同時に、その過去の苦難と未来の目標(「反共復国」)を「中国人」の苦難、目標として、本省人にも受け入れさせることが必要であった。二度にわたる台湾海峡危機があり、台湾社会での実際の戦争のにおいの感じられた五〇年代、国府の国際的地位がまだ孤立に至っていなかった六〇年代は、国民党政権による上からの台湾社会に対する一大「中国化」運動の時期ともなったのである。

このような「中国化」、すなわち「中国人になるために学ぶ」(learning to be Chinese)ということは、本省人にとっては、外省人エリートが主流文化として提示する文化に同化することでもあった。同化の経路には、社会的接触を通じた同化と制度による同化(学校教育やマス・メディアによる宣伝)があるが、前者の経路による同化は微弱であった。主流文化の体現者たる外省人は人口上の少数者であり、かつ彼らの多くは、前述のように時代が戻れば戻るほど社会的、空間的に隔離されていたからである。こうした隔離と「眷村」などへの党国体制浸透の異なった方式とは、人口上の少数者である外省人の、多数者である本省人への同化の進展をも阻害するものであった。結局、本省人の同化の主要かつ最も強力な経路となったのは学校教育であり、ついでテレビを中心とするマス・メディアであった。社会的接触による同化に頼ることができず、学校教育を主要な経路とするという点では、戦前の台湾総督府の「同化政策」の場合と同様であったが、統治エリートと本省人の文化的距離は、かつての日本人との距離よりはずっと近く、かつ国民党は日本統治時期末期には初等教育就学率七〇％を超えていたという学校教育の普及の程度から出発できたのであった（Wang, Fu-chang［王甫昌］, *The Unexpected Resurgence*）。

国府による「中国化」政策は、このような制度的同化を推進することであり、その目標は、言語的同化（「国語普及」）とアイデンティティの同化（「中国意識」の注入）を達成することであった。

言語的同化について見ると、当然ながら「国語」が教授用語とされ、五三年からは教室では「国語」のみが使用されるものとされた。「国語」による授業ができない本省人教師は外省人教師に代えられた。教室における母語使用を罰する慣行が生まれ、児童相互に母語使用者を教師に密告させる悪習も定着していった。こうした慣行は、児童に対し、母語が国語に対して一段と劣ったものという意識を植え付けさせるとともに、次第に強まる進学競争において、国語の出来不出来がカギとなる状況を生んだ。外省人子女はこの点で明らかに有利であった。大学生中の外省人の比率が六六年の時点で三四％、八七年でも三〇％で、外省人の人口比率の二倍を上回っていることにこの点が如実に示されている。小中学校における作文や口頭発表の際に外省人同級生に劣等感を味わわされた経験は、五〇、六〇年代に学校に上がった多くの本省人が述懐するところである。

「中国意識」の注入については、まず教科書の内容を指摘しなければならない。学校教科書は国定の統一教科書であり、文科系のものは、その内容のすべてが、中国大陸と中国文化、そして国民党（「国父」孫文、「領袖」蔣介石）に結び付けられていた。歴史教科書では、その内容の九割以上が「中華四千年」の歴史で、現代史は「八年抗戦」（対日戦争）までであった。台湾の歴史への言及は極めて少なく、二・二八事件は全く記述されず、事件について公開に言及することは社会的タブーであった。後の一九八八年（これについてのタブーが崩れつつあった頃）の『聯合報』によるアンケート調査でも、全台湾八八七名の回答者の一五%が事件の存在を知るのみであった。地理の教科書では、台湾（「全国三五省」の一つに過ぎない）の地理についての内容は五%に満たなかった。また、共産党の大陸統治の不法性を強調するために、中華人民共和国成立以後の行政区画や名称の変更などは教科書に反映されなかった（例えば、北京は「北平」のまま）。国語教科書の教材文は国民党のリーダーや左翼作家を除く中国作家の文章が採用され、台湾作家のものはごく少数であった。

さらに、こうした「中国意識」注入教育は、大学進学競争と結びついた丸暗記・詰め込み式教授法、服従を強調する校内儀礼、そして教員に対する「安全室」（政府機関や大企業に置かれた政治的人事管理を担当する部門）の監視、高校以上の学校における「軍訓」（軍事訓練。五〇年代は救国団が担当）や「教官」（軍から派遣される軍事訓練・生活補導監督官）による生徒・学生コントロール、さらには救国団系統が青年・学生を対象に展開したさまざまな「国難克服」「大陸同胞反共支援」キャンペーンなどによって補強されていた。また、学校以外では「政工系統」が文化機関、マス・メディアに進出して一般市民の政治社会化において大きな役割を果たしていたのであった。

同化の進展とその不均衡

こうした「中国化」政策は、一九五〇年代にはまだ表面に表れるような成果は見られなかったようである。人口中戦前生まれの世代は未だ圧倒的多数であり、二・二八事件の記憶はなまなましく、「白色テロ」は進行中であり、社会における本省人・外省人のエスニックな差異もまた十分に可視的なものであった。

制度的同化の成果が感じられるようになるのは、六〇年代に入ってであった。六二年に台湾では初めてテレビ放送が開始されたが、これにより、この時期以後に就学した子供たちは、就学前にも「国語」とその文化に触れ、就学後は放課後にも触れるようになった。一〇〇世帯当たりのテレビの普及台数は、六四年に一四・三台であるが、七〇年には三七一台となっている。九〇年代に封切られ評判を呼んだ呉念真監督の映画「多桑《とーさん》」では、六四年の東京オリンピックでの日本選手の活躍を喜ぶ父（一家の者は福佬語の日常語彙に入りこんだ日本語で、彼を「多桑」と呼んだ）に子供が「売国奴」と悪態をつく場面がある。これは、あがり始めた制度的同化の成果が本省人家庭に作り出した情景を描いたものとも言えよう。

このような変化は、社会的側面（本省人の新中産階級参入開始）と文化的側面（制度的同化の環境整備）において、外省人・本省人関係の「雪解け」、「省籍矛盾」の緩和が始まったものと見ることができる。台湾経済は、七〇年代に入っても石油危機による一時的停滞を除いて成長を続け、学校教育の拡大とマス・メディアの発展は続いたから、その意味での制度的同化にとって有利な条件は存在しつづけた。

王甫昌が引く一九八七年の調査によれば、本省人のアンケート回答者の三〇％が家庭での親との会話でも国語を用いており、この数字は大学・専門学校卒業生では五六％に跳ね上がっていた。また、同じ調査では、本省人で自分を「中国人」とアイデンティファイした者は三三％、大学・専門学校卒業生では六一・四％であった。言語的同化の側面についてのみ言うと、八〇年代から台湾の各地を歩き始めた筆者の感触では、少なくとも都市部では、本省人のエリート、サブ・エリートのみならず一般民衆のレベルまで母語と国語のバイリンガルであるような完成の域に近づいていたと言える。それは、八〇年代にはいれば、戦前生まれの本省人の日本語世代が、孫との会話に共通言語に欠ける様子を「一家三代二国語光復節」とその達者な日本語で慨嘆する所以でもある。

また、台湾育ち、あるいは台湾生まれの外省人の新世代は、たとえ眷村の子女であっても、学校教育においては本省人と共通の経験を持った。そして、教育の高度化と本省人の新中産階級参入の増加は、新世代同士の接触の場の増大を意味した。したがって、時代を追うごとに両者の通婚も増加していったと考えられる。王甫昌が引くアンケート調査の数字によれば、一九八七年の時点で、本省人では九三％、外省人では九一％が、本人或いは子女の結婚において、省籍は条件でないと返答している。

ただ、こうした言語を中心とする同化の進展が、台湾社会全体で均等に進行したのではないことに留意する必要がある。地域的には、中央政府機関や高等教育機関が集中する北部と、そうでない中南部では、社会における国語や母語の使用頻度に大きな違いがあり、また同じ本省人でも社会における多数族群である福佬人と少数族群である客家人とでは、こうした事態への対応の仕方も違った。客家人のほうが言語的同化には総じて積極的にならざるを得なかったと思われる。

上からの「中国化」の推進が、土着的なもの、「台湾的なるもの」への抑圧を伴っていたことにも留意しておくべきだろう。本省人の母語、特に人口的多数者である福佬人の母語抑圧に対する反発は強く潜在しつづけたのであった。本省人の母語や文化・習慣を、外省人エリートが持ち込んだ中国文化に比して一段低いものと位置付ける国語普及政策は、その成功の分だけ、一方では教室でエスニックな屈辱を味わう本省人を生みつづけていた。

そして、さらに、次章に述べる「党外」民主化運動と「国語を話す高学歴の本省人」との関係が示すように、上からの「中国化」政策により見事に新たな国語を、そして中国文化と歴史の知識を身につけた本省人が、いつまでも党国体制に従順であり続けたわけでもなかったのである。

先住民族へのインパクト

この章の最後に、台湾社会の最少数族群である先住民族の状況も見ておこう。国府は先住民族に対して、その土地に対する権利を保護する「山地保留地」政策や、地方議会に先住民族の枠を設けるなどの政治的待遇の改善を行ったが、その一方で、学校教育では漢族に対するのと全く変わりない「中国化」教育を行った。第二章に触れた呉鳳の神話も、先住民族児童にそのまま教えられていたのである。

六〇年代以降の台湾の急速な経済発展の中で、教育は山地にも普及してはいくが、平地人との社会的・経済的競争において、先住民族はつねに不利であり、平地の経済が繁栄するほどに、平地漢族の経済的勢力が山地に侵入する一方で、先住民族の青年は平地の都市の最底辺に吸収・堆積されていった。また、経済発展に伴う環境破壊の影響も及び、青年の流出とともに、経済的にも文化的にも崩壊の淵に立つ先住民族の村も増えていったのである。

第五章　「変に処して驚かず」
――「中華民国」の対外危機と台湾社会の自己主張

「変に処して驚かず」

一九七〇年代初頭、台湾の国民党政権は未曽有の外交危機にみまわれた。アメリカがアジアの冷戦の敵手である中華人民共和国との政治的和解に動き出した。いわゆる「米中接近」である。台湾の「中華民国」の外部環境は、その国際社会における庇護者アメリカの対外政策の戦略的変更によって、音を立てて様変わりしていった。

党国体制の「領袖」蔣介石は、一九六九年に交通事故に遭って以後急速に衰弱していった。この外交危機への対処は、その長男蔣経国の仕事となった。蔣経国は同じ年、行政院副院長（副首相）にまで上り詰めていた。蔣介石が占めていた総統兼国民党トップというポジションに公式に就いたのは七八年であるが、それに先立って党国体制の要である「領袖」の地位は、事実上蔣経国が継ぐこととなった。台湾政治の蔣経国時代の始まりである。

「変に処して驚かず」とは、この危機に際して、蔣介石の国民への激励の言として、喧伝《けんでん》された官製スローガンである。全文は「荘敬自強、処変不驚」――「落ち着き払って自らを強くし、変に処して動じない」の意である。七三年春、初めて台湾を訪れた筆者をあちこちで

寄港した米第七艦隊を訪問する行政院長時代の蔣経国。（中学校教科書『認識台湾（歴史篇）』より）

迎えたのも、この八文字を大書した看板であった。蔣経国の「変」への対応が、その後の台湾の「中華民国」の変容の諸要因を準備することになる。

米中接近と「中華民国」の国際的孤立

六〇年代末、台湾の「中華民国」の庇護者アメリカと敵手中国とは、それぞれの思惑から接近を模索しつつあった。アメリカはすでに泥沼化していたベトナム戦争から抜け出るため、中国との歩みよりが利益であり、中国は六〇年代初めイデオロギー論争から始まったソ連との対立が北部国境で武力衝突を引き起こすほどに厳しいものになっていた。

六九年一月、ニクソン大統領はその就任演説のなかで、北京との関係改善の希望を示唆し、続いて一連の行動でその意志を明示した。六九年中、米国人の中国渡航制限の緩和や第七艦隊の台湾海峡パトロールの緩和（常時から随時）などの措置がとられ、七〇年一月、米議会は台湾に供与される予定だった一中隊分のＦ４Ｄ戦闘機の予算を削減した。

ワシントンのシグナルに北京も応じた。七一年四月、おりから名古屋で開催中の世界卓球選手権に参加していたアメリカ選手団を中国訪問に招待し、七月には、キッシンジャー補佐官が秘密裏に訪中して周恩来首相と会談、翌年のニクソン訪中を決定した。

米中のこうした接近は、西側諸国にも衝撃を与えた。七〇年秋には、早くもカナダとイタリアが北京に外交承認をスイッチしており、日本でも、当時「米中頭越し外交」とかまびすしく論議され、長期政権をほこっていた自民党の佐藤栄作内閣に少なからぬ打撃となった。

そして、国府は七一年にはついに国連のメンバーシップをも失うに至った。国連での「中華民国」の中国代表権は、五〇年代には、中国代表権問題は国連総会の議題にしないという「繰り延べ方式」で、六〇年代には、中国の加盟は、総会における三分の二の賛成を必要とするという「重要事項指定方式」で守られてきた。しかし、七一年秋の国連総会では、「重要事項指定方式」提案は否決され、国府は自ら国連脱退を声明せざるを得なかったのである。以後、国府は国連付属機関をはじめとして、政府参加の主要国際機関のメンバーシップを次々に失っていった。

ニクソン大統領は、七二年二月、歴史的な訪中を果たし、直ちに国交樹立に至らなかったものの、「(アメリカが)台湾海峡両側の全ての中国人が、中国はただ一つであり、台湾は中国の一部であると主張していることを認識する」との文言を含む「上海コミュニケ」が発表され、北京とワシントンとにそれぞれの連絡事務所が置かれることとなった。

日本も、同年九月、田中角栄首相が北京を訪問し、「日中共同声明」を発して国交を樹立、国府と断交して、五二年国府と締結した日華平和条約は失効が宣言された。その後も多くの国々が北京に外交承認を移し、国府承認国は、七九年には二一ヵ国に落ち込んだ。台湾の「中華民国」は一転して「一つの中国」体制の受益者の立場から転げ落ち、中華人民共和国に取って代わられた。国府は著しい外交的孤立に陥ったのである。

近年明らかになったところによれば、七二年の訪中時、周恩来との秘密会談でニクソンは「台湾は中国の一部」「台湾独立を認めない」との発言を行っており、さらに前引の「上海コミュニケ」の文言について、同行のロジャーズ国務長官とグリーン同次官補（東アジア太平洋担当）は、台湾の土着住民の多くは「台湾は中国の一部」という国民党政権の立場を受け入れているとは言えないから、「台湾海峡両側の全ての中国人」の「全て」を取るべきだと主張したが、中国側が譲歩せず果たせなかったのだという（ジェームズ・マン『米中奔流』）。ロジャーズらの見方の通り、この二〇年後には、「上海コミュニケ」では存在しないものとされた、「台湾は中国の一部」とは考えない「台湾人」が台頭し始めた。皮肉なことに、そのプロセスを始動したのは、米中接近が台湾政治に与えたインパクトそのものであった。

変化するアメリカの台湾防衛関与

米中接近とともに、アメリカの台湾防衛関与も性格を変えた。アメリカは「上海コミュニケ」で、「中国人自身による台湾問題の平和的解決」を期待して「この地域の緊張情勢の緩和にしたがって台湾におけるその武装力と軍事施設を減らしていく」ことを確認した。七一年アメリカ議会は、第一次台湾海峡危機の際のいわゆる「台湾決議」を全会一致で廃止していた。在台米軍は、七三年のベトナム和平成立以後大幅な引き揚げが行われ、米中国交樹立

（七九年一月一日）後の四月には米軍顧問団が撤収され、同年末には米華相互防衛条約が廃棄となった。また、七四会計年度からは対台湾無償軍事援助が停止された。

ただし、こうした在台米軍事力の撤収は、軍事技術協力の強化など、台湾の自主防衛力増強政策への協力態勢を整えつつ行われたのであった。後述するように、対中国交樹立後、米国国内法として「台湾関係法」が制定され、台湾への「防衛性兵器」売却政策が規定されたのは、その一つの帰結であった。

中国と外交関係を結んだ日本や西側主要国と台湾との関係も全面的に断絶したわけではなく、経済を中心とした「非政府間実務関係」は存続した。日台間には通商・領事事務も取り扱う「非政府間実務機関」として「交流協会」（日本側）と「亜東関係協会」（台湾側）が設けられた。このような「非政府間実務関係」は、台湾の順調な経済発展もあって、拡大の一途をたどった。

＊文庫版の注　交流協会も亜東関係協会のいずれも、名称を見たのみではどのような機構か定かでなかったが、二〇一七年にようやく、前者は「日本台湾交流協会」、後者は「台湾日本関係協会」と改称された。

「十大建設」

このような「中華民国」の対外危機の到来のショックを、実質的に最高権力の座についた蔣経国は、どのように受け止め吸収していこうとしていたのか。

経済面では、台湾建設のために「十大建設」と称された大規模国家投資を推進して、移民や資本の外部流出など、海外逃避に傾きがちな人心の挽回をはかった。

「十大建設」とは、蔣経国内閣が推進した十項目の国家プロジェクトのことで、南北高速道路、桃園国際空港の新規建設、原発三ヵ所を含む発電所建設、および鉄鋼一貫メーカー中国鉄鋼、造船メーカー中国造船の創設や石油化学プラントの創設などで、産業基盤の整備と重化学工業の振興とを目的とする大規模投資であった。これらのインフラストラクチャー整備と重化学工業投資は、六〇年代までの経済発展の過程からも必要とされていたものであり、すべてが所期の効果をあげたわけではないが、インフラ建設では、南北高速道路、桃園国際空港などは大成功であり、重化学工業振興策では、川下に旺盛な輸出加工部門を持ち、輸入代替工業化の条件の成熟していた石化部門への投資は目覚ましい成果を上げた。七〇年代中に化繊紡績とプラスチック加工における原料の自給体制を確立し、八〇年代には輸出市場に進出を始めた。石化事業振興策は、七〇年代以降の産業発展に大きく貢献したのであった。

台湾経済は、おりしも七三年の石油ショックの影響で、七四年は、ゼロ成長に等しく(成長率一・一%)、物価は四〇%の高騰を見せたが、「十大建設」の巨額投資の効果で、七五年には、成長率四・三%と持ち直し、七四年から七九年まで、結局年平均八・四%の高成長を記録した。

『大学雑誌』と「増加定員選挙」

蔣経国の政治面での対応は、非改選議員で占められる「万年国会」の部分的定期改選の実施、そして党・政部門への本省人の積極登用の開始、が主たる内容であった。

蔣介石時代には、地方公職は本省人、中央・国政レベルは外省人、という、政治エリートのエスニックな二重構造が形成されていた。「万年国会」の定期部分改選（「増加定員選挙」）は、国会としては部分改選だが、地域としては「総選挙」であったから、当選者のほとんどは本省人となる。したがって、この制度は実施されると、徐々にではあるが、本省人の国政レベルへの積極登用策（「台湾化」政策）と相まって、この二重構造を、いびつな形ながら部分的に緩和する意義を有した。政治エリートのエスニックな二重構造の緩和をはかることによって、本省人エリートをひきつけ、内部を固めること、これが、蔣経国の対応策の核心であった。まず、「万年国会」の部分手直しから見てみよう。六六年、蔣介石を総統に四選した国民代表大会では、「自由地区」、すなわち国府の実効支配下にある台湾・澎湖および金門・馬祖などの大陸沿岸諸島において、中央民意代表の台湾における欠員と人口増に応じた定員不足を補うという名目で「欠員補充選挙」実施が決定された。欠員補充にすぎないから、この選挙での当選者も第一期議員、つまり非改選議員ということになる。

この「欠員補充選挙」は三年後の六九年に挙行され、国民大会代表一五名、立法委員五一名（この他に間接選挙で監察委員二名）が選出された。この中には、台北市から無党派で当選した黄信介《こうしんかい》（一九二八―一九九九年）がいる。黄信介は、後に「党外」勢力のリーダーとして美麗島事件で検挙・投獄され、議員資格を剥奪されたが、釈放後野党民進党の党首を一時務めた。

このように、ごく少数の、しかも非改選議員を一回限りで選出するのみでは、実効支配地区の住民を代表しうる議員が全体のわずかしか占めないという、「万年国会」の代表性の矛盾を何ら緩和するものではなかった。

そこで、まもなく到来した対外危機と権力継承の転機に際して、蔣経国が自分より党歴の古い元老たちに対して自己の立場を固めるため、一定の改革議論を許容する姿勢を示すと、危機意識を持った青年知識人が『大学雑誌』に結集し、国会全面改選をはじめとする改革主張が噴出した。こうした改革論議は、おりから香港やアメリカ華人・留学生の間に起こっていた日本の尖閣列島領有主張に抗議する「釣魚台《ちょうぎょだい》保衛運動」に乗じて、また、救国団主任としての蔣経国の「青年導師」のイメージをも利用して、「青年の愛国言論」のポーズのもとに提出されており、正面から弾圧しにくい事情もあった。

もちろん、この時期の改革言論の極限とも言える国会全面改選は実現しなかった。実現したのは、七二年に「臨時条項」再度の増訂により導入された「反乱鎮定時期中華民国自由地区増加定員選挙」であった。これは、①「自由地区」と海外華僑について議員の定員を大幅に増やし、「自由地区」については普通選挙で、海外華僑については総統の指名によって定期改選する、②大陸選出議員と前述の「欠員補充選挙」で選出された議員は、改選せずそのまま職権を行使し続ける、というもので、結果的に、国民大会代表（任期六年）については、八六年まで、立法委員（任期三年）については、八九年まで続けられた（表2）。

表2　国会欠員補充選挙及び増加定員選挙における国民党と無党派（1986年と89年は民進党）の議席及び得票率

実施年　選挙の種別（1972以降は増加定員選挙）	国民党議席数（得票率%）	*無党派議席数（得票率%）	補充定員／増加定員（総統指名の海外華僑枠）
1969　立法院補充選挙	8（76.0）	3（24.0）	11
1969　国民大会補充選挙	15（79.7）	0（20.3）	15
1972　立法院選挙	22（70.2）	6（29.8）	28（15）
1972　国民大会選挙	27（72.0）	9（28.0）	36
1975　立法院選挙	23（78.7）	6（21.3）	29（15）
**1978　立法院・国民大会選挙			
1980　立法院選挙	41（72.1）	11（27.9）	70（27）
1980　国民大会選挙	40（66.4）	11（33.6）	76
1983　立法院選挙	44（70.7）	3（29.3）	71（27）
1986　立法院選挙	59（66.3）	12（24.9）	73（27）
1986　国民大会選挙	68（60.2）	11（22.2）	84
1989　立法院選挙	72（63.0）	21（27.3）	101（29）

出所）著者作成
データ）若林正丈、1992、221頁
注）*1986年以降は民進党。
　　**選挙キャンペーン期間中に米中国交樹立発表のため中止、80年に復活。

これは、国民党のエリートには、当面はなかなか有用な制度であった。この制度においては、時とともに消滅していくはずの「法統」の実体が、「増加定員議員」という形で定期的に補充され、同時に、ほとんどが国民党員である非改選議員はそのまま職権を行使する。ゆえに、当分の間選挙結果がどうあろうと、国民党の政権党としての地位やその政策を左右することにはならない。だが、選挙実施区域は、政権の実効支配地域のほとんど全域にわたるのであるから、「増加定員選挙」は、形式的には選挙民の総意を反映する一種の「総選挙」となる。国民党は、その巨大な組織と膨大な資源を駆使して、この選挙で圧倒的な議席数と得票率を確保し、中央政治のレベルでも国民の信任を得たと主張する根拠を定期的に調達することができるのである。

蔣経国はこの危機に当たり、「中華民国」の政治経済の全体を「台湾化」の方向に向けて舵を切ったといえるのだが、これを越える変革に踏み切る用意はなかった。結局、蔣経国は、「増加定員選挙」の実施を決めて、権力継承の過渡期を乗り切ると、『大学雑誌』グループ切り捨てに動いた。同グループには様々な圧力が加えられ、七三年中には、国民党に吸収されて新たなテクノクラートとして上昇していく者、国民党の党外に出て反国民党の政治活動に転ずる者、そして自由主義的姿勢は維持しつつも象牙の塔に閉じこもる者などに分裂し、対外危機に触発された七〇年代初頭、知識人の改革運動はもろくも解体していったのであった。

本省人エリートの登用

蔣経国は、権力継承の最終段階に入ると、新たな人事政策を打ち出した。その眼目は、戦後二〇年の社会・経済的発展のなかで上昇してきた本省人のエリートを、選択的に取り込み、政権の支えとすることにあった。外部英文マスコミなどでは、これは「台湾化」と称された。これには、二つの側面があった。

一つは、国家エリートの予備軍の整備であった。蔣経国は、「青年才俊」の抜擢を唱え、七〇年以降、腹心の李煥《りかん》（一九一七―二〇一〇年）を、行政院青年輔導委員会主任、救国団主任、革命実践研究院（国民党の上級幹部研修機関）主任、中央党部組織工作委員会など、党・政の青年工作、組織工作部門の要職を兼任させて、新政策の実施にあたらせた。

抜擢された「青年才俊」には、本省人も多く含まれており、抜擢は、国家官僚組織のみならず、それまで登用の少なかった中央党部幹部や地方党部主任クラスにも及んだ。『大学雑誌』で改革の論陣を張り、後に反国民党に転じた本省人エリートに張俊宏《ちょうしゅんこう》、許信良《きょしんりょう》などがいるが、彼らも、当初は李煥により中央党部に抜擢されて、未来の国家エリート予備軍の一人となっていたのである。これら本省人「青年才俊」は、「地方派系」牽制のため、七〇年代後半になると、続々と地方公職選挙に投入されていった。

蔣経国はさらに、国家エリートのレベルでも、思い切った本省人の抜擢を敢行した。まず、内閣では、七二年行政院長就任とともに、閣僚中の本省人をそれまでの三名から七名に増やした。重要地方首長では、初めて本省人を台湾省主席に起用した。ただし、この時抜擢されたのは「半山」の謝東閔《しゃとうびん》（一九〇八―二〇〇一年）であったが、その次には戦後末端地方公務員からたたき上げた林洋港《りんようこう》（一九二七―二〇一三年）が任命された。党の要職につくと、蔣経国は、父の存命中は党の人事には手を着けなかったが、その死後自身が党主席に任ずると、七九年以降、党歴の古いメンバーはそのままに、新たに政府の要職に任命した本省人を追加していく形で、党の中核組織である中央常務委員への登用をしだいに増やしていった。

蔣経国の死後に本省人初代総統李登輝が出現するのは、蔣経国のこの政策のひとつの帰結である。李登輝（一九二三年台北県三芝郷生まれ）は、蔣経国の七二年の組閣で農業問題担当政務委員として初めて政治の舞台に立ち、その後台北市長を経て、林洋港の後任の台湾省政府主席に抜擢され、さらに八四年、蔣経国が総統として第二期の任期に入る際、副総統に引き上げられた。

七〇年代初頭、台湾の「中華民国」を襲った対外危機に際して、蔣経国の舵取りは、以上のようなものだった。今日の台湾の「中華民国」のあり方は、この蔣経国の舵取りを抜きにしては考えられない。その方向は、総じて「台湾化」といい得るものであったことは、今となっては明白であろう。このことは、七〇年代初頭の「中華民国」の対外危機が、実は「内戦モード」の「中華民国」正統性の危機でもあったことを物語っている。この台湾社会にとっての外来国家は、その国家運営の舵を、ひそやかに「大陸反攻」から台湾重視の方へきることで、対外危機のショックを吸収しようとしたのである。

「台湾人として胸を張ろう」

蔣経国が政治の舵を台湾社会の方に向けようとしていた時、台湾社会の方にも新たな社会勢力が登場しようとしていた。六〇年代に始まった台湾経済の高度成長は、依然農村との靭帯を残しつつも増大する都市労働者階層と、輸出加工部門に急速に膨張した中小企業家を中心とする本省人中産階級を、新たに登場させていた。これと並行して全般的な教育程度の底上げがあった。七〇年代初め『大学雑誌』で改革の論陣を張った本省人知識人の一人である張俊宏は、こうして充実する教育システムと経済発展の恩恵を受けて台頭した中産階級を「中智階級」（中産の教育を受けた階級、の意）と称した。当時張俊宏はこの「中智階級」と省籍をからめる言い方はしていないが、外省人の多くは台湾にやってきたときから「軍公教人員」という中産階級的職業についていたことを考慮に入れれば、張の言う新しい「中智階級」とは、六〇年代以降の輸出主導工業化の進展の中で急速に膨張した中小企業家などを中心とする本省人の「中智階級」がそのほとんどを占めていたといってよかろう。

そして、教育の拡充はまた新たな「国語」への言語的同化が進展することでもあったから、このことも考え合わせると、七〇年代初頭に張俊宏が感得した「中智階級」の台頭とは、「国語を話す高学歴の本省人」(Mandarin-speaking educated Taiwanese) の台頭であった、と想定できる。かれらは、台湾の経済発展の成果と国民党政権の上からの「中国化」政策の成果を体現する人々であったといえる。

視点を、このような「国語を話す高学歴の本省人」の側に移して眺めれば、蔣経国の改革は、いかにも不十分なものであった。国会の定期部分改選は、政権の移動にかかわらない明白な権威主義選挙であり、政権人事の「台湾化」も、安定重視の極めて漸進的なものであって、例えば、内閣の外交、法務、財政などのより権力の核心に近いポストに本省人を当てることも、党の中常委の過半数を本省人エリートが占めることも、蔣経国の時代には実現しなかった。何よりも、戒厳令や特務機構の監視の下での言論・結社の自由の抑圧は相変わらずであった。

そこで、七〇年代には、これらの制度の改革による政治的自由の獲得、人権の保障、政治参加の拡充、つまりは民主化を求めて行動する「政治起業家」が、「国語を話す高学歴の本省人」の中から生まれることとなる。これらの人々は、戒厳令下で独自の政治組織を持てず、事実上唯一の政党である国民党の外にある人々との意味で「党外人士」と呼ばれた。やがて、「党外」とは、個別の「人士」ではなく、一つの政治勢力を指す固有名詞となり、七〇年代が終わる頃には、国民党の政治独占に挑戦し、これを打破せんとする政治的代案を持った一つの勢力として登場していくのである。

「台湾人として胸を張ろう（台湾人要出頭天《タイワンランベーツッタウティ》）」とは、八〇年代の民主化要求の集会やデモで頻繁に叫ばれたスローガンの一つである。「台湾語」（福佬語）で叫ばれたこのフレーズは、台湾の民主化運動が、蔣経国の慎重な政権人事の「台湾化」政策にもかかわらず、それに満足できない本省人のエスニックな反発を動員して展開していったことの証左であるが、それを推進する社会的主体は七〇年代にはすでに台湾社会にその姿を現していたのであった。

「民主假期」の「自由の隙間」

七〇年代、台湾のインテリの間では、選挙は「民主假期」（民主のための祝祭日）と呼ばれた。「増加定員選挙」により国政レベルに政治競争の領域が開かれて、選挙という政治イベントの意義が高まり、地方選挙も含めて台湾の選挙の熱気を高めることとなった。

まず、「増加定員選挙」が開始されるや、一匹狼的な土着の党外人士がこれに参入していった。六九年の「欠員補充選挙」で、黄信介が台北市から当選していたが、七二年の最初の「増加定員選挙」で、康寧祥《こうねいしょう》、黄順興《こうじゅんこう》などが立法委員に、黄天福《こうてんふく》（黄信介の弟）、張春男《ちょうしゅんなん》などが国民大会代表に当選した。そして、まもなく『大学雑誌』から転じた張俊宏、許信良などがこれに合流した。「中智階級」論を展開した張俊宏自身、その典型的な政治的代弁者、すなわち「国語を話す高学歴の本省人」の「政治起業家」の一人であったのである。

張俊宏は、七三年康寧祥の支援を受けて、台北市市議会議員に立候補したが敗れた。その後の七五年、康寧祥、黄信介らとともに『台湾政論』を創刊した。同誌は、五号まで出て、年末には発禁処分を受けて停刊した。『台湾政論』は、かつて蒋介石批判をして弾圧を受けた『自由中国』が外省人自由主義知識人のみによるもので、『大学雑誌』が外省人と新興本省人知識人と呉越同舟だったのに対して、四九年以来初めて本省人知識人が主導して営まれた政論雑誌であり、八〇年代前半に言論統制の打破に貢献した、いわゆる「党外雑誌」の先駆けとなった。

さらに、党外人士は、七七年の地方選挙で、ひとつの勢力と言い得る規模を獲得するにいたった。台湾省管轄の県長・市長二〇名のうち県長二名、市長二名、省議会議員七七名のうち二一名、台北市議会議員五一名のうち八名という、空前の数の党外人士が当選を果たした。これは、国民党中央が「台湾化」政策のもとで養成してきた「青年才俊」を多く党の公認に立て、地方公職選挙における「地方派系」依存を脱却しようとしたのに対して、それまで二重の恩顧・庇護関係のもとで地方政治権益を享受してきた「地方派系」の多くが反発して、党公認候補の選挙応援をサボタージュしたことが一因と見られる。「地方派系」の抱き込みも「青年才俊」の抜擢も、党国体制エリートにとっては不可欠の統治政略だったが、このときは、両者が衝突してしまったのである。

中壢《ちゅうれき》事件

七〇年代の台湾の選挙の「熱度」は、また開票時の不正（「作票《ツオピアオ》」）に対する、党外人士とその支持者による監視（「監票《ジエンピアオ》」）と抗議の行動を強めさせることとなった。有力な「党外」候補が、キャンペーンの盛り上げに成功したにもかかわらず落選すると、支持者の間に強い「作票」の疑念が抱かれ、緊張が生じる選挙区もあった。こうした開票時の緊張は、前記七七年地方公職選挙に至って、ついに実際の暴動として爆発した。「中壢事件」である。

この年の選挙の全国的焦点は、許信良が出馬した桃園県長選挙であった。許信良は、七三年の省議会議員選挙に国民党公認で当選後、省議会で厳しい施政批判を繰り返したため、党の公認が得られず、党紀に反して立候補し、国民党は、許を除名して対立候補を立て、これを党中央のメンツをかけて後押しした。許信良の周辺には、その国民党批判に共鳴する学生など若い世代が集まり、アメリカばりの新鮮なキャンペーンを展開し、選挙の「熱度」は空前のものとなった。

一一月一九日の投票日当日、許陣営が厳密に「監票」部隊を組織したのは言うまでもない。ところが、桃園県中壢市の一つの小学校を借りた投票所で、その管理責任者でもある同小学校の校長が、許に投票しようとしていた二人の老人の投票用紙を、手助けに名を借りて故意に汚して無効票にしようとしたとして市民に指摘され追及された。件《くだん》の校長は、警察官の援護で隣接する警察署に逃げ込んだため、一万人を越える群衆が同警察署を包囲して、抗議を続けた。許陣営関係者が、「事件は法律的手段で解決する」として群衆に解散を説得したが効果なく、群衆はついに同警察署を焼き討ちにしてしまった。軍が出動し、付近の幹線道路まで進出したが、鎮圧行動はとられず、騒ぎは自然に鎮まり、そして、許信良の当選は確定した。

党外人士とそれを支持する街頭の民衆が結合すれば、その意志を政権に押し付けることができることもある――これは、「党外」にとって大きな啓示であった。

米中国交樹立と「台湾関係法」

その翌年末、一九七八年一二月一五日、米中両国政府は、翌七九年元旦からの外交関係樹立を発表した。ついにやってきたこの再度の対外危機は、国民党政権に深刻な衝撃をもたらした。今度は、七〇年代初めにはなかった規模の政治的反対勢力を台湾内部に抱えていた。

中国との外交関係樹立に伴い、アメリカは、台湾の「中華民国」と断交し、七九年末をもって台湾の防衛へのアメリカの関与を明示した米華相互防衛条約が失効することとなったが、これを受けて、同年四月、アメリカの議会は、「台湾関係法」を制定した。

この「台湾関係法」は、断交後の台湾との関係維持のための関連機構やその人員の地位・権限を規定した権限付与法規であるとともに、アメリカの台湾政策を立法化したものでもあった。これによってアメリカは、台湾防衛の条約上の義務は放棄したものの、国内法の形で、北京との外交関係保持という条件のもとで、考え得る最大限の待遇と保護とを台湾に約束した。同法第二条（b）には、①北京との外交関係樹立は、台湾の将来が平和的手段で決定されるとの期待に基づく、②台湾の将来を非平和的手段により決定しようとする試みは、西太平洋地域に対する脅威と見なす、③台湾に防衛的性格の武器を供給する、④アメリカは台湾の人々の安全や経済体制を危険にさらす、いかなる武力行使または他のかたちによる強制にも抵抗する能力を維持する、などが規定されている。

台湾関係法には、さらに第二条（c）に、「本法律に含まれる条項は、人権、特に台湾のおよそ一八〇〇万の住民全ての人権に関する米国の関心に抵触するものではない。台湾の全ての人々の人権の保護および増進は、これにより米国の目的として再確認される」との規定も盛り込まれていた。

「台湾関係法」は、アメリカの国内法であるから、アメリカ議会の意志で改廃される。アメリカの公民やアメリカの法律に認められた個人・団体は、マス・メディアの利用やロビー活動により、アメリカの法と慣習とに従えば、「台湾関係法」の執行の監視を議会に働きかけることができ、それを通じて国府に圧力をかけることができる。一方、国府は、中国から自立した存在を続けていこうとするなら、断交後も依然としてアメリカに依存せざるを得ない。国府はアメリカに背を向けるどころか、中国大陸に比した「自由」「進歩」のイメージをいっそうアメリカの朝野に売り込んでいかなくてはならない。

こうした状況下で、反国民党派のアメリカ在住本省人の対議会ロビー活動がしだいに活発となった。それによって、台湾の人権状況がアメリカ議会で取り上げられることは、台湾内の「党外」勢力にとっての保護膜として一定程度有効であり、その有効性が確認されると、「党外」はさらに体制への挑戦をエスカレートさせることとなった。

中国の新台湾政策と蔣経国の「三不政策」

七〇年代末、毛沢東の死と「四人組」打倒以後、近代化優先路線を掲げて鄧小平が政治的復活をとげ、国政方針の大転換をはかった。いわゆる「(経済)改革と(対外)開放」路線の採用である。これにつれて、台湾に対する政策も改まった。

米中の国交樹立が発表された七八年一二月一六日の翌日、中国軍は五八年の第二次台湾海峡危機以来隔日に行われていた金門島・馬祖島への砲撃を停止した。そして、翌七九年元旦、米中国交樹立と同日、中国全国人民代表大会常務委員会は、「台湾同胞に告げる書簡」を発表、台湾海峡両岸の相互理解促進のため「三通（通郵、通航、通商）四流（学術、文化、体育、工芸の交流)」を呼びかけた。

さらに、辛亥革命七〇周年に当たる八一年国慶節前夜(九月三〇日)には、時の全人代常務委員会委員長葉剣英の名で、台湾の平和統一に関するいわゆる「九項目提案」が発表された。それは、①祖国統一実現のための国共両党の対等な立場での交渉(第三次国共合作)、②「三通四流」実施のための取り決めの締結、③統一後台湾は特別行政区として自治権を享有、軍隊を保有でき、中央政府は台湾の地方事務に干渉しない、④台湾の現行社会経済制度、生活様式、対外経済・文化関係は不変、私有財産権・相続権・外国の投資の利益は侵害されない、等を骨子とするものであった。③、④はいわゆる「一国家二制度」の統一構想に基づく提案で、これに関しては、翌年改訂された憲法第三一条に「国家は必要な時に特別行政区を設けることができる」との規定が盛り込まれた。また憲法序文からは「台湾解放」の語が除かれた。国家の内・外政策の転換と軌を一にして台湾政策の大きな転換が行われた。台湾に対するいわゆる「(祖国の)平和統一」攻勢が展開していったのである。

中国側の新政策に対して、国府は「(共産党とは)妥協せず、接触せず、交渉せず」のいわゆる「三不政策」をとって対抗した。しかし、「民間」レベルでは「接触せず」の方針は速やかに形骸化していった。香港経由の間接貿易を中心とした台湾海峡両岸交易が着実に拡大し、大陸に親族を持つ外省人を中心として台湾住民の大陸訪問が増加し、台湾内投資環境の悪化を背景として、第三国・地域経由の台湾企業の大陸投資も静かに増大していった。

国府はこうした状況の追認を続けざるを得ず、「三不政策」はしだいにオフィシャルなレベルのみのものとなっていった。八四年には「民間」の国際活動については「中共人員」との接触を「回避せず・譲歩せず」の原則で行うとし、八五年には、香港などを経由する間接輸出に限って大陸との貿易を公認した。そして、高まる圧力のもと、八七年一一月蔣経国はついに決断を下し、台湾住民の大陸里帰りを公認した。これは事実上の大陸旅行解禁であり、中台関係は、人的交流のある関係へと大きく変質することとなった。

美麗島事件

中国との関係のこのような変化は、台湾の内部政治にも大きな影響をもたらした。「第三次国共合作」を掲げた北京の新たな政治攻勢は、もともと中華人民共和国とは縁が薄く、二・二八事件以来「中華民国」とも折り合いが悪かった台湾社会の、国共の取引によって自分たちの運命が頭越しに決められてしまうのではないか、との不安をより現実的なものとした。

それればかりではなく、こうした不安の前では、住民の政治的意志の表明・形成を阻む、長期戒厳令や「万年国会」の存在はいっそう不条理なものとなる。そこで、自由・人権と政治制度改革という民主化一般の要求と、台湾の運命は台湾住民自身の手で決められるべきだとする「住民自決」のスローガンが結びつくこととなった。台湾の「中華民国」が国連から事実上追放された直後の七一年一二月、早くも台湾キリスト長老教会は声明を発して、国共両党による台湾住民の頭越しの交渉による「台湾売渡」に反対し、「人民は自分の運命を決定する権利を有する」と主張していたが、七八年一二月、対米断交後に出された「党外人士」合同の「国是声明」は、国会の全面改選、戒厳令の解除、国民党に浸透されている軍隊の「国家化」などの、民主化要求とともに、「台湾の運命は一七〇〇万人民により決定されるべきである」との主張を打ち出していた。

　中壢事件を生んだ七七年選挙以後、「党外」勢力の中では、何らかの政治組織結成が次の課題として意識されていた。七八年一二月の「増加定員選挙」が対米断交の衝撃のもと、不測の事態を恐れた蔣経国総統の「緊急命令」によって中止されると、「党外人士」たちは、遠からぬ選挙の復活を見込んで、事実上の政党を目指した政治団体の形成を試みていった。

　党外勢力は、七九年八月、黄信介を発行人、許信良を社長として美麗島雑誌社を創立、月刊の政論雑誌『美麗島』を発刊した。発刊されるや『美麗島』は爆発的売れ行きを見せ、創刊号は何度も増刷され、発行部数は一〇万部を超えたとされる。台湾の雑誌としては空前の記録であった。この勢いに乗り、同社は全島の一一ヵ所に、雑誌普及や読者サービスを名目として「服務処」を次々と作り、またその都度、服務処の「成立茶話会」や「読者の夕べ」といった名目で大衆集会を開催していった。

　美麗島雑誌社には、「社務委員」や編集委員、「美麗島基金管理委員」といった肩書きを作って、社会主義的傾向の『夏潮』グループや、別に『八十年代』を出していた康寧祥らのより穏健なグループも加わっていたが、活動の主導権は、しだいに「自決」を強調する施明徳《しめいとく》や張俊宏など、当時の急進派に握られていった。

施明徳は、後の美麗島事件公判で、これらの活動の目的は、「党名を持たない政党を結成して国会の全面改選、地方首長の全面公選を主張していく」ことであったと述べている。「党禁」に真正面から挑戦するかれらの活動が始まると、これに反対する反共団体の挑発やいやがらせの活動が頻々と行われ、それに対して『美麗島』側が自衛策を検討するなど、しだいに緊張が高まっていった。

そして、「党外」勢力と国民党政権とは、ついに衝突した。一二月一〇日、世界人権デーに合わせて、美麗島グループは高雄市内で集会を計画、施明徳が南下して準備にあたった。事前に申請した集会許可申請は却下されたが、それまでは土壇場で許可されることが多かったので、集会とデモは強行され、高雄市内の路上で、デモの隊列を封鎖した警官隊と集会用の松明《たいまつ》を持ったデモ隊との間に衝突が発生してしまった。

『美麗島』の表紙。Formosaは台湾の別称。もとはポルトガル語で「美しい」の意。

翌日から当局は、マス・メディアや学校教育系統を通じて、美麗島グループは「台独、暴力、国家反逆」の三位一体である、とのキャンペーンを大々的に展開するとともに、数日後から、全島で一斉に党外人士を逮捕していった。そして、最終的に黄信介、施明徳、張俊宏、林義雄、姚嘉文《ようかぶん》ら八名を軍事法廷に起訴し（戒厳令施行中であるから民間人も軍事法廷で裁くことができた）、作家の王拓、楊青矗《ようせいちく》ら三二名を一般司法法廷に起訴した。軍事法廷において、八名の被告は反乱罪などで断罪され、施明徳が無期懲役、その他が懲役一二年から一四年の有罪判決を受けた。一般司法法廷でも、刑期は軽いもののほとんどが有罪となった。また、事件後一時逃走していた施明徳を匿ったとして、台湾長老教会総幹事の高俊明ら一〇名の教会関係者が逮捕され、これにも有罪判決が下された。これが美麗島事件である。

このような弾圧は、長い目で見ると失敗であった。第一に、美麗島グループについての情報の一方的管理ができなくなった。国民党当局のコントロールが及びにくい海外で強い反発があがった。前述のように、「台湾関係法」第二条（c）が約束していたアメリカ議会を通じた台湾の人権状況監視のメカニズムは、この事件ではっきり活性化した。アメリカ国務省は、事態を憂慮するコメントを発表し、断交後大使館に代わって設けられたアメリカ在台協会の職員を被逮捕者の家族に面会させた。民主党のエドワード・ケネディ上院議員は、事件の「公正な裁判」を要求する強硬な発言を行った。アムネスティなどの国際的人権団体や在米本省人団体が活発に動いたのは、いうまでもない。

結果、国際的にも一定の知名度のあった王拓、楊青矗は当初軍事法廷に起訴されたが、公判は、一般司法法廷に移され、軍事法廷の審理は、外国のメディアや人権団体に対しても完全公開とされ、法廷の一問一答が国民党中央の機関紙『中央日報』にまで掲載されることとなった。軍事裁判の八名の被告は、法廷での発言が隠蔽されないと見るや、検察官が根拠とする自供は数十時間にわたる不眠不休の尋問などで強要されたものだと主張し、彼らの主張が民主の理念と郷土愛に基づき、台湾が置かれた国際的難局に対する憂慮から発するものであることを訴えたのであった。

さらには、政治警察にかかわりあると思われるテロ事件が起こった。八〇年二月二八日、軍事法廷に起訴されていた被告の一人林義雄省議会議員の留守宅に暴漢が押し入り、林議員の八〇歳になる老母と三人の娘が襲われ、老母と娘二人が死亡、一人が重傷を負わされた。林議員の家は重大政治犯の留守宅として常時特務機関の監視下にあったことは、当時の常識であった。犯人は、白昼堂々と林家に侵入し、犯行を行い逃走した。蔣経国や政権の上層部からの指示で行われたとは考えられないものの、特務組織の末端ないしその外縁の暗い部分にいる何者かの犯行、との強い心証を多くの住民が抱いたとしても不思議ではない。美麗島事件公判の直前に起こったこのテロ事件は、公判を迎える社会の心理に重大な影響を与えた。体制に挑戦した本人に対してではなく、その老齢の母と子供に加えられたテロと政権との関わりが疑われるとすれば、被告を裁く体制そのものの正義が問われるからである。

これらの事実に対する世論の反応は、まもなく明白となった。八〇年一二月に復活された「増加定員選挙」では、戒厳実施機関の台湾警備総司令部が選挙キャンペーンで美麗島事件にふれることを禁止する布告を出すなど、当局の高圧的対応はまだ続いていたが、「党外」は、立法委員九名、国民大会代表一一名の当選者を出した。台北市では、姚嘉文の妻の周清玉が最高得票で国民大会代表に、黄信介の弟黄天福が立法委員に、台中市では、張俊宏の妻の許栄淑《きょえいしゅく》が立って立法委員に当選を果たした。宜蘭では、あえて警備総司令部の布告に挑戦し、美麗島事件の被告の釈放と林義雄省議員家族殺害事件の解決を訴えた黄煌雄《こうこうゆう》が当選した。翌年に行われた地方選挙では、陳水扁（後に台北市長を経て二〇〇〇年総統に当選）、謝長廷（二〇〇〇年より民進党主席）ら、美麗島事件軍事法廷で被告の弁護に立った弁護士が、台北市議会議員などに当選した。主なリーダーを獄中に奪われたにもかかわらず、「党外」勢力は速やかに復活を果たしたのである。

美麗島事件の台湾政治史上の意義は大きい。急進派がリードしていたとはいえ、この頃の党外勢力が「住民自決」などのスローガンに頭出しされていた台湾ナショナリズムの理念でまとまっていたとは言えない。全体としては「中華民国」体制内の「民主化」と、それによる政治的地位の認知、つまりは「忠誠なる反対派」としての承認を求めていたにすぎないといえる。しかし、「忠誠なる反対派」弾圧を強行したことにより、「党外」のいっそうの急進化を刺激してしまった。言い換えると、総体として必ずしも「台独」でなかったものを「台独」だといって弾圧して、その結果実際にもそのようなものになるように仕向けてしまったのである。

さらに、軍事法廷が公開されるなど、アメリカからの圧力が効力をもったことの意義も大きい。端的に言えば、「台湾関係法」の人権状況監視メカニズムが有効であることが示されたのであり、国府は、中国の「祖国平和統一」政策に応じて事実上の主権を放棄するのでなく、引き続き事実上の独立維持のためにアメリカの台湾防衛コミットメントを必要とするなら、このメカニズムに不承不承でも従っていく、さらにいえば、台湾関係法の求める「民主化」という宿題を果たす方向に動かざるを得なくなっていったのである。

民進党の結成と長期戒厳令の解除

美麗島事件の打撃の後復活を果たした党外勢力は、八三年の「増加定員」の立法委員選挙で、康寧祥ら穏健派のリーダーが落選して議席を減らすという小挫折を被ったが、代わって「新生代」と称された、より急進的な若手活動家群が台頭し、体制への挑戦を続けた。「新生代」の活動家は、知名度のある党外議員を看板に担いで雑誌を発行し、議員が持つある程度の保護膜的役割を利用して、言論のタブーに挑戦していった。『美麗島』創刊号が一〇万部売れたことに示されるように、反対派の言論が一定の市場を有し、これらのいわゆる「党外雑誌」が商業的にも成立しうる状況がすでに存在していた。ある研究によれば、八〇年代前半に相継ぎ発行された党外雑誌は五四種に上る（王甫昌「台湾反対運動的共識動員」）。これに対して、当局はもはや編集者の逮捕・投獄によって沈黙を強いるという直接的な弾圧を強行できなかった。

かくして、依然戒厳令下であるにもかかわらず、自由な言論の領域が一歩一歩拡大され、選挙と選挙の合間の「民主假期」でない時にも、反対勢力の発言が社会に伝達されるようになった。党外は、これにより理念的イデオロギー的凝集性と政治的議題設定の能力を獲得していったのである。

八二年九月二八日、全台湾の党外人士が台北市の中山堂に集まり、「台湾の前途の住民自決」を含む六項目の「共同政見」を決議した。これは、七八年末にすでに提出されていたものであったが、このように全島の党外人士の集会で決議され、選挙の共同政見とされたことにより、国民党との違いを明瞭に示す政治的標識として、翌八三年の立法委員選挙や八五年の地方選挙の際の「党外中央後援会」の「共同政見」の筆頭に掲げられ、八六年結成の民進党の綱領にも引き継がれていった。「住民自決」の主張においては、論理的には「自決」の結果はオープンである（例えば公民投票の結果「統一」が選択されることもあり得る）が、それは、党外の急進派にとっては、台湾に一つの主権国家の確立を求める「台湾ナショナリズム」の、戒厳令下でもぎりぎりのところで弾圧を避けて表明できる、最低限綱領の表明でもあった。党外の民主化運動は、穏健派リーダーの後退とともに、しだいに「住民自決」というナショナリズムを含意するスローガンで統合されていったのである。

党外雑誌はまた、政党結成の可能性やそのあり方についての公然たる議論を開始した。八二年の中山堂の集会そのものが、もしこの集会で党結成を決行するなら「法により制裁を加える」という当局の恫喝の下で開かれたものであった。以後、党外は再び組織化の努力を強めていった。

八三年九月、党外雑誌を担う「新生代」の活動家が、「党外編集作家聯誼会」（編聯会）を結成した。また、八三年の選挙後に、党外の議員たちは「党外公共政策研究会」（公政会）

を作った。政府はこれを認めなかったが、八五年秋の地方選挙では、公政会と編聯会が合同で「一九八五年選挙中央後援会」を結成し、公認候補を立てて選挙活動にのぞんだ。結果、台北市で「後援会」推薦候補が全員当選するなど、八三年の小挫折を挽回する成績を収めた。党外勢力は、これに気を強くし、公政会に地方支部を組織していく方針を決定した。これは、事実上の政党結成準備宣言であった。

国民党にとって、八五年は最悪の年であった。スキャンダルが続いて政権の内外のイメージは傷つき、不景気は回復せずに経済成長は落ち込んで、禁令にもかかわらず、中国大陸との貿易が増加し、前記のように間接貿易の公認に追い込まれた。八六年に入ると、党外は事実上の政党結成準備開始を宣言し、南隣のフィリピンでは、大統領選挙に敗れた独裁者マルコスが、アメリカのレーガン政権に弊履の如く捨てられるのを目の当たりにした。あらゆる兆候が、反対勢力に対する歴史的な妥協か、断固たる力の行使かの選択を迫っていた。美麗島事件の時と違って、党外のエリートの主流は、このときは既に台湾ナショナリズムを基調とした理念でまとまっていた。野党を認め戒厳令を解除すれば、党国体制の厳しい抑圧により封印されていた過去が必ずや噴出するであろう。前者を選択することは、戦後の「中華民国」という矛盾に満ちた「パンドラの箱」を開けること、少なくともその蓋にカギを差し込むことであったのである。

八六年三月、国民党は二年半ぶりに中央委員会総会が召集され、曖昧ながら「政治革新」が決議され、五月には、党外人士からも信頼されている自由主義傾向の学者四名を仲介として、国民党は党外と、公政会地方支部結成問題についての話し合いに入ったが、不調に終わった。党外側は、蔣経国が自由化決断に踏み切るであろうことを見越して、公政会地方支部設置を強行していった。

事後に明らかになったことであるが、八六年七月初めには、公政会と編聯会内部にそれぞれ結党準備小組が作られ、まもなく両小組が合流して、一二月に予定されていた「増加定員選挙」前の結党を目指して準備が進められていた。

また党外は、街頭でも、戒厳令に対する大胆な挑戦を行った。六月、その経営する党外雑誌の言論の民事訴訟で誹謗罪に問われた陳水扁台北市議会議員の有罪が確定し、「入獄惜別会」が盛んに開催された。九月初め、同じように林正杰《りんせいけつ》台北市議会議員の有罪が確定して入獄することになった。ここでも、党外は「送別」を名目として、台北を始めとする主要都市で、一連のデモを盛大に展開した。体制により刑罰をもって断罪されて入獄するものを歓呼して送るなどということは、八〇年代初めまで考えられないことであった。七七年の中壢事件で始まった、党外人士と街頭の大衆の協同による戒厳令への挑戦は、ついにその禁令を無効にしてしまったのである。

そして、この一連の全島的街頭示威行動成功の余熱がまだ残る九月二八日の日曜日、年末の選挙に向けて、党外後援会公認候補推薦大会が台北市の円山ホテルで開かれたが、その席上で、突如民進党（民主進歩党：the Democratic Progressive Party, DPP）の結成が宣言されたのであった。

翌日、蔣経国は党・政の幹部を召集して、民進党の結成は不法だが処置はしない方針を指示した。後に公刊された当時の参謀総長郝柏村《かくはくそん》（一九一九—二〇二〇年）の日記によれば、この時、蔣経国は、「政治革新小組」の成案作りを急ぐよう指示し、かつ、強硬方針を進言するものもあるが、今日では力の使用は大変困難だとの趣旨のことを述べたという（『郝総長日記中的経国先生晩年』）。

そして、蔣経国は、一〇月七日、ワシントン・ポスト紙社主グラハム夫人との会見で、いかなる新党も、①中華民国憲法の順守、②反共国策の支持、③「台湾独立」派と一線を画す、の三条件（「蔣経国三条件」）を守らなければならない、と述べる形で、「党禁」解除方針を明言した。これを受けて、一五日召集の国民党中常委は、①新規に「国家安全法」を制定して戒厳令を解除する、②現行の「非常時期人民団体組織法」と「反乱鎮定時期公職人員選挙罷免法」を改正して新党結成を認める、との「政治革新小組」の提案を了承した。

一方、九月末早々の間に結党のみを宣言した民進党は、各地に集会を開いて結党の趣旨を説明するとともに、公政会と編聯会など党外関連団体の成員約一二〇〇名を「建党党員」とし、かれらの投票により党員代表を選出、一一月一〇日台北市内のホテルで第一回党員代表大会を開催、「台湾前途の住民自決」を謳った綱領や党規約を採択、中央執行委員三一名を選出した。

翌一二月に行われた「増加定員選挙」は、台湾史上初の事実上の複数政党選挙となった。投票の結果、民進党は得票の面でも当選者数の面でも、前回を上回るまずまずの成績を上げた。そして、年が明けると、民進党はアメリカと日本に主要メンバー総動員の代表団を派遣し、各界と接触、新野党の存在に対するある程度の国際的認知を取り付けることに成功した。このようにして、戦後台湾に初めて生まれた野党は、台湾の政治舞台での定着を果たしていったのであった。

国民党は、立法院において、民進党の激しい抵抗を振り切って、何とか前記「蔣経国三条件」を書き込んで「国家安全法」を成立させ、蔣経国は、八七年七月一五日午前零時をもって、三八年続いた戒厳令を解除した。さらに、八八年元旦をもって、これも長年続いた「報禁」(新規新聞発行禁止)を解除することも決定し、活字メディアの自由化も進展した。五〇年代、蔣介石が党の「改造」を経て確立した党国体制は、民主体制に向かって転換を開始したのである。

政治的自由化の方針が明白になると、台湾の社会は沸騰した。次のステップとして自由化の徹底(「台湾独立を主張する自由」)や「万年国会」の全面改選を掲げる民進党のデモばかりではなく、環境破壊に抗議する被害コミュニティの住民が、「大学法」制定を求める学生が、御用組合の改革を求める労働者が、遅れて、農畜産物輸入自由化に抗議する農民が、政府機関の集中する台北の街頭をわき返らせるようになった。

戒厳令解除後の八七年一一月、蔣経国は台湾住民の中国大陸里帰り解禁の決断をも行っていた。こうした蔣経国の決断を契機に、台湾は新しい時代に突入していったのである。だが、重い決断を下した独裁者の生命は、その時すでにつきようとしていた。

第六章　李登輝の登場と「憲政改革」

蔣経国から李登輝へ

政治的自由化と台湾住民の大陸里帰り解禁の重い決断を下して、一九八八年一月一三日（水曜日）午後、ついに蔣経国は死去した。総統が在任中に死去した場合は副総統が残りの任期を引き継ぐとの「中華民国憲法」の規定にしたがって、その日のうちに副総統の李登輝が総統職を襲った。

蔣経国から李登輝へ――かたや、現代中国の一大政治家族のプリンス、対日戦争中は全中国に号令し世界の巨頭と肩を並べた独裁者蔣介石の長男。かたや、日本の支配する植民地に生まれ育った秀才（戦前旧制の台北高等学校から京都帝国大学へ、戦後台湾大学卒、コーネル大学で博士号）、そして戦前も戦後も中国大陸に足を踏み入れたこともない、農業経済テクノクラート、二・二八事件の恐怖も体験している。

この、生い立ちも性格も、またそれぞれに歩んだ権力への道も対照的な両者の組み合わせ、そしてこの順番でリーダーシップの移動が行われたこと――現代台湾政治史をこれほどに象徴する事柄は他には見当たらない。蔣経国が恐る恐る開けたパンドラの箱を、李登輝はいっそう大胆に開け続け、その施政の一二年間（一九八八―二〇〇〇年）、台湾の「中華民国」は大きく変容し、また、その変容は台湾の多重族群社会にも衝撃を与え、そして、政治体制の民主化がなった今日でもそれによるきしみに悩みつづけている。

李登輝の登場

リーダーとしての李登輝の登場のしかたは、当然ながら蔣経国とは全く異なっていた。李登輝はある意味で「丸腰」で総統府に入ったのであった。

確かに「民意」はあった。「初めての台湾人総統誕生」の実感は、李登輝がその身長一八〇センチの体軀と、「山から伐りだしたばかりの大木に粗っぽく目鼻を彫ったよう」と司馬遼太郎が形容した造作のはっきりした顔が、総統としてテレビ、新聞に頻繁に登場するにつれて深まっていった。その大柄で健康な体軀から溢れる覇気、その多弁と本省人式の「国語」、国民党伝統の政治的修辞と儀礼的所作の中に包もうとしてもあふれ出てしまう「台湾人っぽさ《タイワニーズネス》」は、本省人大衆を魅了しつつあった。しかし、こうしたものは外省人エリートにはまだ脅威とは映っていなかった。それがそのようなものになり、「反李登輝」が外省人のエスニックな動員の象徴になってしまうのは、まだ数年先のことである。

だが、リーダーシップ発揮のためには、もちろんこれだけでは足りない。その支えとなるポスト、時間、そして政治的空間を獲得する闘争が必要であった。

この場合、ポストとは「総統兼国民党主席」という権限アレンジメントである。総統（大統領）は国家元首であり陸海空三軍の統帥者であるが、憲法上では総統の権限はそれほど強くない。例えば、総統の行政院長（首相）任命にあたっては立法院の同意が必要であり、また、総統の命令には行政院長の副署が必要であった。一方、党主席の権限は、五〇年代初めの党の「改造」の際、「（蔣介石という）指導の中心を強固にする」必要から、総裁（蔣経国の時から「主席」）には中央執行委員会の決議の最終決定権、はなはだしくは全国党員代表大会の決議の差し戻し権を付与するなどの絶対的権限を与えていた。そして、その国民党は「党国体制」を通じて通常の民主体制における与党とは比較にならない統制力を政府機構に対して有していた。総統として政府を確実にコントロールするには、国民党の党主席というポストが重要であった。そして、それは一九八六―八七年の民主化の出発点においてもそうであった。蔣経国の場合は、蔣介石の後見の下党国体制各セクターに順次培ってきた威信の帰結として、総統兼党主席という権限アレンジメントを手にしたと言えるかもしれない。しかし、蔣経国に抜擢されたテクノクラートであり、何ら自身の地盤を持たない李登輝にとっては、この強力な権限アレンジメントは、最低限必要であった。

李登輝は、総統職を蔣経国死去のその夜に継いだが、党主席就任は待たされた。蔣介石未亡人で党長老層に依然ある程度影響力があると見られていた宋美齢《そうびれい》から横槍が入ったからである。結局、李登輝は、二週間遅れの一月二七日に、党の中央常務委員会でようやく「代理主席」に選ばれ、七月の国民党第一三回全国大会でようやく「代理」がとれて晴れて党主席に就任した。

後の状況からは想像しにくいが、李登輝は当時蔣経国が引き上げた本省人エリート中にあ

1990年5月20日第8代総統就任式に臨む李登輝。傍らは宣誓立会人の司法院長（当時）林洋港。台北市・国父記念館。写真提供：共同通信社

っては、外省人エリートからは、いわば「安全パイ」と見なされていた。李煥党中央秘書長、兪国華《ゆこくか》〔一九一四―二〇〇〇年〕行政院長、郝柏村参謀総長ら、蔣経国晩年の党国体制各部門の外省人実力者は、まずは「本省人に人気のある安全パイ」を党主席にしておいてから、彼ら自身の間の権力闘争を本格的に開始したのである。

最初の舞台は、李登輝を正式に党主席にした国民党第一三回全国大会であった。党務系統を握る李煥は、最高票で中央委員に当選したが、兪国華は、それに押されて行政院長という政権ナンバー・ツーの職位にもかかわらず、得票序列三五位に甘んじた。威信に打撃を受けた兪国華は、翌八九年五月辞表提出を余儀なくされ、李登輝は後任に李煥を任命、そ

の後任の党中央秘書長には、副秘書長の宋楚瑜《そうそゆ》が昇格した。宋楚瑜は、八八年一月二七日の党中央常務委員会で率先して李登輝の代理主席就任を求める大胆な発言を行ったことで知られていた。李登輝は、国民党上層の「宮廷政治」に通じた外省人の有能な幕僚を宋楚瑜の中に見出していた。その宋楚瑜が李登輝との激しい対立関係に入るのはまだまだ先のことである。

総統兼党主席のポストを手にしても、李登輝は当初低姿勢であったが、直ちに権力分配問題に響く内政方面ではなくて、外交のほうから独自色を出し始めた。八八年七月、国民党一三全大会が終わると内閣の改造が行われ、外交部長に連戦《れんせん》、財政部長に郭婉容《かくえんよう》と、これらの重要ポストとしては初めて本省人が任命された。

当時、台湾の外交系統には、七〇年代長く外交部長をつとめ「外交教父《ゴッドファーザー》」の異名を持つ沈昌煥《しんしょうかん》〔一九一三―一九九八年〕総統府秘書長が、まだ睨みを利かせていた。沈昌煥は、頑固な反共イデオロギーの持ち主で、敵手たる中国共産党とは共に天を戴かぬという「漢賊並び立たず」の原則を固守して、外交部長時代は、北京と外交関係を結ぶ国家とは直ちに断交し非難することを繰り返し、党外勢力からは「断交部長」と皮肉られてきた。李登輝と関係の良い連戦の外交部長任命は、沈昌煥ラインの否定だった。八八年秋、外交部は、ソ連・東欧圏への接近工作と李登輝のシンガポール訪問を準備し始めた。沈昌煥はこれに反対して更迭され、後任の総統府秘書長には、法学者で元法務部長経験者の李元簇《りげんぞく》〔一九二三―二〇一七年〕が任命された。

「外交教父」の失脚は、新たな外交イニシアチブののろしでもあった。八九年三月初め李登輝は、予定通りシンガポールを訪問した。滞在中にシンガポール側が、インドネシアの中国承認方針決定を受けて、北京との外交関係樹立の方針を表明したにもかかわらず、帰国後の記者会見では、総統が外国に出ることによって、台湾の「中華民国」の存在を示すことが重要だとして、訪問の意義を強調し、シンガポール側の「台湾から来た李登輝総統」との呼称を「不満だが受け入れることができる」とした。この言葉は、李登輝が取り組み始めた外交の柔軟なプラグマチックな姿勢を如実に示すものであった。ただ、柔軟と言いプラグマチックと言うのは、過去の「漢賊並び立たず」の姿勢と比べての話である。その実質は、民主化しつつある台湾の姿を示してその存在を国際社会にアピールしていく積極外交であった。そうであるが故に李登輝の外交は一方で中国との緊張を惹起していくことになる。

ついで、五月初め、李登輝は、北京開催のアジア開発銀行理事会の年次総会に、郭婉容財政部長を団長とする代表団を送り込んだ。代表団は開会式にあたり、中華人民共和国国歌吹奏と国家主席（楊尚昆《ようしょうこん》）の入場の際、起立し敬意を示した。この時台湾では、依然「反乱鎮定動員時期臨時条項」が有効であり、台湾の「中華民国」にとって、北京当局は「反乱団体」であったのだが、この行動が中華人民共和国を「反乱団体ではない何か」として認知する意義を有したものであったことは明らかである。

さらに、六月三日（中国の天安門事件の前日）、国民党一三期二中全会の開会演説で、李登輝は、中華民国外交の最終目的は国家主権の完全性の護持であり、大陸を実効統治していない現実に勇気をもって直面し、現実的方策で目標達成に努力するのだ、と「現実外交」の理念を謳いあげるとともに、「反乱鎮定動員時期臨時条項」に触れ、その廃止までは言い出さなかったものの、その全面的検討の必要を訴えた。李登輝は、外交から始めて、対中政策の根本（中国との相互関係の性格付け）と「中華民国」の憲政体制（＝反乱鎮定動員時期」体制をどうするのか）の問題とが不可分であることを示し、憲法レベルの改革の問題、つまりは「憲政改革」を、いつの間にか党内政治のアジェンダに乗せてしまったのである。

動き始めた李登輝をめぐって、政局がうねり始める。八九年春、立法院の新しい会期の開始と共に、李登輝に好感する本省人を主にした国民党の増加定員議員のグループ「集思会」が旗揚げした。そして八月には、これに対抗するかのように、外省人若手議員が「新国民党連線」を作った。この背景には、蒋経国晩年の本格的自由化と、民進党の躍進や李登輝の総統兼党主席就任に象徴される本省人勢力の伸張に対して、若手の外省人が、そうでなければ約束されていたはずの前途に不安感を抱くという、いわゆる「外省人第二世代の危機意識」があった。国民党の外では、民進党やその支持者の間で「台湾独立」が公然と叫ばれるようになってきた。

「二月政争」と「三月学生運動」

こうした状況下で、八九年末、立法委員（任期三年）の「増加定員選挙」と地方公職（任期四年）との、一二年に一度巡ってくる勘定の同時選挙（一二月二日投票）が行われた。この選挙で、国民党は、総得票率で初めて六割をわり、台湾省管轄県・市長選挙では、七つの首長（全二一）の座を失った。この結果は、国民党が依然テレビ・ラジオの電波メディアを押さえ、民進党が望むべくもない組織力と財力を有していることを考えれば、事実上の敗北であった。

敗因が民主改革の遅れにあることは明白であった。八九年一月、蔣経国三条件の法制化（特に反台湾独立を「政党は国土の分裂を主張してはならない」とする）に激しく反発する民進党を何とか抑え、政党を合法化する「人民団体組織法」が成立、まもなく国民党も民進党も政党として内政部に登録し、複数政党時代が法的にもスタートしていた。だが、肝心の国会改革の方は進まなかった。国民党内で蔣経国晩年に合意に達したのは、中央民意代表の「自由地区」の定員を拡大し、「万年議員」には退職金を出して自発的退職を促す、というものであった。この方針も、八九年一月に何とか立法化したが、自発退職は遅々として進まなかった。党外勢力は、「万年議員」を「老賊《ラオゼイ》」と罵倒し、マスコミのカメラは、議場で点滴を受け、眠りこけ、痰を吐くかれらの老態を執拗に追いかけた。

李登輝の次の戦場は、正副総統選挙であった。蔣経国を引き継いだ第七代総統の任期が九〇年五月で切れるため、九〇年三月に、依然として「万年代表」が多数を占める国民大会による第八代正副総統選挙が予定されていた。これを乗り切れば六年の時間が与えられる。

党内にも世論にも、総統候補は李登輝ということで異論はなかった。問題は副総統候補であった。下馬評にあがった有力候補は、一三全大会の中央委員選挙で最高得票を取り、兪国華から行政院長をもぎ取った李煥であり、李煥もそれを望んでいた。しかし、外省人有力者が副総統では、李登輝のリーダーシップは大きく掣肘される。李登輝は、李煥らに一切諮ることなく、政治的実力ゼロの総統府秘書長李元簇を指名する意思を明らかにしたのである。

だが、これは李煥ら外省人実力者らから見れば、蔣経国晩年以来の「集団指導の黙契に違反する行為」（汪士淳《おうしじゅん》『千山独行　蔣緯国的人生之旅』）であり、挑発でもあった。様々なかたちで李登輝―宋楚瑜ラインに不満を持つものたちが、すぐさま結集した。李煥、郝柏村、林洋港、陳履《ちんり》安《あん》（経済部長、陳誠の長男）、許歴農《きょれきのう》（国軍退除役官兵輔導委員会主任）らである。かれらは、二月一一日に予定されていた、党の正副総統候補決定のための臨時中央委員会総会で、李登輝に真正面から挑戦する計画をたてた。国民党の中央委員会などのこれまでの採決方法は、トップの睨みが利く起立採決であったが、かれらは党運営の民主化を旗印にして、候補決定を無記名投票に改める提案をし、それが成功したら、本省人の林洋港を総統候補に立てることとしたのである。

国会の議場で眠りこける「万年議員」。（『台湾史100件大事 下 戦後篇』）

李登輝側は、前日一〇日の午後になってこの動きを察知し、その夜は両陣営が中央委員をそれぞれの側に説得する電話合戦であけた。当日は、緊張した議事の後、無記名投票採決を求める提案が、七〇対九九で否決されると、党中央の提案通り起立採決が行われ、李登輝と李元簇が国民党の正副総統候補に選出された。この頃から、この国民党内の対立は、日本の自民党のかつての党内対立図式にならって、「主流」(李登輝派)「非主流」(反李登輝派)と呼ばれるようになっていた。

上層エリート間の直接の闘争は、ここで表面上収束したが、国民大会では、早くから蔣緯《しょうい》国《こく》(一九一六—一九九七年)蔣経国の弟。聯動総司令などを経て、蔣経国晩年は国家安全会議秘書長)支持で動いていた一部の「万年代表」が、党中央に対して対抗候補を立てようと動き始め、三月初めには、総統候補林洋港、副総統候補蔣緯国の線がマスコミで喧伝されるようになった。林洋港も蔣緯国も諾否を明言しないままマスコミの注視を浴び続けたが、最終的に林洋港は、本省人の政界長老の説得を受けて立候補固辞を明言し、蔣緯国も舞台から降りた。一説に、林洋港は、本省人長老から、引き下がらなければ「台奸(台湾人の裏切り者)」になると叱責されたという。

一方、「万年代表」は、会議の議題審査のための予備会議が始まるや、国民大会の毎年定期開催、会議出席報酬の大幅増額などのお手盛り議案を次々に提出した。これには世論も大きく反発、地方議会が次々に非難決議をあげた。三月一四日、台湾大学の学生五〇名あまりが国民党中央党部にデモをかけて、①「反乱鎮定動員時期臨時条項」の廃止、②国民大会の解散、③政治改革促進のための「国是会議」の召集を要求、一六日には、台北市中心部に広大な面積をしめる蔣介石記念堂広場で座り込みを開始した。一八日には、市民も合流して二

蔣介石記念堂広場に座り込む学生と市民。中央は運動の象徴として作ったユリの花のモニュメント。（『台湾史100件大事 下 戦後篇』）

万人規模の抗議集会が開かれ、前掲の三項目のほかに、④政治改革時間表の提示、を含めた四項目の要求が決議された。一九日には、これに対する回答がなかったとして、一部の学生がハンストに突入、二〇日には、南部の高雄でも学生の座り込みが始まり、いくつかの大学で授業ボイコットも起こった。

李登輝は、翌二一日午前、国民大会で第八代総統に選出されると、直ちに国民党中常委を召集、政治改革のための国是会議の開催を党議決定した。夕方、座り込み学生の代表と総統府で会談、国是会議の早期召集と五月二〇日に予定されている就任演説で政治改革の時間表を提出する事を約し、学生は翌朝「われわれの四項目要求は全国同胞の基本認識となった」として、行動終結を宣言した。

この頃現地で取材した上村幸治によれば、「学生運動への鎮圧行動はないのか」との外国記者の質問に、政府スポークスマンが「北京の天安門事件と、台湾の学生運動を比較すること自体が、政府と学生に対する侮辱だ」と返答したという(上村幸治『台湾 アジアの夢の物語』)。確かに、北京の事態とは大いに違った。野党とも話がついていた。学生がハンストを始めた一九日、宋楚瑜秘書長が黄信介民進党主席と会って、国是会議の開催で一致し、民進党は同日、李登輝に誠意ありとして、大衆示威行動の暫時停止を決定していた。学生は李登輝の改革姿勢に民意のお墨付きをつけて退散するしかなかった。だが、それは一年前の北京・天安門広場の学生の無惨を見れば、極めて賢明な、光栄ある、また台湾社会の成熟を示す退散だったのである。後の事態を考えれば、この対比に象徴された台湾海峡両岸の政治の落差が、そしてそれがその後に開いていく一方であったことが、中台関係の緊張の一因ともなっていったのであった。

李登輝の改革イニシアチブ

かくして、李登輝は、改革世論の盛り上がりにのって、自分自身の時間も獲得した。次は政治的空間の獲得である。それは、巨大な国民党に対してはなおも弱体であるものの、改革を求めて旺盛な活動力を見せる民進党など在野勢力の力をそがないようにして、「万年国会」の廃止などの改革が「法統」を損ない、従って「台独」の疑念があるとして微温的改革以上に進みたくない党内保守派とバランスできるようにし、その両者の中間に実行可能な改革の政治的空間を形成することであった。李登輝のいわゆる中道改革路線である。

政治自由化とともに、民進党内外には「台湾の前途の住民自決」からさらに踏み込んで、「台湾独立」を主張する台湾ナショナリズムの影響が強まっていた。李登輝は、民進党穏健派と接近した。四月二日、李登輝は民進党の黄信介主席と張俊宏秘書長を総統府に招いて懇談、李登輝は二年以内の「憲政改革」実現を約し、黄信介は懇談後「総統は英明で、民主的だ」との感想を記者に語った。黄信介はもとより、張俊宏もこの時には党内穏健派といわれる「美麗島派」のリーダーであった。民進党は、一週間後には国是会議への参加を決定し、一四日民進党代表も加えて、同会議の準備委員会が正式に発足した。

さらに、五月二〇日総統就任の日に、美麗島事件の受刑者の全面特赦を実施した。すでに釈放されていた黄信介、張俊宏、姚嘉文は、公民権を回復した。また、しばしばハンストで収監に抗議していた施明徳と、八九年九月、中国から密航して当局に逮捕させる形で台湾帰還を果たしていた許信良（七九年米国亡命）も、釈放されて公民権を回復し、国是会議に民進党推薦の委員として参加した。

また、李登輝は、新任期の開始にあたり、不和が喧伝されていた李煥行政院長を更迭し、軍籍離脱の上で郝柏村国防部長を後任に任命する意向を明らかにした。郝柏村は「二月政争」で非主流派の中心だった人物である。そこには、何よりも憲政改革のために非主流派との亀裂を修復するという政治的狙いがあったが、同時に、行政院長職を与えて李煥を党務系統から引き離したのと同様、郝柏村を軍から引き離すという権謀でもあった。

こうした措置のあと、李登輝は、五月二〇日の第八代総統就任演説で、政治改革については、早期に「反乱鎮定動員時期」を終結させ、憲法修正の方式（「修憲」）で二年以内に、中央民意代表機構（国会）、地方制度、政府体制の改革を実施することを約束した。また対外政策については、「中共」が、民主政治と自由な経済制度を実行し、台湾海峡での武力使用の放棄を明言し、台湾が「一つの中国」の前提の下に対外関係を発展させることを妨害しないならば、対等の立場で国家統一問題について話し合う用意がある、とすると同時に、いっそう現実的な精神でもって「国際空間」を開拓していく、と方針を表明した。

「憲政改革」の方針と対外政策方針とはワンセットのものであった。「反乱鎮定動員時期」を終結させれば、中華人民共和国は「反乱団体」ではなくなり、反射的に台湾の「中華民国」とはいったい何かを定義しなければならず、同時にその何かである台湾の「中華民国」と中華人民共和国の関係、そして広く国際社会との関係一般を定義しなければならない。そこで、李登輝は「憲政改革」の準備と並行して「大陸政策」の整備を進めた（第八章参照）。このように、李登輝が手をつけたのは、ひとたび内部の制度を変えるや、それがただちに国家のアイデンティティ（国際社会における自己定義、位置付け）に響くことになるような改革であり、内外に複雑な波紋を呼ぶのだが、ここでは、まず内部過程に焦点を絞っていくことにする。

李登輝による軍の実力者の首相指名は民間の強い反発を生み、再び学生・教授・市民による街頭抗議行動が高まり、民進党内では、当時の急進派の「新潮流派」が、国是会議ボイコットを唱えた。しかし黄信介ら「美麗島派」の執行部は、参加方針を堅持し、住民の直接選挙選出の総統による総統制、一院制の国会などを柱とする「民主大憲章」を党議決定して会議に臨む腹案とした。

「国是会議」

かくして、国是会議は、①国会改革、②地方制度、③中央政府の体制、④憲法改正、⑤大陸政策と台湾海峡両岸関係の五点を議題として、六月二八日から七月四日にわたって開催された。議題①の国会改革については、実は国是会議前に、憲法解釈を行う司法院大法官会議に対して民進党の陳水扁議員らによる解釈請求が出され、第一期中央民意代表（四〇年代の大陸での選出者および六九年の欠員選挙選出者）の任期は、一九九一年一二月三一日までという解釈が出て、「万年国会」はそこで終結することが決まってしまっていた。

②については、長く公選から除外されていた台湾省長、台北市長、高雄市長の公選実施が、さしたる異議もなくコンセンサスとされた。④については、「反乱鎮定動員時期」規定を解除し「同臨時条項」を廃止して、憲法改正を行うことで何とか一致した。意外にも⑤が最もコンセンサスが高く、中国とは政治的交流の機はまだ熟していないとの見解が大部分で、大陸政策においては「二〇〇〇万台湾住民の福祉を前提とすべきこと」がコンセンサスとして強調された。この一句はいわゆる「台湾優先」原則を示すものとして、第八章に述べる「国家統一綱領」にも書き込まれることとなる。

なかなか一致しなかったのは、総統の選出方法であった。民進党の代表は、強く直接選挙制を主張したが、小幅の改憲という党内意見に縛られている国民党関係者の歯切れは悪く、また台湾住民だけで総統選挙をしたら「中華民国総統」の選挙でなく、「台湾総統」の選挙になる、「台湾独立」を宣言するに等しいのではないかとの疑念も表明されて、結局、「台湾全住民による選挙により選出される」という玉虫色のコンセンサスがまとめられた。

これらのコンセンサスについては、その実現の具体案作りのためにタスク・フォースが設けられることが了解されており、民進党はそれが総統府に設けられることを期待したが、李登輝はそこまでは無理と見たか、国民党中常委内に「憲政改革策定小組」を設けることとした。こうした成り行きは、在野陣営の失望を買い、国是会議推進の立場をとった「美麗島派」の威信もやや落ち、民進党は急進派に押されて、国民党の「修憲」に対して新たな憲法の制定を求める「制憲」を主張して対抗するようになった。

「憲政改革」の展開

しかし、半年前までは、李登輝自身「反乱鎮定動員」解除を明確には口にできない状態であったことを考えれば、国是会議は成功であった。「万年国会」終焉の時間が設定され、「憲政改革」が、動かすことのできない政治アジェンダになった。コンセンサス具体化案作りが国民党内に閉じこめられたとはいえ、中常委の「憲政改革策定小組」も動かざるを得なかった。

表３　国会定期改選（第二期以降）における獲得議席及び得票率（％）

実施年　選挙の種別	国民党獲得議席数（得票率）	民進党獲得議席数（得票率）	新党獲得議席数（得票率）	議席総数
1991　国民大会選挙（第二期）	254(71)	66(24)		325
1992　立法院選挙（第二期）	102(53)	50(31)		161
1995　立法院選挙（第三期）	85(46)	44(33)	21(13)	164
1996　国民大会選挙（第三期）	183(50)	99(30)	46(14)	334
1998　立法院選挙（第四期）	123(46)	70(30)	11 (7)	225

出所）著者作成
データ）台北各紙の各選挙結果報道による。

そこで出されてきたのが、前記「五院」体制堅持の小幅「修憲」の方針に基づく「一機関二段階」の改革日程であった。「一機関」とは、国民大会を指し、「二段階」とは、第一段階でまず第一期の国民大会（「万年代表」プラス八六年増加定員選挙選出の代表）により、憲法の「増修条文（追加条文）」を制定して、第二期国民大会代表の選出方法と第二段階憲法改正終了までの統治の法源を作り、第二期国民代表選挙を実施、第二段階で、選出された代表により正式の憲法修正を行うというものであった。

このため、まず九一年四月、国民大会の臨時会議が召集された。国民大会は、同月二〇日全一〇条の「増修条文」を決定、二二日「反乱鎮定動員時期臨時条項」の廃止を決議、これを受けて、李登輝は、五月一日、総統として「反乱鎮定動員時期」の終結を宣言するとともに、「増修条文」を公布した。これによって、台湾の「中華民国」は、四〇年代の中国内戦に起因する「内戦モード」をついに解除したのである。

これを受けて同年末に実施された、第二期国民大会代表選挙が、長く待たれた「万年国会」全面改選の最初のステップであった。選挙の結果、国民党は、二五四議席（全三二五議席）を獲得、八六年選出の増加定員代表も合わせて、憲法修正議決に必要な四分の三を優に上回る議席を確保した（表3）。野党民進党は、八九年の立法委員選挙では、二八％の得票率を得ていたから、国民党による四分の三の議席の確保は困難と見られていた。にもかかわらず国民党が大勝できた大きな要因の一つは、選挙直前の九一年一〇月、民進党が党大会で「基本綱領」を改訂し、「主権独立の台湾共和国」の樹立を盛り込んだことにあった。同じ頃、『聯合報』が行った世論調査では、明日台湾独立が宣言されたら「怖い」と感じると答えた人が四七％（「うれしい」が五％）もあった。これがおおよその世論の状況であったとすれば、「台湾独立」の綱領化は、選挙対策としては誤っていたと言わざるを得ない。国民党は、「統一」は言わず、「安定・繁栄の維持」を「反台独」に結びつけて唱えているだけで良かった。

ところで、この選挙でのこのような民進党の成績は、李登輝にとっていささか不都合であったのかもしれない。国是会議の閉会式直後に民進党代表と台湾語で交わした会話の中で、李登輝は、総統の選出方式は、「何でもかまわない」と返答して、直接選挙について本人は反対していないことを示唆していた。もし、この時点で李登輝の「憲政改革」の落としどころが、総統直接選挙であったとすれば、それへの最も強い反対は党内から来るのであるから、民進党が四分の一以上を獲得し、民進党との妥協の必要から党内を説得していくのが望ましいと考えたかもしれない。

だが、それができなくなって、李登輝は一人でやろうとした。九二年初め、党内の「憲政改革策定小組」の結論は、総統選出方式について、いわゆる「委任直選」という国民大会代表による間接選挙方式に傾きかけていた。李登輝は二月末、党中央秘書長の宋楚瑜と総統府秘書長蔣彦士《しょうげんし》に直接選挙方式を支持する意思を表明させ、三月四日『中国時報』は社説でこれを支持、続いて南部の県・市の議会正副議長が連名で次期総統は直接選挙で選出されるべしとの声明を発表した。

しかし、李登輝の急転回に対して非主流派の抵抗は強かった。三月九日の臨時中常委は七時間の議論を重ねたが、結論に至らず、さらに、一四日から開催された一三期三中全会でも決着がつかず、結局、二〇日から召集された第二段階「修憲」のための国民大会で、九五年五月二〇日（第八代総統任期切れの一年前）までに決定すると先延ばしした。このときの憲法修正では、この他九四年に台湾省長、台北市長、高雄市長の民選が実施されることも決定された。

この第二段階の国民大会会議では、再度憲法「増修条文」が制定されて、立法委員の選挙方法（中選挙区政党比例代表併用制）が定められ、それを受けて、九二年末には、第二期立法委員の選挙が行われた。前年の教訓から、民進党は「総統直接選挙実現」を正面に掲げ、「台湾独立」を直接に言わずに「一つの中国・一つの台湾」で代替し、さらに、就任以来民進党議員の挑発にのり、頑なに「反台独」を唱えてきた郝柏村首相に砲火を集中した。結果、民進党は、「万年議員」のいない新しい議会で、三分の一近い五〇議席を獲得し、台湾政治の舞台に確乎たる地歩を築いたのである。

後述するように、立法院の全面改選を経て、台湾の政治的雰囲気は大きく改まった。総統直接選挙に対する反対は少なくなり、九四年の第三次憲法修正で、次の総統から相対多数当選制による直接選挙の実施が決まった。国会全面改選に続いて、九六年実施となる総統直接選挙へと、自らが獲得した政治的時間内に政治体制の民主化を遂行し得ることとなったのである。

第七章　台湾ナショナリズムとエスノポリティクス

台湾ナショナリズムの台頭

台湾政治の民主化は、戦後再編成された台湾の多重族群社会を前提として展開した。一般に政治体制の民主化は、それまでの体制に排除されていたか、あるいは不十分にしか包み込まれていなかった住民（「下層階級」であれ「少数民族」であれ）を体制内に呼び込むことになるから、それまでにない複雑な政治過程を引き起こす。場合によってはそこに新たに生まれる問題が民主化の進展をはばみ、あるいは誕生した民主体制を不安定にする。台湾の「中華民国」の場合も、国際的地位が微妙であるだけに、その例外ではなかった。内外への影響の大きいものから見ていくと、まず、第一に政治的自由化の進展とともに台湾ナショナリズムが台頭し、「ナショナリズムの政治」が展開されるようになったことがあげられる。そして、台湾ナショナリズムの政治舞台での定着とともに、政治的自由化も徹底することとなった。

台湾ナショナリズムは、「一つの中国」原則に対して、台湾には独自の主権国家が樹立されるべきであるとの政治的言説と運動であるが、台湾には「中国人」とは異なるネイションとしての「台湾人」が存在している、あるいは存在すべきである、として、「台湾文化」の独自性を主張する、ないしは形成しようとする、文化ナショナリズムもこれに付随する。

すでに触れてきたように、美麗島事件後の八〇年代前半は、「党外」の政治理念の急進化の時期であり、その間、政治的ナショナリズムは、「台湾前途の住民自決」の主張のかたちで台湾島内の政治舞台に登場してきていた。米中国交樹立の決定に際しての「党外」勢力の主張の一つとして七八年末に登場したこのスローガンは、八六年秋の民進党結成の際にはその中心的理念を示すものにまで地位を高めていた。

この間、八〇年代前半には、「党外雑誌」を舞台に、「台湾意識」をキー・ワードとして、「中国意識」あるいは中国ナショナリズムに基づく台湾史解釈に対する批判が展開され、また、本省人文学者の中には、「郷土文学」（台湾の現実に根をおろし台湾の庶民の生活を描くことを重視する）の創作からさらに進んで「台湾民族文学」の創出の理念を語るものも出始めた。史明（本名施朝暉〔一九一八―二〇一九年〕）の『台湾人四百年史』、王育徳〔一九二四―一九八五年〕の『台湾――苦悶するその歴史』、彭明敏《ほうめいびん》〔一九二三―二〇二二年〕の『A Taste of Freedom』、陳隆志《ちんりゅうし》『Formosa, China, and the United Nations』など、海外台湾独立派インテリによる台湾史や国際的地位解釈の書籍（いずれも在米台湾人による中国語訳版）が地下出版されて、インテリや学生の間に流通するようになったのもこの頃からである。

そして、こうした政治活動家やインテリ間における言説形成の時期を経て、八〇年代後半の政治的自由化の局面においては、この間に活動家の間に広まった「台湾人四〇〇年の歴史」、「(外来政権に抑圧され続ける) 台湾人の悲哀」、「台湾人要出頭天 (台湾人として胸を張ろう)」といったフレーズとそれに付随するワンセットの歴史観が、「台湾語」(福佬語)によって、頻繁に開かれた党外・民進党の集会や街頭活動において語られ民衆に伝達されていった。また、八七年の二・二八事件四〇周年を期して、公開に語ることがタブーとされた同事件の見直しを求める社会運動も開始された。

こうした状況の中で、蔣経国が晩年に政治的自由化に踏み切る際に、合法化される政党は「台独」と一線を画すことという条件を付けたことは、台湾ナショナリストに大衆アピールの格好の手がかりを与えることとなった。国民党は、「万年国会」の多数を頼りに、「蔣経国三条件」を、国家安全法や人民団体組織法に書き込んでいったが、これに対する反対運動で「台湾独立」がしだいにおおっぴらに語られるようになった。だが、条文どおりの取り締まりを徹底することは事実上不可能であった。これに押されて民進党も、八七年秋の第二回大会で「人民は台湾独立を主張する自由を有する」との決議文を採択し、翌年春の臨時大会では、「もし国共が一方的に和平交渉を行うなら、もし中共が台湾を統一するなら、もし国民党が真の民主憲政を実施しないなら、本党は台湾独立を主張すべきである」と決議した。そして、これ以後、党内に強まる台湾ナショナリズムの傾向を嫌って、外省人立法院議員を含む何人かのリーダーが民進党と袂を分かった。

「国語を話す高学歴の本省人」の体制への異議申し立てから始まった台湾の民主化運動は、「台湾語」の「出頭天」を伴う台湾ナショナリズムによる大衆動員へと大きく展開を見せた。蔣経国の政治的自由化の制限への反発をきっかけに行われた民進党のキャンペーンは、戦後四〇年来国民党が上から実施してきた「中国人」としての国民形成キャンペーンに対抗するところの、下からの政治的社会化、「台湾人」への国民形成キャンペーンでもあったといえよう。

「監獄島」の終焉

さらに、九一年五月初め「独立台湾会事件」が起こった。これは、日本在住の台湾独立運動家の史明が作る「独立台湾会」に関係して国家転覆活動に従事したとして、四名の青年が「懲治叛乱条例」と刑法一〇〇条（普通内乱罪）に基づき検挙、起訴された事件である。すでに民主改革がタイム・テーブルどおり動き始めた時期、そして在野勢力が「軍人首相反対」で沸き立っているタイミングでの政治的逮捕だっただけに、ただちに学生・教授の激しい反発が起こり、台北の蔣介石記念堂広場や台北駅は、再び抗議集会の人波で埋まった。これに対して、立法院は敏感に反応し、五月一七日早くも「懲治叛乱条例」廃止を決議（二二日総統令で廃止）した。

刑法一〇〇条には、言論を根拠に内乱罪に問える文言があり、同年秋には、双十節の式典にぶつけて、総統府付近の台湾大学医学部のコンコースで徹夜の座り込みの抗議が行われた。刑法一〇〇条は、結局翌年五月、言論内乱罪を規定した部分が削除された。「台湾独立」を主張することも、中国共産党を称えることも、自由となった。加えて、「懲治叛乱条例」に基づいて作られていたいわゆる「ブラック・リスト」（帰国・入国を認めない政治的異端分子のリスト）も無効となり、多くの海外亡命人士が帰国を果たした。台湾人民自救宣言事件で、七〇年からアメリカに亡命していた彭明敏も、九二年一一月台湾に帰還した。かつての政治犯が「監獄島」と自嘲した島（柯旗化『台湾監獄島』）は、確かに政治犯のいない島となったのである。

九一年一〇月、民進党が「台湾全体住民の公民投票により選択・決定される」ことを条件に（したがって「公民投票式台湾独立」と形容される）、「主権独立の台湾共和国の建設」を綱領に入れる決定をしたのは、このようなプロセスを経てのことであった。民進党のこの行動は、明らかに先の「人民団体組織法」の「反台独条項」違反であり、法文に忠実であれば行政院の内政部は解散を命じなければならなかったが、それは行われなかった。「台湾独立」綱領化で民進党はその年末の国民大会代表全面改選で国民党の大勝を許してしまったのであるが、民進党が存続し続けたことで、政治的自由化とともに台湾ナショナリズムの合法化も徹底したと言うことができる。この時には、「台湾独立連盟」のような海外に基盤を置いていた独立派団体も「島内帰還」を果たしていた。

このように、政治的自由化の進展に並行して台湾ナショナリズムの台頭があり、最大の野党がそれを代表する政治団体となったため、台湾政治のイデオロギー機軸は、明白にいわゆる「統独問題」（中国との統一か台湾独立か）の対抗軸、つまり中国／台湾ナショナリズムの二種のイデオロギーの対抗軸上に置かれることになり、政治家であれ、政論家であれ、政治団体であれ、台湾の政治舞台に存在したいならば、否応なしにこの対抗軸上にポジションをとらなければならなくなったのである。

「海を渡った族群から台湾土着の族群へ」

台湾の多重族群社会の上に建つ政治体制の民主化は、このように、ナショナリズムの政治を伴うものとなったのであるが、さらにこれと密接に関連していたのが、「族群政治」（エスノポリティクス）の新たな展開であった。「憲政改革」実施に伴う政治権力の再分配とともに、政治エリートの再編成がおこり、そして選挙政治の「族群化」現象が生じ、同時に「省籍矛盾」の下に隠れていた少数族群の自己主張、いわばエスニック・リバイバルの現象が生じた。まず、郝柏村内閣期からその後への政局を観察するかたちで、政治エリートの再編から見ていこう。

李登輝は、九〇年五月自分に対抗した党内非主流派の中心人物であった郝柏村の行政院長任命を「劇薬を処方した」と称したが、その郝柏村は、台頭する台湾ナショナリズムの風圧をまともに受けることになった。

郝柏村任命の当初、李登輝は、郝との関係を「肝胆相照らす」と形容して蜜月を演出した。郝内閣も「治安内閣」を標榜して一定の成果をあげ、その面では世論の評判も悪くなかった。しかし、両者の蜜月は、長く続かなかった。その原因の一つは、軍権をめぐる衝突であった。郝柏村が、軍を退役したにもかかわらず軍に対する影響力を維持しようとし、李登輝は、憲法上総統に与えられている統帥権（憲法第三六条）に基づき、軍権を実際に把握しようとしたのである。

郝柏村は、八一年から八九年に国防部長に転出するまで、異例の長期間（二年交代が通例であった）参謀総長を務め、軍に広く人脈を持っていた。行政院長就任後も、行政院長の身分で、定期的に要職にある軍人を国防部に呼んで軍の状況を報告させる会議を召集したりして、参謀総長の人事権への影響力行使をためらわなかった。

これに対して、李登輝は、総統府を通じて、郝柏村の軍事会議召集の情報を野党民進党の議員にリークし、総統の統帥権を犯す越権行為の疑いがあると攻撃させた。そして、九一年八月一日には、主だった将軍を集めて「軍人は国家に忠実でなければならず、特定の個人に忠誠を向けてはならない」と強い姿勢を示した。また、軍の人事についても、軍内の反郝柏村派勢力の劉和謙《りゅうわけん》を参謀総長に、蔣仲苓《しょうちゅうれい》を総統府参軍長（総統の軍事顧問）に登用することに成功し、かれらを通じて、軍内のいわゆる「郝家班」の影響力を削減していった（周玉蔻『李登輝の一千日』）。

もう一つは、立法院における集中攻撃である。軍人気質からか、「反台独」「中国意識」をストレートに主張する郝柏村は、民進党議員の恰好の標的であった。無骨な郝柏村は、「反台湾」のレッテルを貼られて追い込まれ、九二年に入ると、内閣指導力にもかげりが出てきた。九二年夏、財政部は土地価格増大分への課税方式を、実際交易価格を基準とする方式にあらためる提案を行ったが、国民党中常委でも「人民の権益を損なう」との強い反発が起こり、地方議会は一斉に財政部長王建煊《おうけんせん》（眷村出身の外省人）批判の火の手をあげ、「外省人の財政部長が本省人庶民の土地を取り上げようとしている」という流言まで流れた。王建煊は、年末の選挙への影響を恐れた李登輝の支持を失い、辞表を提出、郝柏村もこれを認めざるを得なかった。

また、郝柏村に請われて環境保護署長として入閣していた「新国民党連線」のリーダー趙少康は、このような情勢を見て辞表を提出、台北県に戸籍を移して、年末の立法院選挙出馬を表明した。王建煊も、台北市北選挙区から無所属で立候補、趙少康ともども、それぞれの選挙区で、記録的な高得票で当選を果たした。台北市も台北県も外省人人口比率が他の県市より高いところである。増税政策の評判が選挙民に歓迎されるわけはないが、その政策を主張した眷村出身で清廉な官僚として知られた王建煊が、エスニックな反感を動員するような流言が広まる中で辞任に追い込まれたことは、これら外省人有権者にある種のショックを与えたことは疑いなかろう。王、そして趙の高得票当選は、この後に続く都市部外省人の「族群投票」(ethnic voting) の走りであったといえよう。

国民党内外入り乱れての権力闘争の最後の一押しをしたのは、またしても選挙であった。九二年一二月、立法委員の全面改選が行われると、新しい国会の八割以上が本省人となった。「万年議員」はすでに政治の舞台から退場している。政治エリートの省籍による配分が、本省人のほうに傾いたことが、今さらながらに実感された。選挙後、李登輝も郝柏村更迭の意志を隠さなくなり、これに対して、台北の街頭では、郝柏村擁護・李登輝打倒を唱える外省人老退役兵士などのデモが繰り返された。しかし、これは、力関係がついに逆転したことを、かえっていっそう明白に内外に印象づけただけであった。政治権力分配不平等の解消を求めて街頭行動に訴えていたのは、ついこの間までは、民進党など本省人勢力だったのである。

九三年一月三〇日、郝柏村はついに辞意を表明、二月一〇日、国民党中常委は、李登輝の提案により、連戦（当時は台湾省主席）を行政院長に指名することを決し、立法院は、二三日連戦任命に同意した。連戦の後任の台湾省主席には、宋楚瑜中央秘書長が任命され、宋楚瑜の後任の党中央秘書長には、駐日台北経済文化代表処代表の許水徳《きょすいとく》（一九三一―二〇二一年）本省人）が任命された。

軍人事の台湾化は、たいへん慎重な姿勢がとられ、また本省人のこの方面の人材も多くないので、進んではいないが、党・政府については、こうして、蔣家の支配の時代には考えられなかった総統・行政院長・党中央秘書長という重要ポストの全てを、本省人が占めることとなった。台湾政治は、明らかに外省人エリートの手から本省人エリートの手へと、台北のある新聞の表現を借りれば、「海を渡ってきた族群から台湾土着の族群へ」と、その主導権が移ったのである。

こうした変動を受けて、八月中旬に開催された国民党一四全大会は、今や確立された李登輝の権威を確認する大会となった。李登輝は圧倒的多数で党主席に再選された。

「新党現象」

郝柏村が辞任に追い込まれたことは、非主流勢力の立法院における代表である「新国民党連線」にとっても大きな衝撃となり、かれらは、国民党を去る準備を始めた。二月一一日、国民党中常委で連戦の行政院長指名が決定された日の翌日、「新国民党連線」は、台北で「総統、お尋ねします」と題する李登輝批判の大衆集会を開催した。これが後に「新党現象」と呼ばれた、このグループによる外省人のエスニックな大衆動員の端緒であった。

三月五日、「新国民党連線」は、人民団体組織法により内政部に政治団体届を提出、記者会見で、自分たちこそが「正統国民党」であると表明した。そして、国民党の一四全大会を数日後にひかえた八月一〇日「新党」の結成を宣言し、二二日結成大会を開催した。その勢力は、国民党を脱党した六名に、前財政部長の王建煊が加わった、立法委員七名であった。「新党」は、同日に発表した「結成宣言」で、「腐敗・金権の国民党、暴力・省籍煽動の民進党」に代わる第三の選択となる「庶民の政党」を標榜した。小規模ながら国民党は分裂し、「統独」のイデオロギー軸の国民党よりもさらに「統一」よりに位置する政党が生まれたことになる。

「新党」にとっては、同年一一月に行われた台湾省の県・市長選挙が政党として最初の選挙であり、軍関係機関や施設の多い桃園県をはじめいくつかの県に候補を立てたが、成績はゼロであった。だが、選挙に先立ち、国民党の前中常委で非主流派の大物の一人許歴農が、国民党を脱党して「新党」に加入した。許歴農は、行政院の国軍退除役官兵輔導委員会の主任を長く務め、軍人家族が集住する眷村では、「許老爹《シューラオディエ》」（許おじいさん）と呼ばれ、信望があった。「新党」の議員は、国民党員の時代から軍系統の票を割り当てられて当選してきた人物が多いが、許歴農の加入で、国民党を出ても、以前からの「眷村」の票田を守れる見込みが立ったと言える。国民党からいえば、その分の票田が流出したのである。

結成後直ちに取り組んだ県・市長選挙では、結果が出せなかったが、「腐敗・金権の国民党、暴力・省籍煽動の民進党」に代わる第三の選択、という「新党」のアピールは効果があった。台湾化した国民党内では政治的前途が期待できず、また「台湾独立」を綱領に入れている民進党にはイデオロギー的にも同調できず、「新党」に自分の政治的前途を見いだそうと試みる若手のインテリが続々と集まり始めた。

「新党」は、これらの若手インテリを率いて、国会全面改選に続く民主改革の成果として実現した、九四年の第一級行政区（台湾省、台北市、高雄市）の首長選挙、およびその議会選挙に臨んだ。「新党」の周辺には、「新党」支持の「地下放送局」（この頃から流行しはじめた小規模の無認可のラジオ局）の呼びかけなどを通じて、その活動を手弁当で手伝い、参与したいという多数の「義工」（ボランティア）の団体が、ネットワーク化されてきており、全国的焦点となった台北市の選挙では、おおかたの予想を超える動員能力を示した。

民進党が最も人気の高い立法委員の陳水扁を市長候補に立てると、「新党」はメディアの人気も高い前記の趙少康を候補に立て、国民党は現職市長の黄大洲《こうたいしゅう》を公認候補とした。趙少康は、「中華民国を守れ」のスローガンを掲げ、地方公職選挙ではあるが最もメディアの関心を集めやすい「台独対反台独」の対抗図式を打ち出して、世論調査で一貫して一位を保っていた陳水扁にいどんだが、陳水扁陣営が「楽しき希望の都市」というソフトなスローガンでこれをかわすと、一転して「李登輝は一九九六年に台湾独立を実行する秘密の時間表をもっている」といった挑発的な反李登輝キャンペーンを展開していった。

この時の「新党」の選挙キャンペーンの特徴は、この激しい対李登輝ネガティブ・キャンペーンと、都市中産階級を自称する支持者の大量街頭動員であった。台湾の社会学者王甫昌の調査によると、一〇月二五日の趙少康候補選挙事務所開設の日から一二月二日（投票前日）まで、三〇〇名を超える大型の大衆街頭行動・集会が、一〇回も開かれた（王甫昌「台湾族群政治的形成及其表現」）。筆者も当時その一部を目撃したが、デモ・集会の指揮・運営はいかにも手慣れた様子で、整然としたものであったが、「李登輝はやめろ」、「李登輝は日本人だ」（日本人＝中国の侵略者＝悪者、との連想連鎖が働いている）などのスローガンが叫ばれ、李登輝に対する激しい敵意が表出されていたのが、極めて印象的であった。

「族群投票」

こうした街頭行動の参加者や「新党」候補に投票した人は、全てが外省人ではなく若い世代の本省人も相当数加わっていたと言われるが、選挙後に行われた各種のアンケート調査では、「新党」候補に投票した人の四割から五割が外省人であった。これは台北市人口中の外省人比率の約二倍にあたる。本省人の票もひきつけつつ外省人の票のエスニックな集中が起こったといえる。

しかし、この選挙で特徴的なのは、「族群投票」をしたのが外省人だけではなかった点にある。今や民主化と台湾化の象徴的人物となっていた李登輝に対するむき出しの敵意を表す街頭大衆行動が密集して続いたことは、多少とも「台湾意識」をもつ本省人に衝撃を与えた。このため、国民党支持者でも、当選しそうもない黄大洲候補（本省人）に投票するよりは、李登輝に敵意を持つ外省人候補の当選を阻止するため、野党だが同じ本省人の陳水扁に投票するという、いわゆる「棄黄保陳」（黄大洲を棄てて陳水扁を保つ）現象が起こったのだとされる。選挙の結果は、陳水扁が四三・三七％、趙少康が三〇・一七％、黄大洲が二五・八九％の得票で、民進党の陳水扁が当選した。いったいどの程度の「棄黄保陳」現象が起こり、どれだけ選挙結果に影響したのかはわからないが、「新党」のエスニックな動員に刺激されて、本省人有権者もまたある規模の「族群投票」行動に出たことは疑いない。選挙の「族群化」が始まったのである。

また、同時に行われた台湾省長選挙では、国民党が現職の宋楚瑜（外省人）を、民進党が陳定南（本省人）を、「新党」が朱高正（本省人。民進党を脱党した元立法院議員）を立候補させていたが、農村部が多い台湾省では「新党」の力は弱く、宋楚瑜と陳定南の一騎打ちとなった。民進党は、「四〇〇年で最初の闘い」という史明の『台湾人四百年史』を連想させるフレーズで、台湾ナショナリズムとエスニックな含意が明白にうかがえる姿勢によりこの選挙を位置付けて、票の動員を図った。また、一部では「台湾人は台湾人を選ぼう」とい

表4　台湾省長、台北市長、高雄市長、総統・副総統選挙得票率（%）

選挙の種別	1994年		1998年	
台湾省長	宋楚瑜（国民党）	56.22	台湾省「凍結」により選挙なし。	
	陳定南（民進党）	38.72		
	朱高正（新党）	4.31		
台北市長	黄大洲（国民党）	25.89	馬英九（国民党）	51.13
	陳水扁（民進党）	43.37	陳水扁（民進党）	45.91
	趙少康（新党）	30.17	王建煊（新党）	2.96
高雄市長	呉敦義（国民党）	54.46	呉敦義（国民党）	48.13
	張俊雄（民進党）	39.29	謝長廷（民進党）	48.71
	湯阿根（新党）	3.45	呉建国（新党）	0.81
	1996年		2000年	
総統	李登輝 ・連戦（国民党）	54.00	連戦 ・蕭萬長（国民党）	23.10
	彭明敏 ・謝長廷（民進党）	21.13	陳水扁 ・呂秀蓮（民進党）	39.30
	林洋港 ・郝柏村（*新党）	14.90	李敖 ・馮滬祥（新党）	0.13
	陳履安 ・王清峰（無党派）	9.98	＊宋楚瑜 ・張昭雄（無党派）	37.47
			許信良 ・朱恵良（無党派）	0.63

出所）著者作成
データ）いずれも投票翌日の台北各紙の報道による。
注）*2000年3月末「親民党」結成。

う流言までが流されたという。しかし、宋楚瑜は国民党の現職省長として利益政治の面で格段に優位にあったほか、李登輝が「台湾への移住の後先を問わず台湾のために奮闘するのは、皆新台湾人だ」と、「新台湾人」論を展開して宋楚瑜を直接に応援し、その外省人であることの不利をカバーした。かつ宋楚瑜自身も「台湾語」を習って選挙キャンペーンで盛んに使うなど、本省人への接近の姿勢を見せた。結果、宋楚瑜が得票率で陳定南に一七・五%もの差をつけて圧勝したのであった（表4）。

その後、「新党」は九五年末の立法委員選挙では、七名から二一名（全一六四議席）に一気に議席をのばした。しかし、九六年の総統直接選挙後は内部抗争を繰り返し、九八年の立法院選挙では、大きく党勢を減退させた。その一方で、李登輝のもとでの民主化と台湾化の改革に適応して台湾最大の選挙区で勝利した宋楚瑜が、外省人の輿望をも担うべき政治家として、ポスト李登輝時代に向けて実力を蓄えつつあった。その一方、民進党の方では、台北市長に当選した陳水扁が、時代のリーダーとして台頭していくことになる。

エスニック・リバイバル

民主化は、政治権力の分配方式を変更するが、同時にそれに付随する政治的自由化は、それまで抑えられていたさまざまな社会集団の自己主張をかなりの程度まで解き放つから、台湾の多重族群社会のあり方にも当然インパクトが及ぶ。民主化期の台湾社会が経験したのは、小規模ながらエスニック・リバイバルと言い得る現象、つまり、台湾の多重族群社会の

先住民族の運動は「名を正す」ことから始まった。写真は1994年の台北でのデモの光景。(『台湾史100件大事　下　戦後篇』)

諸族群が、それぞれ政治的・文化的自己主張を展開する過程であった。民主化の一〇年は、次章で再度確認するように、台湾と中国大陸間の民間交流が進展した一〇年でもあり、そこには、内戦による離散家族の数十年を経た再結合、台湾企業の大陸での工場設置などによる幹部社員や技術者の長期滞在やその間の婚姻関係など、移民・移住といえる現象も生じており、長期的にはしだいに台湾内の社会構造にも影響を与えていくものと考えられるが、少なくとも今のところでは、戦後四九—五〇年に起きた外省人の大量移住のように、台湾社会のエスニックな構成まで変えてしまうような規模での移民・移住は生じていない。したがって、民主化とともに多重族群社会に起こったことは、多重族群社会そのものの再編というよりは、多重族群社会の族群間関係の調整であったと言える。

八〇年代以降の民主化運動が「台湾人として胸を張ろう（台湾人要出頭天《タイワンランベーツッタウティ》）」といったスローガンに表されるような本省人のエスニックな意欲に支えられていたことはすでに述べた。民主化の進展は一面で本省人のエスニックな自己主張の展開でもあった。そして、右に見てきたように、「新党現象」は、「外省人もまた胸を張ろう」という外省人のエスニックな自己主張であったと言える。「新党現象」は、いまや人口上の優勢を政治的優勢に転化しつつある本省人に対して優勢を失ったものの、台湾島に生き続ける外省人との関係をどうするのか、という問題を突きつけることとなったのである。

このように本省人、外省人の民主化過程での自己主張が政治化した（エスニシティの政治化）のに対して、本省人中の少数者である先住民族と客家の自己主張は、文化的・社会的なものであった。

先に触れたように（第四章）、日本の植民地統治期に比べれば、戦後台湾の先住民族の政治的待遇は改善され、教育も山地にまで格段に普及していった。しかし、「呉鳳神話」が国語の教材に採用されつづけたことに見られる蔑視や、平地人との社会的経済的競争の不利からくるさまざまな苦境はいっそう深まる傾向があった。

八〇年代の先住民族運動は、八三年五月、台湾大学の先住民族学生がガリ版刷りの雑誌『高山青』を発行して、先住民族の苦境を訴えたことに端を発する。まもなく、「党外」勢力の一部がこれに着目、その支援も得て、翌年末には「台湾原住民権利促進会」が発足することになった。この会の名称に見るように、運動者たちは、「山胞」「高山族」といった外から与えられた族群呼称を拒否し、「台湾原住民」を自称した。運動は自らの民族の自主性を確認することから始まったのである。

先住民族運動のアピールは多岐にわたるが、その文化的復権要求のいくつかは民主化進展とともに実現していった。その一つの側面は「名を正す（正名）運動」である。九四年の憲法修正の際、従来の「山胞」に代えて「原住民」が採用され、九六年に行政院に専門部局が設けられた際も原住民委員会（後に原住民族委員会）と呼称された。また、九五年の戸籍法改正とともに、これまで戸籍には漢族名しか受け付けられなかったが、民族名を登録してもよいことになった（ただし漢字表記）。また「汚名を糾す」運動も成果をあげた。前記の「呉鳳神話」の教材は、先住民族が神話の関係地である嘉義駅前に置かれた呉鳳の銅像を引き倒すなどの抗争を経て、八八年より教科書から削除され、また翌年関連のツォ族の居住する郷の名称が「呉鳳郷」から「阿里山郷」と改称された。

さらに、先住民族は、かれらの苦境の根本には清代、日本統治時代から続く漢族による先住民族生活空間の侵食があるとして、その解決のため「原住民自治区」の設定を求めているが、実現していない。

総じて、漢族の経済的権益にかかわるもの以外は実現していく傾向にあり、実際の権益は別として、台湾ナショナリズムの台頭とともに、歴史的に台湾との関係が最も深く、かつ「中国的でない」固有文化を有する先住民族の象徴的地位が高まる傾向にある。しかし、このような象徴的な地位の向上は先住民族の具体的苦境を改善しないとして、「部落」（先住民族それぞれの元来の生活の地）にもどって生活とコミュニティの再建をはかろうとする運動も九〇年代前半からはじまっている。

「客家」は、人口的社会的多数者である福佬人と政治的文化的優勢者である外省人にはさまれて、他の族群との交際の中でも族群として身分を隠す傾向がある「隠れた人」（隠形人）と称されてきた。この傾向故に、全台湾からの移民がある台北などでは、教育普及による「国語」の浸透とあいまって、母語としての客家語は、人口多数者の言語であり、それゆえに「商業活動用言語」の地位を有していた福佬語に比して、その衰退がより進んでいた。八〇年代にはこうした状況の中で、「台湾人要出頭天」の傾向のもとで「台湾語」が「党外」・民進党のいわば公用語になり、社会的にも「台湾語」の地位が向上するといった「出頭天」現象が起こったが、この「台湾語」とは実際には福佬語であり、客家の「党外」運動や文化運動参加者からは、福佬人・福佬語をもって安易に「台湾人」「台湾語」を代表させる言説に対し、「福佬中心主義」「福佬ショービニズム」といった批判も生じた。

こうした刺激の下に、客家の文化復権運動が起こった。八七年に客家の文化的社会的状況を論ずる雑誌『客家風雲』が創刊、翌年には先住民族のパターンにならって客家権利促進会が結成され、その主催により「我に母語を返せ」をテーマとするデモ行進（同年一二月）など、母語の保存・維持を求める運動がはじまった。この頃から、テレビ地上波で一週三〇分の客家語番組が設けられるようになった。九〇年代に入って、民主化とともに頻々と選挙が行われるようになると、各政党とも客家の文化的権益の保護を掲げるようになり、政権交代後の二〇〇一年六月には、行政院に客家委員会が発足した。

このように、民主化とともに各族群が自己主張を行ったことは、すでに見たように政府の政策にも影響を与えたし、また台湾ナショナリズムの言説にも影響を及ぼした。それを端的に示すのが、第一章に示した「四大族群」という台湾社会の族群構成のとらえ方である。これは、海外台独派の主張に含まれていたものだが、九一年に「台湾独立」を主張していた民進党の立法院議員葉菊蘭《ようぎょくらん》(客家)が、議会で主張して注目を集めて以来広がっていった見方である。すでに指摘したように「四大」というのは事実に合わないが、「四大」と「一小一大二中」を並列するのは、族群間の文化的平等の理念を含意するものといえよう。民進党は、その翌年、同党の政策白書の中に外省人の社会学者張茂桂《ちょうもけい》の執筆になる『族群と文化政策』を掲げ、「多元融合の族群関係と文化政策」を訴えたのであった。

右のような運動や主張、さらには専門部会の設置による政策遂行が、どの程度、どのように台湾の多重族群社会における族群の相互尊重と発展に結びついているのかは、依然検証を要する事柄である。ただ、「四大族群」の言説は、台湾ナショナリズムの言説から派生したものではあるが、台湾社会の文化的多元性という考えそのものは、ただちに統一か独立かの論争にはストレートには結びつかない。それゆえに、文化的多元性と相互尊重の理念はしだいに広く受け入れられていったものと考えられる。

したがって台湾の多重族群社会は、民主化により、一方では選挙の族群化のように政治面での緊張の緩和を阻害するような傾向を一方で生みながら、文化・社会面では、文化的多元性と相互尊重の理念により、族群間の相互関係の調整が進みつつあることが観察できると思われる。この点は、台湾の外ではあまり注目されていないが、筆者の観察の通りであるとすれば、経済発展と民主化とともに台湾社会が達成した一つの成果であると言えよう。

ただ、注意しておきたいことは、このことは、台湾社会が、「四大族群」別の文化的な壁を強化しつつあるということではない。すでに見たように、不均衡は存在するものの、上からの「中国人化」政策、少なくとも本省人、先住民族の言語的同化は成功しているのであって、文化的多元性の尊重とは、その上でのこと、あるいは、過去の「中国人化」政策の行き過ぎの是正という側面を持つものとみることができるのである。また、角度を変えてみれば、産業化と民主化をいちおう実現した漢族優勢社会における、多元性に寛容な、新たな「中国性（Chineseness）」の模索が行われていると言えるのかもしれない。ただ、第三者にはこのように見えるものであっても、台湾ナショナリズムのモノの見方においては、「台湾性（Taiwaneseness）」として宣揚されていくのであり、それは同時に旧来の中国ナショナリズムの視座から見るならば、「台独」の誤った意識の広がりとして懸念されるものである。台湾の多重群族社会は、依然このようなイデオロギー的磁場の中に置かれているのである。

第八章　中華人民共和国と台湾――結びつく経済、離れる心？

東西冷戦の終焉と台湾海峡の変容

「民主化の一〇年」（一九八六―一九九六年）は、台湾を大きく変えた。極めて牢固なものに見えた長期戒厳令と政治警察の支配は崩れ、「万年国会」は全面改選されて、総統までが住民の直接選挙で選出されるようになった。「省籍矛盾」の語にこめられた本省人の政治的不平等への不満は解消し、代わって台湾ナショナリズムの台頭とともに台湾のナショナル・アイデンティティにかかわる対立が台湾政治を強く彩るものとなった。

そして、またこの一〇年は、台湾の外の国際社会も大きく変化した一〇年であった。というよりも、台湾もまたそのような外部変化の影響を受けながら変わっていったのである。

国際社会におけるこの間の最も大きな変化は、東欧社会主義圏とソ連の崩壊による東西冷戦の終焉であり、それによっていっそう加速したグローバリゼーションであろう。七〇年代の米中接近により、アジアの冷戦構造は部分的に崩れており、また中国の「改革と開放」の成功により、アジア太平洋地域における相互依存はいっそう深まっていたが、冷戦後の国際政治・経済構造の転換の中で、国際社会に新しいニッチを求めることが台湾の政治エリートの課題とならざるを得なかった。七九年代末から始まった台湾海峡の変容は、このような状況の中でいっそうの展開を見せたのである。

アメリカとの国交樹立や「改革と開放」への国策の大転換と軌を一にして展開した中国の対台湾新政策の柱は、第五章に見たように、「三通」(通商、通郵、通航)による相互交流促進、「一国家二制度」と称される国家統一方式の提唱、および「第三次国共合作」による国家統一の達成の呼びかけ、であった。

このうち「第三次国共合作」は、台湾政治の民主化の進展により意味を失った。八九年天安門事件で早々に政治改革が挫折して古い政治が残ったままの中国大陸と異なり、台湾では民主化の進展で国民党が共産党と交渉すればことが済むという状況ではなくなってしまった。「一国家二制度」は、台湾の統一に関して考案されたものであるが、先に香港の主権返還に適用されることとなり、周知のように八四年一二月にこの原則を盛り込んで香港の主権返還に関する中英共同声明が発表され、そして、九七年七月香港は中華人民共和国最初の特別行政区になったのである。しかし、民主化の進む台湾では「一国家二制度」の政治意見市場における評判は芳しくなく、中国は逆に統一方式云々以前の「一つの中国」原則の確認を迫ることに意を用いざるを得なくなった。

しかし、すでに触れたように、もう一つの柱である「三通」政策は有効であった。国民党政権は、中国側の新政策に直面して、前記の「三不政策」(妥協しない、交渉しない、接触しない)をとった。だが、この政策は「接触しない」の部分から急速に崩れていき、晩年の蔣経国が、実質的な中国大陸渡航解禁となる台湾住民の大陸里帰り許可に踏み切らざるを得

表5　台湾の中国との貿易額の推移　（単位：百万米ドル）

期間	輸出	輸入	総額
1979	21.5	56.3	77.8
1980	235.0	76.2	311.2
1981	384.2	75.2	459.4
1982	194.5	84.0	278.5
1983	157.9	89.9	247.8
1984	425.5	127.8	553.3
1985	986.9	115.9	1,102.8
1986	811.3	144.2	955.5
1987	1,226.5	288.9	1,515.4
1988	2,242.2	478.7	2,720.9
1989	3,331.9	586.9	3,918.8
1990	4,394.6	765.4	5,160.0
1991	7,493.5	1,125.9	8,619.4
1992	10,547.6	1,119.0	11,666.6
1993	13,993.1	1,103.6	15,096.7
1994	16,022.5	1,858.7	17,881.2
1995	19,433.8	3,091.4	22,525.2
1996	20,727.3	3,059.8	23,787.1
1997	22,455.2	3,915.4	26,370.6
1998	19,840.9	4,110.5	23,951.4
1999	21,312.5	4,522.2	25,834.7
2000	25,029.5	6,223.3	31,252.8

注1）1979-88年の数字は、「香港海関統計」による間接貿易額。
注2）1989年以降の数字は、中華民国行政院大陸委員会による推計値。
出所）中華民国行政院大陸委員会『両岸経貿統計月報』2001年1月。

表6　台湾から中国への投資額の推移　（単位：百万米ドル）

期間	中華民国経済部許可ベース			中華人民共和国国務院対外貿易経済合作部発表データ				
	件数	金額	1件平均額	項目数	協議金額	1項目平均額	実際到達金額	資金到達率（%）
1991*	237	174.16	0.73	3,446	2,783	0.81	844	30.33
1992	264	246.99	0.94	6,430	5,543	0.86	1,050	18.94
1993**	1,262	1,140.37	0.90	10,948	9,965	0.91	3,139	31.50
	(8,067)	(2,028.05)	(0.25)					
1994	934	962.21	1.03	6,247	5,395	0.86	3,391	62.85
1995	490	1,092.71	2.23	4,778	5,777	1.21	3,162	54.73
1996	383	1,229.24	3.21	3,184	5,141	1.61	3,475	67.59
1997**	728	1,614.54	2.22	3,014	2,814	0.93	3,289	116.88
	(7,997)	(2,719.77)	(0.34)					
1998**	641	1,519.21	2.37	2,970	2,982	1.00	2,915	97.75
	(643)	(515.41)	(0.80)					
1999	488	1,252.78	2.57	2,499	3,374	1.35	2,599	77.01
2000	840	2,607.14	3.10	3,108	4,042	1.30	2,296	56.81
累計	22,974	17,102.58	0.74	46,624	47,816	1.03	26,160	54.71

注）*1991年の「中華人民共和国国務院対外貿易経済合作部発表データ」は、同年以前の数字も含む。

**1993、97、98年の（　）内数字は、それ以前に投資していたが未登録だった案件を追加登録したもの。

出所）中華民国行政院大陸委員会『両岸経貿統計月報』2001年1月。

データ）台湾側数字は、中華民国行政院経済部投資審議委員会、中国側数字は、中華人民共和国国務院対外貿易経済合作部。

なくなったのであった。

天安門事件後、民主化運動への血の弾圧を非難する国際世論の中で、中国の「改革と開放」は一時萎縮するかに見えたが、九二年、「改革と開放」の堅持を強く主張した鄧小平の、いわゆる「南巡講話」以後急速に盛り返した。七〇年代末の国策転換以後、中国は経済的対外依存を強めており、中国はもはや毛沢東時代の自己閉鎖的政策には戻れなくなっていたのである。

このため、一時落ちこんでいた中台の経済交流も再び増加し、台湾からの投資もしだいに大規模化し、貿易量も当初政府が警戒ラインとしていた一〇%のラインを超えた（表5、表6）。このため、李登輝は台湾企業の投資をアセアン諸国に向けることを狙った「南向政策」（九四年以降）や、政府により大規模投資を規制する「戒急用忍」政策（九六年以降）をとらざるを得なかったのであった。対米国交樹立とともに展開された鄧小平の新政策は、台湾海峡を分断の海から通商の海へと急速に変貌させ、グローバリゼーションの中で強まるアジア太平洋地域の経済的相互依存傾向の中で、中台の経済を結合していったのである。

「国家統一綱領」と「大陸政策」の形成

このような「通商の海」への変貌は、当然ながら大量の人、モノ、金銭の移動が伴う。それと共に、婚姻、相続、債務関係などの台湾海峡両岸住民間の民法的権利関係及び密輸、密航、海賊行為、犯罪人の逃亡、そしてハイジャックなどの不規則往来とそれに伴う紛争が生じる。

公式には「三不政策」を掲げ続けるにせよ、台湾側もこうした問題には、実務的に、また行政的に対応せざるを得ず、八八年夏の国民党一三全大会以後、国民党中常委内に「大陸工作指導小組」を、行政院には「大陸工作連絡会議」を設けて対応することとし、さらに、行政的対応の法的根拠として、「台湾・大陸地区人民関係条例」の起草作業が開始された。

しかし、李登輝が「憲政改革」のため、「反乱鎮定動員時期」規定に手をつけようとし始めると、この態勢は見直されることとなった。「反乱鎮定動員時期」は、自身を「反乱団体」である「中共」を鎮定する任務を負った正統政府と規定するものであるから、この規定の解除は、台湾に存在する政治体についての何らかの新たなコンセプトの形成を必然とする。

こうした中で、李登輝は国是会議終了後の九〇年八月、大陸政策のガイドラインを策定する機関として総統府内に超党派の人士による国家統一委員会を設ける方針を明らかにした。九月初旬、国民党中常委はこの方針を承認、一〇月七日、国家統一委員会は発足し第一回の会合を開いた。

これとともに、行政的・実務的対応の態勢も整えられ、行政院レベルでは、大陸工作連絡会議が廃止され、常設の大陸委員会が設けられた（一〇月一八日）。また、実務面での中国大陸との接触・交渉のため、国是会議のコンセンサスにのっとり、民間団体の形式で「仲介団体」として、「海峡両岸交流基金会」（海基会）が作られた（一一月二〇日）。海基会の理事長には、台湾財界の重鎮で国民党中常委でもある辜振甫《こしんぽ》（一九一七―二〇〇五年）が就任した。

国家統一委員会は、その下に専門家委員会を設け、大陸政策ガイドライン文書案作成作業に取り組み、九一年二月二三日第三回会議で「国家統一綱領」を採択、まもなく国民党中常委と行政院会（閣議に相当）がこれを政策ガイドラインとして承認した。

その要点は、次の五項目に整理できる。

（1）「民主・自由・均富の中国の再建」が統一の目標である。

（2）「中国は一つ」で台湾はその中国の一部だが、今は相互に対等な二つの「政治実体」に分裂している。

（3）中国統一のタイミングと方式においては「まず台湾地区人民の権益を尊重するとともに、（その）安全と福祉を擁護」しなければならない。

（4）国家の統一は、「短期＝交流互恵の段階」、「中期＝相互信頼と協力の段階」、「長期＝協商統一の段階」の三段階を経て達成されるが、固定した時間表は設けない。

（5）現段階は「短期＝交流互恵の段階」に属し、中台の直接の「三通」が実現し中台のハイレベル人士の相互訪問が行われる「中期＝相互信頼と協力の段階」へと進むには、①北京側が、相互の問題を解決する手段としての武力行使の放棄を明言し、②台湾を対等の政治実体と認め、③国際社会での台湾の活動を妨害しない、ことが条件となる。

この政策文書は、「統一」は掲げつつも台湾住民の権益の優先、北京との対等の「政治実体」を謳って、なんとか内部のコンセンサスを固めようとする台湾のリーダーたちの苦心の作である。国民党内には、李登輝が進めようとしている中道路線の改革でも、「台独」の疑いありとする非主流派の力がまだ強く、「国家統一」を正面に出した政策文書の作成は、その口封じのための譲歩の意味があった。一方、国民党の外では、台湾ナショナリズム勢力の台頭に押されて民進党の急進化が進んでおり、李登輝の招請にもかかわらず民進党は党として国家統一委員会に委員を出すことをこばみ、さらに統一綱領発表後は、これに反発して、前述のように「公民投票式台湾独立」を綱領に入れてしまったのであった。

中台接触の展開

中国側は「一つの中国」の立場から、国家統一綱領の「一つの中国・二つの対等な政治実体」論を、「二つの中国」をめざすものとする、原則的批判の立場を崩さなかったが、交流面では柔軟な対応を見せた。

これより先、中国側は、七九年に「三通」を呼びかけて以来、政府各部門、各級政府に対台弁公室を設けて交流実務に対応してきたが、交流拡大が本格化すると、国務院に台湾事務弁公室を設置して、各部門・各級の台湾工作を調整させるようになった。台湾側がその政治面での「三不政策」の考慮から提起した「仲介団体」の設置には当初否定的であったが、途中から方針を変更し、九一年一二月、海基会のカウンターパートとして「海峡両岸関係協会」（海協会）を設立した。会長には江沢民《こうたくみん》共産党総書記に近いといわれる元上海市長の汪《おう》道涵《どうかん》（一九一五―二〇〇五年）が就任し、国務院台湾事務弁公室副主任の一人だった唐樹備《とうじゅび》が、実務を取り仕切る常務副会長に任命された。

海基会は設立されると早速大陸に代表団を出して、国務院台湾事務弁公室などと接触、海協会ができるとこれと実務接触を重ね、九二年には秘書長・常務副会長レベルの協議が始まった。九三年には、ついにシンガポールで両会のトップ同士の会談（いわゆる「辜汪（汪辜）会談」）が実現し、「両岸（私法関係）公証文書確認に関する協議」、「両岸書留郵便問い合わせ・補償に関する協議」など四件の協議文書が調印された。

辜振甫、汪道涵両者ともに「民間人」ではあるが、それぞれの最高政治リーダーに近い人物であり、その会談実現の政治的意義は小さくなかった。事実、この後、九四年秋APEC（アジア太平洋経済閣僚会議）非公式サミット出席をめぐる発言の中で、李登輝が国際的場面での江沢民との「自然な会談」を呼びかけると、江沢民・李登輝両首脳のワン・ラウンドの政治対話が実現したからである。

まず、翌年一月には江沢民が、「一つの中国の原則の下で、両岸の敵対状態を終わらせる」ことについての交渉などを含む、いわゆる「江八点」を提起し、李登輝の大陸訪問を誘った。これに対して、李登輝は、「新味無し」と片づけようとした大陸委員会を制して、幕僚に慎重な検討を命じ、四月、久しぶりに開催した国家統一委員会での演説の形で、「両岸

1993年4月27日シンガポールで行われた第1回辜振甫（左）・汪道涵（右）会談。写真提供：ロイター＝共同

分治の現実の上に中国統一を追求する」、「両岸は対等に国際組織に参加し、指導者はその自然な機会に会見を行う」などを持った、いわゆる「李六条」を示したのであった。

実際には、両者の隔たりは依然大きいのだが、この背景には、実は両首脳間のいわゆる「密使」の往来があった。李登輝の総統退任後に明らかになったところによれば、九〇年一二月頃（つまり台湾では「国家統一綱領」の審議が進められている頃）から「李六条」の直前まで、李登輝と江沢民の間にはそれぞれの幕僚をいわゆる「密使」として直接のコミュニケーションが存在していた（鄒景雯《すうけいぶん》『李登輝執政告白實録』）。「辜汪（汪辜）会談」から「李六条」まで、両首脳が「密使」を通じたコミュニケーションにより、誤解による紛糾を防ぎつつ進められていたのだといえよう。

李登輝の積極外交

このように、「憲政改革」と、それと不可分に進められた「大陸政策」の整備とともに、単なる民間交流にとどまらない中台接触が開始されると、その一方で、台湾の積極的な外交イニシアチブがとられるようになった。「民間」の枠を越える接触・対話が行われれば、その分だけ何らかの政治的接触ないし交渉へと両者は近づく。そうでなくとも、鄧小平の「南巡講話」以来、中台の経済関係はいっそうの結合の度を増し、台湾の経済構造そのものに衝撃を与え始めていた。そうすると、国際政治上明らかな劣勢にある台湾としては、将来における政治的接触ないし交渉における立場を悪化させないために、国際社会にその存在をアピールしていかなければならない。中台接触の展開は、李登輝の積極外交をめぐる中台のいわば「外交戦争」を伴っていたのである。その間を、李登輝と江沢民の「密使」を通じたコミュニケーションがあやうく支えていたのだと言えよう。

その展開の跡を簡単に見てみる。九二年にまず安保外交の面で大きな収穫があった。フランスがミラージュ戦闘機の、ついでアメリカのブッシュ政権がF16戦闘機一五〇機の台湾売却を決定した。これらの成功は「憲政改革」に乗り出した李登輝政権に自信を深めさせたものと見られる。ここより、いわば「外交・安保」のための民主化推進とその成果の内外への宣揚が行われるようになっていく。

さらに、九三年三月、国会全面改選を経て政権の台湾化がいっそう進むと、李登輝政権は、それまでは民進党の外交政策の目玉であった「国連参加」の活動を開始することを宣言し、九月の国連総会を目指して、朝野一丸の働きかけが行われた。国連内では、台湾の「中華民国」と外交関係を持つ中南米の国々の政府が、「中華民国」の参加問題を議題とするべく動いたが、予想通り、中国の反対で、議題審査委員会で否決された。その後も、「国連参加」運動は、秋の年中行事の如く繰り返されているが、その都度中国に封殺されて現在にいたっている。この他、台湾が強く求めているＡＳＥＡＮ地域フォーラム（ＡＲＦ、ＡＳＥＡＮ外相会議が設置した地域安保協議機関）への参加も中国の反対で実現できなかった。

また、九三年秋、行政院経済部は、台湾企業の投資を再度ＡＳＥＡＮに誘導する、いわゆる「南向政策」を立案した。これは、中台経済関係に対する「南巡講話」のインパクトに直接に対応するものでもあった。九三年に初めて台湾の輸出総額に占める対中輸出額の割合（輸出依存度）が、政府が警戒ラインとする一〇％を上回り、また、総輸出額に対する対中輸出の割合が、対ＡＳＥＡＮ諸国輸出の割合を上回った。対外投資面では、九二年以後対中投資額が対ＡＳＥＡＮ投資額を上回っていた。

李登輝は、経済部の「南向政策」に合わせて、九四年旧正月の休暇の時期を利用して、フィリピン、インドネシア、タイを訪問した。夫妻で「休暇を過ごす」と称して、フィリピンでは、米軍基地跡地の工業団地開発に協力することになっているスービック湾でラモス大統領と会見、インドネシアでは、ハビビ科学技術相とゴルフに興じ、バリ島でスハルト大統領と会見した。タイでは、予定されていた首相との会見は中国の圧力で流れたが、国王との会見が実現した。

さらに、同年五月、李登輝夫妻は、中米のニカラグアとコスタリカ、アフリカの南アフリカとスワジランドと、二つの大陸にまたがる訪問の旅に出た。南アフリカは、マンデラ大統領の就任式典に参列するためであった。

この他、外交関係のある国家との関係を維持し強化することや外交関係の数を増やすことが目指された。実際にも、七九年に「米中接近」後の最低の二一に落ち込んだ「中華民国」承認国数は、二〇台後半から三〇程度に維持された。ただし、この間、九〇年にサウジ・アラビア、九二年に韓国、九六年南アフリカが外交承認を北京に移した。ソ連解体で誕生した新国家や東欧諸国との外交関係樹立もうまくいかなかった。

李登輝の訪米

このような台湾の積極外交の頂点が、九五年六月の李登輝の非公式訪米であった。中国が最も強く反発したのも、台湾とアメリカとの関係であった。この中国の反応によって、台湾海峡には五〇年代以来の第三次台湾海峡危機ともいうべき緊張が惹起されたのである。

ワシントンは、台湾の民主化に、したがってそのリーダーである李登輝に、当時としては最も好感を持っている首都であり、またアメリカ議会関係者やオピニオン・リーダーへの台湾朝野のロビー活動が最も成功している首都でもあった。九五年に入ると、議会の李登輝訪米招請ムードが高まり、五月初め、下院ついで上院が、李登輝訪米許可を求める決議を圧倒的多数で採択した。決議に法的拘束力はなかったが、クリントン政権にとっては大きな政治的圧力になり、同月二二日、国務省は突如、李登輝総統が私人としてコーネル大学を訪問することを認める、と発表した。しぶる国務省をホワイトハウスが押し切ったものと思われる。国務省は、李登輝の訪米中、アメリカ政府閣僚との会見は行われず、また、この決定は、アメリカ政府の中国政策と台湾との関係を何ら変更するものではない、と強調した。

この頃、中台関係においては、前記のように首脳同士の政治対話が始まったところであった。訪米か、江沢民との政治対話ムードの維持か。難しい選択であったが、李登輝は訪米を選択した。「国際社会に『中華民国在台湾』が存在することを知ってもらう」ほうを、この時点ではより重要と判断したのである。

六月七日、夫人とともに台湾を発った李登輝のアメリカでの行程は、中国との関係を顧慮するアメリカ国務省の意をくんで、政界人士とは会わず、予定していたコーネル大学キャンパス内での記者会見も中止するなど、低姿勢であった。しかし、中米関係、中台関係への影響に着目する世界のマスメディアは、その一挙手一投足を注視した。テレビ中継された、六月九日午後（台湾時間一〇日朝）行われた記念講演は、李登輝が「中華民国在台湾」のセールスマンを演ずる絶好の機会となった。

“Always in My Heart”（「民の欲するところ常に我が心に」）と題した英語の演説で、李登輝は、戦後台湾の経済発展へのアメリカの支援と、アメリカのデモクラシーが自分に与えた啓示（民主のみが社会の平和的変遷を促進しうる）に、感謝をこめて言及しつつ、台湾の経済発展と平和的民主化の達成を「台湾経験」として宣揚し、このような達成を持ち、国際社会への貢献の意志と能力とを有している「中華民国在台湾」を、国際社会はもっと受け入れるべきだと主張した。そして「民の欲するところ常に我が心に」との施政の姿勢を共有したいと、大陸の指導者に呼びかけ、「適当な国際的な場」で、江沢民を含む大陸のリーダーと会見したい、とする九四年秋以降の立場を繰り返し表明したのであった。

李登輝においては、「密使」を通じた江沢民との接触の感触から、自身の積極外交と、海基会と海協会の実務接触の積み重ねのような両岸関係の改善は、少なくともまだしばらくは両立し得ると考えられていたようだ。だが、訪米から帰国以後、事態はそうはならなかった。

中国の「文攻武嚇」

李登輝の訪米発表に対し、中国の反応は、当初は比較的穏やかなものだったが、六月に入ると急変し、新華社は連日李登輝批判の記事を掲載し始め、一六日、国務院台湾事務弁公室は、北京での「辜汪会談」の一方的中止を言明、海基会・海協会の事務レベル協議も中断した。それればかりか、中国は、七月下旬と八月中旬、台湾海峡で大がかりな軍事演習を実施して台湾を威嚇した。このうち前者は、七月二一日から二四日にかけて、台湾北方の公海上の水域にM族と呼ばれる地対地ミサイル六発を打ち込む訓練であり、日本など一部の民間航空機は航路変更を迫られた。そして、これに歩調を合わせて中国の公式メディアでは、李登輝個人に対する激しい攻撃が展開された。これらの中国の軍事演習による威嚇とメディアによる攻撃は、台湾では「文攻武嚇」と呼ばれ、九六年三月末まで続いた。台湾の歴史的な総統直接選挙に至る「総統選政局」は、中国の居丈高な「文攻武嚇」の影のもとで、いわば台湾海峡を挟んだ「飛弾《フェイタン》」(missiles)と「選票《シェンピァオ》」(ballots)のコントラストの中で、展開することとなったのである。

舞台にそろう因縁の役者たち

台湾の政治体制の民主化は、九二年までに終わった「万年国会」の解消を第一段階とすれば、九四年の台湾省・台北市・高雄市長選挙の実現が第二段階であり、第三段階は、総統選挙の実現であった。

総統選挙の方式について、李登輝が九三年非主流派を圧倒して党内指導権を握ると、障碍はなくなり、九四年七月召集された国民大会会議(第二期第四次臨時会議)で、次期第九代総統(任期は九六年五月二〇日から四年)からの正副総統直接選挙実施が決定された(正副総統候補がペアで立候補、相対多数獲得の組が当選)。これにより、九五年一二月に立法委員(任期三年)選挙(二回目の改選)、九六年三月に総統直接選挙、という政治日程が確定した。

これを受けて、かねてより李登輝への対抗心を隠さなかった司法院長の林洋港は、職を辞して総統選挙出馬の意志を明確にした。また、李登輝の旧友で、海外亡命者帰国禁止の「ブラック・リスト」廃止により、九二年一一月帰国していた彭明敏元台湾大学教授は、九五年二月末、民進党に入党、翌月総統選挙出馬のため、民進党の公認獲得を目指す意志を表明した。五月、民進党は、同党の正副総統候補決定のため、アメリカばりの党内予備選挙のルールを決定、ただちに活発な党内選挙活動に入った。「新党」陣営では、前財政部長の王建煊が同党の候補として浮上した。

国民党は、八月二二日と二三日、第一四期第二次全国大会を開き、党公認の総統候補を決定する予備選挙の方式を、党代表による投票と決定した。この直後、李登輝は初めて出馬の意向を表明したが、一方、全党員による投票方式の予備選を主張していた林洋港は、党内予備選に立候補しない意志を表明した。これより先、国民党大会直前に、党中常委で監察院長の要職にあった陳履安《ちんりあん》（陳誠・元行政院長、副総統の長男。陳誠はかつて蔣介石の下で蔣経国と政権ナンバー・ツーの座を争った）が、突如総統選挙立候補の意志を表明し、監察院長を辞任するとともに、国民党も離党した。

三一日、国民党は予備選挙投票を行い、李登輝が九一％を得て国民党の候補に確定、翌日李登輝は、連戦を副総統候補に指名した。国民党の公認を求めなかった林洋港と離党した陳履安は、政党推薦によらない公民推挙の方式（二〇万以上の有権者の署名による推挙）での立候補を追求することとなった。陳履安は、女性の監察委員で、本省人の王清峰を副総統候補に指名し、林洋港は、何人かの本省人有力者に副総統候補になることを断られたあげく、郝柏村をランニング・メイトとした。これによって「新党」は王建煊をおろし、林・郝ペアを支持することとなった。

民進党は、党内予備選挙の第一段階で、彭明敏と前党主席の許信良に候補が絞られ、七月一〇日から一〇月二四日まで全島四九ヵ所で一般公民による投票が行われ、彭明敏が当選した。彭明敏は、台北市選出の立法委員謝長廷《しゃちょうてい》を副総統候補に指名した。

一方、もう一つの重要な政治競争の場である立法委員選挙（定数は前回一九九二年時より人口増により四名増えて一六四名）の投票が、一二月二日に行われ、「新党」が躍進して二一議席を獲得、民進党は定数増分だけしか伸びず、五四議席（改選前五〇）であった。国民党は九議席減じて八五議席、過半数をわずか上回るのみの脆弱な与党となった。

陳履安と林洋港の非政党推薦立候補のために公民推挙の署名活動は順調に進み、九六年一月、両者は正式に立候補資格を認定され、二月三日には、四組の正副総統候補が確定した。そして、選挙戦は、旧正月明けの二月二四日からスタートした。

一人は党国体制の中に入り込み、一人はそれに公然と反旗を翻して長い亡命生活を余儀なくされた旧友同士（李登輝と彭明敏）、同じく蔣経国に抜擢された本省人政治家のライバル同士（李登輝と林洋港）、蔣経国の「台湾化」政策に乗って頂点を極めた本省人とかつて蔣経国との権力競争に勝てなかったナンバー・ツーの長男（李登輝と陳履安）、そして、ポスト蔣経国の権力を激しく争った政敵同士（李登輝と郝柏村）。李登輝という骨太な個性を軸に、台湾戦後政治史の因縁の役者たちが、かくして舞台に揃い、その因縁の、民意による決着を待つことになったのである。

「飛弾」と「選票」、そして空母

「総統選政局」の最後の局面は、よりいっそうの「飛弾」(missiles)と「選票」(ballots)のコントラストに彩られた。中国が、「海峡九六一」と称する波状的な軍事演習を台湾海峡で行って再度台湾を威嚇し、これに対して、アメリカが、空母二隻を台湾海峡に派遣して抑止を試みるという、一触即発の危機、「第三次台湾海峡危機」が現出する中で、選挙が行われたのである。

三月五日早朝、中国軍は新華社を通じて、八日から一五日までの八日間、台湾島北東基隆沖合と南西の高雄沖合の二ヵ所を目標海域とする、ミサイル発射訓練を実施すると発表した。実際の訓練は、八日未明に三発、一三日未明に一発の計四発が、基隆沖合に一発、高雄沖合に三発と分けて、台湾を封鎖するような形で目的海域内に打ち込まれ終了した。

この第一波演習の二日目の九日、中国軍は新華社を通じて、一二日から二〇日まで、台湾海峡南端の福建省東山島と広東省南澳島の沖合の海域で、第二波の海空実弾演習を行うと発表した。一二日から一四日には、戦闘機、爆撃機、各種艦船が出動して、活発な訓練が行われたが、一五日以降は悪天候のため、小規模な演習しか行われなかった模様である。

さらに、この第二波の演習期間中の一五日夕刻、中国軍は同じく新華社を通じて、台湾総統選挙投票日を挟んだ一八日から二五日までの八日間、福建省海壇島を含む台湾海峡北部海域で、陸海空三軍の合同演習を実施すると発表した。実際には、第二波と重なった一八日から二〇日までは天候不順のため大きな動きは見られず、それ以後も目立った動きはなかった。

この「海峡九六一」演習は、第一波が、ミサイルによる台湾の空港施設やレーダー基地などへの先制攻撃、第二波が、空中戦による制空権の確保、艦艇による台湾本島の封鎖や台湾海峡の渡航作戦、第三波が、台湾島上陸作戦、と、明白に三段階の台湾侵攻作戦を想定したものであった。演習の軍事的側面の評価は別として、ミサイル演習だけでも、台湾に強い脅威感を与えたばかりか、東アジアに強い緊張をもたらした。

台湾の政府は、九五年七月の中国のミサイル演習に際しては、株式や為替相場の不安定をまねいたことに鑑み、予想されていた再度の軍事威嚇に際しては、事前に「二〇〇〇億元安定資金」を設け、状況を見て適宜この資金を出動させた。このため、前年七月には、ミサイル演習発表直後、株式が前日比二二九・一ポイントも下がったのに対して、三月五日には、六二・五ポイントしか下がらなかった。また、生活物資の買いだめによる物価騰貴の現象も発生しなかった。演習の情報についても、国防部は国民に十分知らせる方針をとった。台湾の住民は、不安の中にも冷静を保ち、一般住民の生活に支障は生じず、各候補の総統選挙キャンペーンも、格別の異常なく進行した。

台湾住民の平静をもたらしたのは、このような前年の経験を生かした政府の対応もあるが、何と言っても大きかったのは、アメリカが、台湾総統選挙の平和的遂行を目的として、その軍事的抑止力を有効に行使したからであった。

三月五日、第一波の演習が発表されると、八日、ペリー国防長官は、マニラ寄港中だった空母インディペンデンスの機動艦隊が六日出港して台湾近海に向かっていること、イージス巡洋艦バンカーヒルが、中国のミサイル演習をモニターできる海域に配備されたことを明らかにした。また、横須賀からは、さらに駆逐艦が増派され、インディペンデンス機動艦隊は七隻となったことも国防総省から明らかにした。

さらに、九日、中国が第二波の演習を発表すると、ペルシャ湾展開中であった原子力空母ニミッツの台湾海峡回航が決定され、一一日に台湾側に通知された。ニミッツは原子力潜水艦ポーツマスなど、八隻の僚艦を従えていた。

この間も、米中の当局間のコミュニケーションは途絶えておらず、アメリカ国防総省報道官は、一四日、「公私にわたる中国との対話を通じて、中国が台湾にたいしていかなる軍事行動も取る意志がないとの保証を得ている」と発言した。それまで続いていた中国のメディアでの反空母キャンペーンは、二一日を最後にぴたっと止み、二二日には三軍合同演習が行われない旨の発表が中国側から行われたのであった。

中国の対台湾武力威嚇は、民主化台湾に対して、アメリカを筆頭とする国際社会が、一歩踏み込んだ認知を与える傾向が出てきたことに対して強い警告を与えるところに主眼があったものと考えられるが（そしてこれは確かに効果があった）、台湾との関係においては、中国が「台湾独立」を目指していると判断している李登輝に打撃を与えることに狙いがあった。それは、七月以来の中国公式メディアの台湾批判が、李登輝攻撃に絞られていたことからも明白である。

しかし、それは、明らかに逆効果であった。危機は、抑止できるなら明らかに現職に有利だったのである。李登輝は、三月六日嘉義県での選挙演説で「恐れる必要はない。中共（中国）には台湾攻撃の方法はなく、能力もない」など、強気の発言を繰り返した。李登輝の頑固な性格を、この時には頼もしく感じた選挙民も少なくなかったのではないか。李登輝のやり方や強気発言を、林洋港らが批判したところで、勝負にならなかった。彭明敏陣営にしても、民進党支持者のなかにもともとある「李登輝情結」（初の台湾人総統ということで李登輝を贔屓《ひいき》する気持ち）が、ますます発酵するのをどうすることもできなかったのである。

かくして、台湾史上初の総統直接選挙は、李登輝有利に推移したまま、二三日の投票日を迎えた。開票の結果は、李登輝の得票率五四・〇%、彭明敏二一・一%、林洋港一四・九%、陳履安一〇・〇%、投票率七六・〇%であった。国民党自身の予想を越える李登輝の圧勝であった。李登輝は、同日午後八時過ぎ台北市内の選挙本部に姿を現して勝利宣言を行い、「台湾、澎湖、金門、馬祖（「中華民国」の実効支配領域）で、民主の大きな扉が完全に開かれた」と胸を張った。

第九章　「中華民国第二共和制」の出発

「中華民国第二共和制」と変容し躊躇するナショナル・アイデンティティ

「民主の大きな扉が開かれた」と李登輝が胸を張った総統直接選挙の挙行をもって、台湾では、下は郷・鎮（町・村にあたる）から上は国会と総統・副総統まで、行政首長と議員がすべて民主選挙によって選出される政治システムが完成した。中国大陸の東南、日本の南隣の海上に、民主体制を持った島嶼国家が出現したのである。台湾の有権者は、例外なくこの郷・鎮から国政レベルまでの公職選挙に参加した経験を持つ、いわば「選挙共同体」のメンバーとなったのである。

政治体制の民主化は単に政治制度の改革にとどまらない政治的変化を伴う。民主化のために、また民主化によって国家の性格も変わる。台湾では民主化は「中華民国憲法」を前提とした「憲政改革」の形で行われたが、その実施のためには、「反乱鎮定動員時期」規定を解除する、つまり国家体制の「内戦モード」を解除する必要があり、そしてそれは実施された。その上で、「中華民国」実効支配地域の有権者のみの投票により、国会選挙と総統・副総統直接選挙が行われ、民主体制が設置されたのである。台湾の「中華民国」は、かつて「全中国の唯一の合法政権」を呼号したはずだが、中国大陸の民意は一切問われることなく、この手続きは進められた。かくして、「中華民国」政府の政治権力の正統性は、もはや中国近代の革命の歴史にかかわる国民党政権の「法統」にではなくて、「中華民国」政府の実効統治地域で定期的に実施される民主選挙によって示される、民意に基づくものになったのである。

「内戦モード」は解除されたが、解除されたからといって元々の中華民国に戻れたわけではない。そもそも「中華民国」が台湾にやってきたとき、「反乱鎮定動員時期臨時条項」によって国家体制はすでに「内戦モード」におかれており、その統治領域は憲法制定時から大幅に縮小されていた。

では、戦後台湾国家としての「中華民国」は、民主化を経て何になったのか。民主化の過程で台頭した台湾ナショナリズムが求めた「台湾共和国」は出現せず、台湾の国家は依然「中華民国」をその国号とし、国旗も国歌も変更されていない。また、「中華民国憲法」本文は、「一つの中国」を前提としている。だが、確かにそれは以前の「中華民国」とは違うものになった。その違いは、民主化を経て「中華民国第二共和制」が形成されたと形容しておくのが適切だと思われる。「第n共和制」というのは、国家の基本的アイデンティティは継続しつつも、政変などを背景として憲法が大きく改められ国家体制に大きな変更があった場合に用いられる用語法である。フランス革命後のフランスや、戦後韓国の政治史上の大きな変化を示すのによく用いられている。

中華民国は、そもそもは清朝を倒した辛亥革命を経て、一九一二年に中国大陸に樹立された国家である。この時、台湾はまだ日本の植民地支配下にあった。その後、革命、政変などを経て、統治主体が入れ替わり、憲法ないしそれに相当する法令の制定が繰り返されたから、一九一二年から数えれば「第二」どころではないが、台湾史の流れを叙述している本書の観点からすれば、戦後台湾国家としての「中華民国」の変化を示すものとしては「第二」がふさわしいといえる。

「中華民国第二共和制」への移行によって、政治権力の正統性は、民主選挙によって表明される「台湾、澎湖、金門、馬祖」の民意によって基礎づけられるものとなり、その政治的領域内の住民は、「中華民国第二共和制」の新たな「選挙共同体」に再度包摂されることになった。ただ、その「選挙共同体」が、ネイション（nation）、つまり日本語で「国民」とも「民族」とも同時に訳せるような政治・文化共同体として定着していけるのかどうかは、依然として未知数である。そのように意欲するイデオロギーが台頭をとげ、一方で国民党版の中国ナショナリズムの力は大きく減退したのであるが、台頭した台湾ナショナリズムが支配的になったとは必ずしも言えない。そうした状況下で、「中華民国第二共和制」下の台湾住民のナショナル・アイデンティティを固めるべく次に触れるような新しい国民統合政策が発動されてはいるが、二一世紀初頭、それは依然として「変容し躊躇する」状態にあると言えるだろう（表7および図1、2を参照）。

再び安保問題の焦点となる台湾海峡

台湾の史上初の総統選挙は、国際社会においては台湾における民主化の完成として歓迎され、この選挙に圧勝した李登輝の声望は内外でいやがうえにも高まった。しかし、「中華民国第二共和制」の船出は、内外ともに不安の伴うものであった。

中国は民主化そのものよりは民主化に付随する台湾の自主性の増大に強く反応し、第三次台湾海峡危機が惹起されたのである。この危機は、北朝鮮の核兵器開発疑惑によりすでに顕在化していた朝鮮半島の緊張とともに、台湾海峡にも重大な軍事紛争に発展しかねない危機が潜在していることを如実に示した。

こうした事態の発展に対する国際社会の反応を最もよく示すのが、日米両国政府のいわゆる「日米安保再定義」であろう。台湾総統選挙の翌月、九六年四月、訪日した米クリントン大統領と日本の橋本龍太郎首相が会談し、「日米安全保障宣言――二一世紀に向けての同盟」と題する共同宣言に署名した。宣言では、冷戦後のアジア太平洋地域の安定にとっての日米同盟の必要性という観点から、「日本周辺地域で起こる事態」（いわゆる「周辺事態」）への日米協力が強調され、そのために日本側が「日米防衛協力の指針」（七八年閣議決定）の見直しを約束した。「指針」の見直しは、九七年九月に終了し、これを受けて日本政府はさらに「ガイドライン関連法」の整備を目指し、いわゆる「周辺事態法」が、九九年五月、国会を通過した。

こうした日米安保の再定義、あるいは事実上の再改訂は、朝鮮半島の不測の事態への対応を表向きの想定としつつも、第三次台湾海峡危機で顕在化した中台の潜在的軍事紛争の危険

表7　台湾民衆のナショナル・アイデンティティ：1992-2000（%）

		中国と統一			
		賛成	意見無し	反対	総数
台湾独立	賛成	II 311(25.0) 341(25.4) 540(38.8) 637(36.0) 485(34.4)	29(2.3) 27(2.0) 38(2.7) 83(4.7) 35(2.5)	I 116(9.3) 138(10.3) 296(21.3) 396(22.4) 338(24.0)	456(36.7) 506(37.7) 874(62.8) 1,116(63.2) 858(60.9)
	意見無し	45(3.6) 54(4.0) 46(3.3) 66(3.7) 33(2.3)	82(6.6) 267(19.9) 173(12.3) 133(7.5) 127(9.0)	12(1.0) 18(1.3) 9(1.4) 26(1.5) 8(0.6)	139(11.2) 339(25.2) 228(17.1) 225(12.7) 168(11.9)
	反対	III 472(38.0) 371(27.6) 235(16.9) 297(16.8) 272(19.3)	39(3.1) 27(2.0) 5(0.4) 27(1.5) 18(1.3)	137(11.0) 100(7.4) 40(2.9) 102(5.8) 93(6.6)	648(52.1) 498(37.1) 280(20.1) 426(24.1) 383(27.2)
	総数	828(66.6) 766(57.0) 821(59.0) 1,000(56.6) 790(56.1)	150(12.1) 321(23.9) 216(15.6) 243(13.8) 180(12.8)	265(21.3) 256(19.1) 355(25.5) 524(29.7) 439(31.2)	1,243(100.0) 1,343(100.0) 1,392(100.0) 1,767(100.0) 1,409(100.0)

注）I：台湾ナショナリスト／II：プラグマチスト／III：中国ナショナリスト
定義：(A)「もし中国との間に経済社会政治などの条件に差がなくなれば、中国と統一すべし」および（B)「もし台湾が独立しても平和が保てるならば台湾は独立すべし」の2つの質問に対し、(A）に反対で（B）に賛成がI、(A）(B）ともに賛成がII、(A）に賛成で（B）に反対がIII。

出所）呉乃徳・沈筱綺「文化族群與公民国族：台湾民族形成的両種路径」、東呉大学主催「全球化的挑戦與台湾社会」研討会論文、台北、2000年

データ）「社会変遷基本調査」（台湾の国家科学委員会プロジェクト）の歴年の調査による。調査時期は各項上から順に、1992.2、1994.2、1996.5、1998.7、2000.8

にも備え、さらには、しだいに軍事的にもこの地域で存在感を増しつつある中国への暗黙の布石でもあったといえる。中国政府は、「周辺事態」に台湾海峡を含めるなら中国への内政干渉だとして、そうしないことの明言を日本政府に迫ったが、日本政府は、「周辺事態」は地理的概念ではない、として明言を拒否しつづけて、「周辺事態法」の成立に至った。さらに、二〇〇一年小泉内閣が成立すると、従来「国際法的にそれを保有しているが行使できない」とされてきた「集団的自衛権」(自国以外の国に対する武力攻撃であっても、その武力攻撃が自国の独立や安全に対する侵害だと見なすことができる場合、武力攻撃を加えた国に対して反撃する権利)に関する政府見解を見直そうとする動きも浮上してきた。

こうした状況は、中台双方の軍備増強を促した。中国は、台湾に照準をあわせたミサイルの増強を急ぎ、アメリカ側の報道では二〇〇五年までに五〇〇基を、福建省などの基地に配備していく予定だと言われる。台湾側はこうした中国の威嚇に対応するイージス艦を中心とするミサイル防衛システムの整備への協力をアメリカに求めた。クリントン政権は、改良型のパトリオット・ミサイルを供与し、台湾は初歩的なミサイル防衛システムを保有することになった。アメリカ議会には、それが成立すれば事実上の米台の軍事同盟となるような「台湾防衛強化法案」が一九九九年一〇月提出され、二〇〇〇年三月、下院を通過した。上院では議決が行われず法案は廃案となったが、新たにブッシュ政権が成立すると、二〇〇一年四月、イージス艦こそ拒否したものの、四隻の九〇〇〇トン級駆逐艦などを含む先進兵器の供与を決定し、台湾のミサイル防衛システムはさらに強化されることとなった。

図1－1　外省人のアイデンティティについての自己意識

1992/91-2000

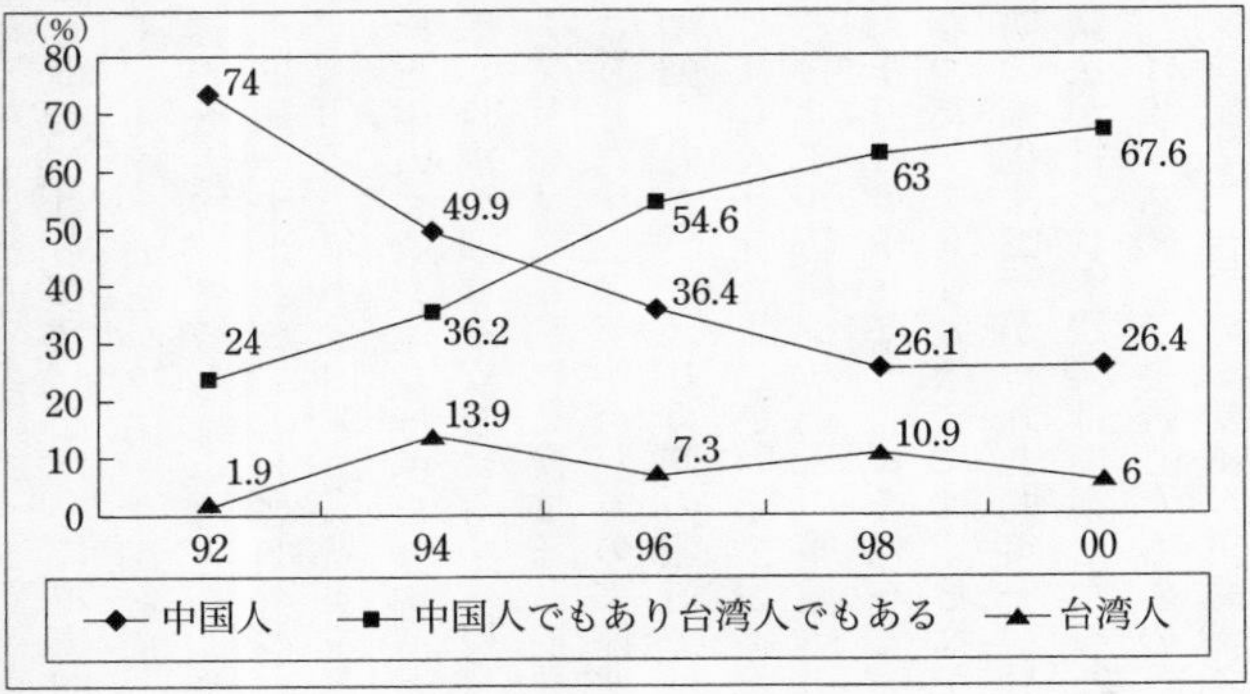

図1－2　外省人のナショナル・アイデンティティ

1992/91-2000

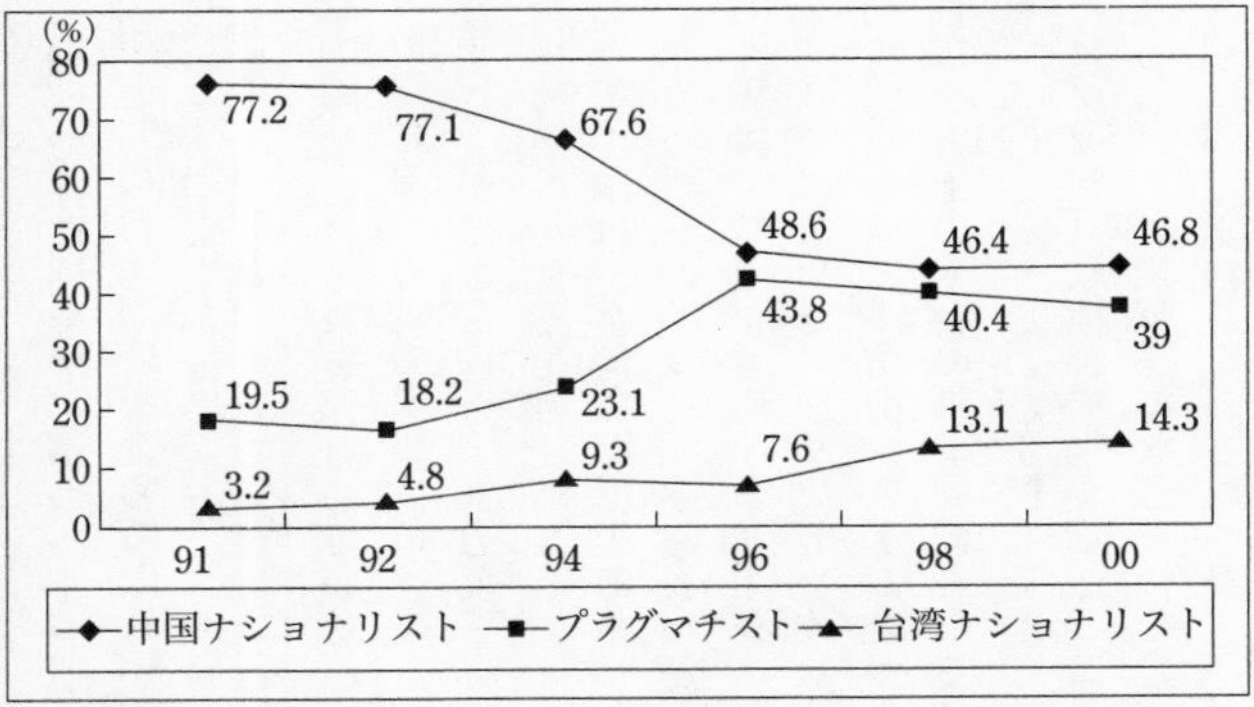

注）中国ナショナリスト、プラグマチスト、台湾ナショナリストの定義は、表7と同じ。

出所）呉乃徳・沈筱綺「文化族群與公民国族：台湾民族形成的両種路径」、東呉大学主催「全球化的挑戦與台湾社会」研討会論文、台北、2000年

データ）「社会変遷基本調査」（台湾の国家科学委員会プロジェクト）の歴年の調査

図2－1　本省人のアイデンティティについての自己意識

1992/91-2000

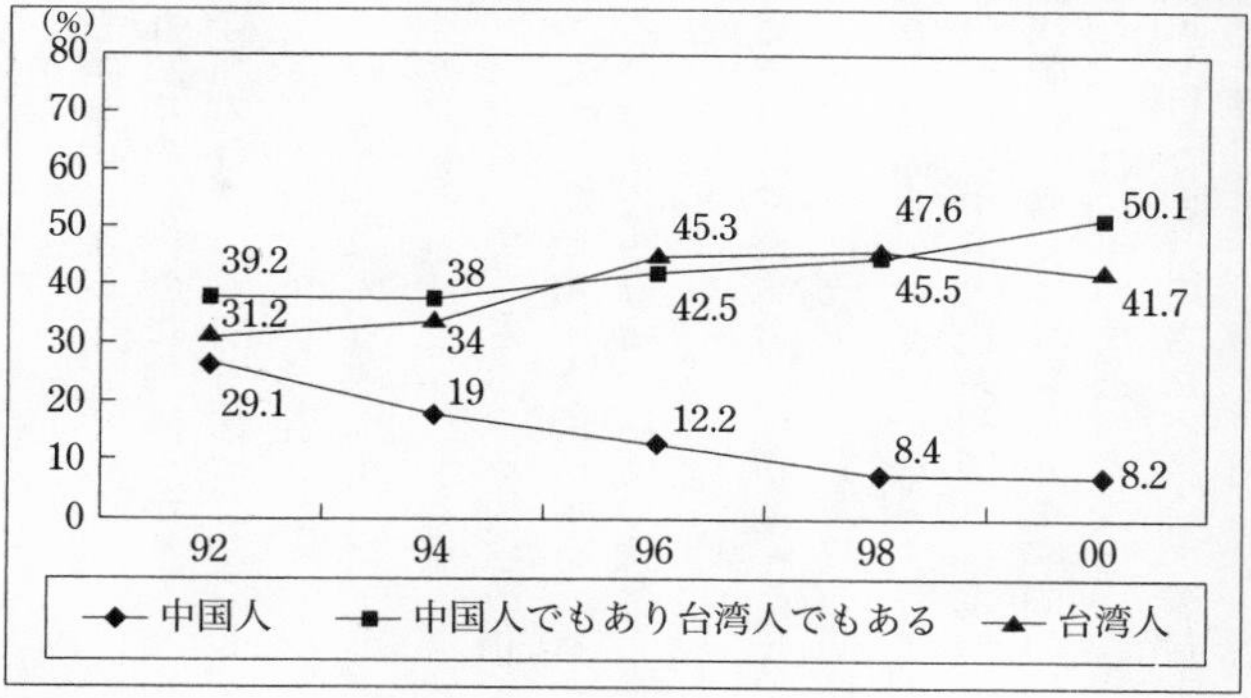

図2－2　本省人のナショナル・アイデンティティ

1992/91-2000

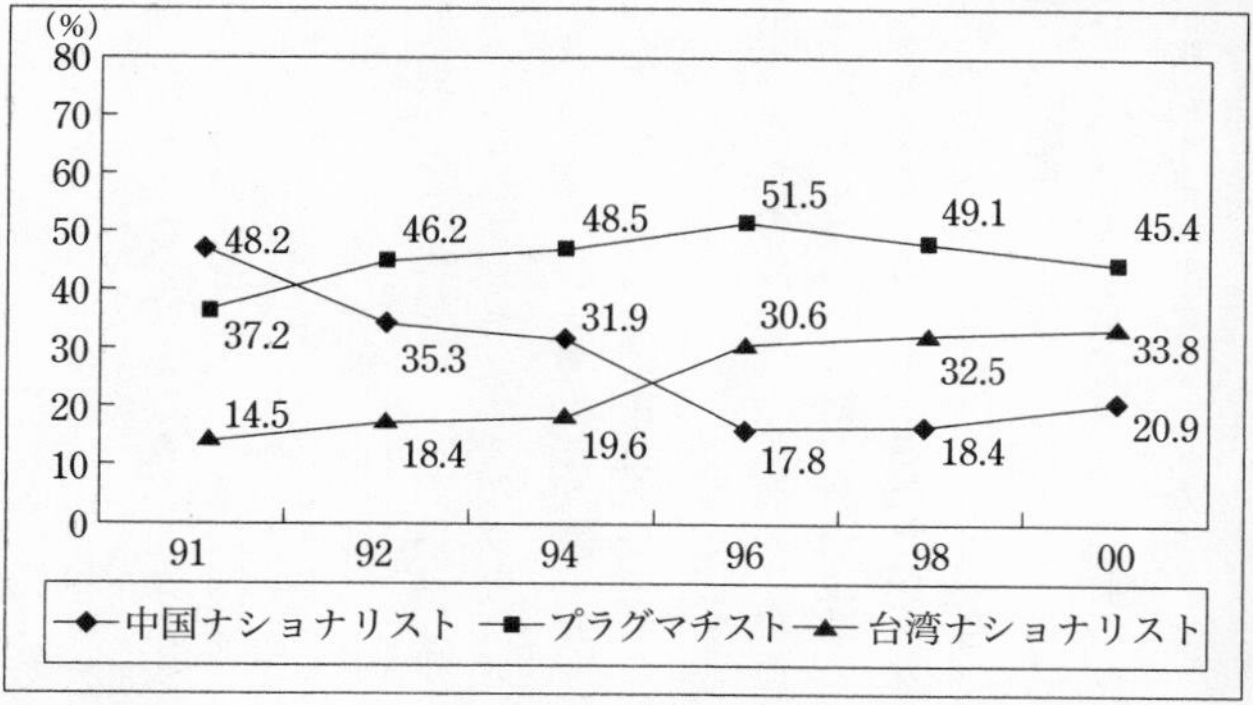

注）中国ナショナリスト、プラグマチスト、台湾ナショナリストの定義は、表7と同じ。

出所）呉乃徳・沈筱綺「文化族群與公民国族：台湾民族形成的両種路径」、東呉大学主催「全球化的挑戦與台湾社会」研討会論文、台北、2000年

データ）「社会変遷基本調査」（台湾の国家科学委員会プロジェクト）の歴年の調査

台湾省の「凍結」

九四年の、内外に物議をかもした司馬遼太郎との対談など、たびたび言葉に表されてきた李登輝の台湾に対する使命感からして、九六年一応の形成を見た「中華民国第二共和制」の「国の形」に、彼自身満足していたとは思えない。民選総統としての四年間の、焦燥に駆られているとも思える政策イニシアチブもそれを示している。

李登輝は、九六年末、超党派の「国家発展会議」を召集した。これは九〇年の「国是会議」にならって、さらなる憲法改正による改革のためのコンセンサス作りを目指したものであったが、総統選挙と同時に行われた国民大会代表選挙で民進党が国民党の単独改憲を阻むことができる四分の一以上の議席を獲得していたので、会議は国民党と民進党の合意形成の政治ショーとなった。

会議では、台湾省の「凍結」(台湾省長・省議会選挙の停止、省政府の中央直轄化・簡素化)や総統・行政院長・立法院の関係の調整を含むいくつかの重要な政治改革の推進で合意した。台湾省の「凍結」は、「行政効率の向上」が表面上の理由とされたが、九七年七月一日の香港の中華人民共和国への主権返還を展望して香港との差異化を強め、台湾が中華人民共和国の一省ではないことを「国の形」の上でも明確にしようとしたものと考えられる。しかし、これに伴い民選の省長といううまみのある政治ポストが消滅し、従来から利益政治の拠点と見なされてきた省議会の議員という政治権益も消滅することになる。

このため、翌年五月から開かれた国民大会は混乱を極めるものとなった。台湾省政府や省議会は、初代民選省長である宋楚瑜を筆頭に、省の「凍結」に反対した。結局、何とか台湾省の「凍結」は決定されたものの、国会改革の出発点として期待されていた国民大会選挙の凍結や、「黒金政治」（行政への暴力団分子の介入と金権政治。地方政治の末端にいくほど深刻）克服の一助として期待されていた郷・鎮長選挙の廃止は、実現できなかった。また、省議会の抵抗を和らげるため、省議会議員数分だけ立法院の議員数が増やされることになった（定員二二五名）。また、省「凍結」の決定により、李登輝と宋楚瑜の政治的決裂が決定的となった。この決裂が、二〇〇〇年総統選挙の政治過程の基調を形作ることとなる。

総統・行政院長・立法院の関係の調整については、総統が任命する行政院長候補に対する拒否権を立法院から奪うとともに立法院に行政院長不信任権を与え、総統には立法院の解散権を付与した。だが、この解散権は立法院が行政院長不信任を可決したときに限るという受動的なものとされた。台湾の政治制度はフランスに似た「半大統領制」となったが、総統の当選を絶対多数制とする案は否決され、相対多数で当選とする制度が維持された。このシステムが、後に民進党少数政権成立、そしてその後の政局混乱の制度的根源となるのである。

さらに、変則的な国会議員選挙制度（中選挙区比例代表併用で選挙区選挙の票がそのまま比例代表選挙に換算される）の改善も見送られた。権威主義体制時期の政権党がそのまま民主化を推し進めた台湾式の民主化は、その温和で漸進的プロセスのゆえに社会的コストは低く抑えられ、「静かな革命」と李登輝が自賛する成功を収めたのであるが、一方その漸進性のゆえにさらなる改革を嫌う既得権益を堆積してしまい、合理的な制度選択を困難にしてしまったかのごとくである。

九八年選挙と政治エリートの再編

こうした政治制度の変更、そして次期総統選挙には李登輝が出馬しない、との前提が形成されて、九八年末には、第三回の立法院議員の改選および台北市長、高雄市長の選挙が行われた。

後の李登輝の回想によると、九六年の総統選挙の直後、面会に来た宋楚瑜は、来るべき新政権で行政院長のポストを求めたという。またしばらくして総統選挙の選挙本部長を務めた蕭《しょう》萬長《ばんちょう》も同様の意欲を示したという（『李登輝執政告白實録』）。国民党の「中生代」（中間世代）と称される実力者の、ポスト李登輝の権力競争を意識した一種の陣取り合戦が、李登輝当選の直後から始まっていたことになる。年齢的にも、また旧制度ですでに八年も総統職にあった関係からも、「もう一度」が困難である李登輝には、この「中生代」の争いのコントロールはうまくいかなかったようだ。李登輝が後継者として外交部長、台湾省長、行政院長、副総統ととりたててきた連戦は、この争いから抜きん出るにはあまりに弱かった。

結局、連戦の後任の行政院長には九七年八月になって蕭萬長が就任し、台湾省「凍結」をめぐって宋楚瑜は李登輝と決裂した。翌九八年一二月には、台湾省の「凍結」措置が実際に開始され、宋楚瑜は無官となって野に放たれたのである。以後、宋楚瑜のまわりには、省長時代にその支持を培った本省人地方勢力や、九六年以降内紛を繰り返す「新党」に失望した外省人勢力が集まり始め、年を越して宋楚瑜は総統選挙出馬の姿勢を次第に明確にしていったのであった。

九八年末の選挙の焦点は、民進党の陳水扁が再選を目指す台北市長選挙にあった。李登輝はこの選挙で国民党の候補として意中の候補を立てることができなかった。陳水扁は、台北市長としての実績への評価も高く、また九七年秋に行われた県・市長選挙では独自に選挙応援をして成果をあげ、民進党の「超級明星」と喧伝されるまでになっていた。国民党中央が出馬を求める人物が次々に立候補を辞退し混迷が続いているうちに、李登輝のメガネにはかなっていないが、国民党内の外省人政治家としては最もソフトで一般受けのする馬英九《ばえいきゅう》（大陸委員会主任、法務部長などを歴任）が擁立され立候補が決まってしまった。李登輝は、しぶしぶながらこれに支持を与え、また宋楚瑜の台湾省長選挙の時と同様「新台湾人」のお墨付きを与えざるを得なかったのであった。

結果は、「新党」の支持者の大部分が、馬英九の支持にまわり、李登輝の「新台湾人」のお墨付きが本省人票の流出を抑えた格好で、馬英九が当選した。結果、陳水扁という民進党の「超級明星」もまた同じ時に、野に放たれた。陳水扁落選のその夜から、民進党支持者の中からは「陳総統！」の声があがっていた。陳水扁もまた宋楚瑜の歩みと並行するようにして、二〇〇〇年総統選挙への道を歩み始めたのであった。

九八年一二月、同時に行われた立法院議員選挙では、前記のように議員総数が二二五名に水増しされていた。民進党はこれに対応する候補者を一挙に擁立することができず、国民党が、得票の長期低落傾向にもかかわらず、過半数を大きく超える議席を得ることになった。このことが、後の陳水扁の少数与党政権下の政局混乱の伏線となる。

「三つのノー」と「二国論」

第三次台湾海峡危機後、前記のように台湾のミサイル防衛への手当てはしていったものの、クリントン政権は、「台湾問題」で中国との関係を左右されることを嫌い、中国との関係の修復に乗り出した。九七年秋には江沢民国家主席の訪米を招請し、「戦略的パートナーシップ」なるキャッチフレーズを謳いあげ、翌九八年六月のクリントン大統領訪中の際には、大統領の非公式発言の形ながら、「米国政府の台湾政策は、台湾独立を支持しない、『二つの中国』、『一つの中国、一つの台湾』を支持しない、台湾が主権国家を構成員とする組織のメンバーとなるべきであるとの考えを支持しない」とのいわゆる「三つのノー」政策を表明した。そして中台双方に台湾海峡危機で中断していた交流団体トップ（台湾側の海峡交流基金会理事長辜振甫、中国側の海峡両岸関係協会会長汪道涵）による対話の再開を強く働きかけた。

これにより、九八年一〇月、辜振甫の訪中の形で、ようやく中台のトップ会談は実現し、上海では辜振甫と汪道涵の会談が、北京では辜振甫と江沢民の会談が実現した。辜振甫・汪道涵会談では、答礼として汪道涵の訪台が合意された。

しかし、クリントンの「三つのノー」と、それを受けた中国の政治交渉開始圧力は、アメリカ政府が明らかに「中国傾斜」を見せたものとして強い危機感を台湾側に抱かせ、かつ強い反応を生んだ。九九年七月、李登輝はドイツのラジオ放送局にインタビューに答える形で、中国と台湾の関係は「(民主化を経て) 少なくとも特殊な国と国の関係であり、決して合法政府と反乱団体、中央政府と地方政府といった『一つの中国』における内部関係ではなくなっている」と述べて、政治対話ないし交渉に入るにあたって、中国内戦の延長で問題を捉える中国政府の立場を前提とすることを拒否する姿勢をいっそう明確にした。この発言は、台湾のマスコミによって「二国論」と呼ばれた。

李登輝はさらに、一〇月、アメリカの『フォーリン・アフェアーズ』に寄稿し、「特殊な国と国の関係」論を再述するとともに、「投票箱の力 (民主選挙の実施) により新しいナショナル・アイデンティティが形成されている」と、「中華民国第二共和制」のナショナル・アイデンティティについて、さらに踏み込んだ発言を行った。李登輝政権下では、九四年に中学校のカリキュラムの改定方針が決まり、新たに『台湾を知ろう (認識台湾)』という課目が設けられることが決まっていたが、この教科は九七年度の試行を経て、九八年度から正式に始まっていた。また、二〇〇〇年一月には、翌年新学年からの、小学校における週一〜二時間の母語教育の必修課目化が決定された。不徹底ながら、「中華民国第二共和制」の新しい国民統合政策もスタートしていたのであり、「新しいナショナル・アイデンティティ」の主張は、李登輝としてはこれらの施策の当然の延長であったと思われる。

中国は言うまでもなく「二国論」に強く反発し、香港で台湾海峡軍事演習のうわさを流すなどして、圧力を加えながら台湾側に李登輝発言の撤回をせまり、汪道涵の訪台実現の見通しは立たなくなった。中国側の強硬発言は、台湾で九月二一日に大震災が発生するまで続き、再度緊張が高まったのであった。アメリカ政府は、中国政府に自制を求めつつも、李登輝がアメリカとの事前の相談無く「二国論」発言を行ったことに不快感を示した。

「二国論」に対する台湾内世論の支持は高く、発言後まもなく行われた各種世論調査では、六割から七割を超える支持があった。八月の国民党大会は、この「二国論」の主旨を党綱領に書き入れ、さらに一部の国民大会代表は、開催中の国民大会でその主旨を憲法修正条項にも書き入れようとしたが、李登輝がアメリカ政府の反応を顧慮したためか、結局うやむやのうちに沙汰止みとなってしまった。

しかし、クリントン政権の中国寄りとも見える台湾政策には、中国への警戒心を強めるアメリカ議会が反発を強め、前記「台湾安全強化法」が下院に上程されたのは、こうした政治的脈絡においてであった。

二〇〇〇年総統選挙と政権交代

こうした情勢の中、九九年春には、二〇〇〇年三月の次期総統選挙に向けた政治エリートの競争が事実上スタートした。

選挙の争点は、「大陸政策」と政治改革であった。民進党のエリートは、第一回総統選挙前ころからその「台湾独立」の主張を和らげる発言を繰り返していた。九六年九月当時の同党主席の施明徳は「民進党が政権についても台湾独立を宣言する必要はない」と発言し、民進党の総統候補に決まっていた彭明敏は、「台湾はすでに数十年間独立しており、現状維持を支持することは独立を支持することである。統一こそ現状を変更することである」と発言していた。九九年四月陳水扁は、「台湾と中国大陸は互いに隷属しあわない二つの華人国家である」と、まず台湾の文化的「中国性」を是認する発言を行い、ついで「台湾の主権は独立しており、その国号を中華民国という」と述べた。これを受けて、翌月民進党は陳水扁を総統候補に擁立する党大会を開いて「台湾前途決議」を採択、「台湾は現行憲法では中華民国と称し、中華人民共和国とは互いに隷属しない」「主権独立の現状の如何なる変更も公民投票によらなければならない」と、「中華民国」との歴史的妥協を表明したのであった。この「中華民国」とは、本書に言う、「憲政改革」を経た「中華民国第二共和制」を指すものであることは言うまでもない。

このため、八〇年代後半からの台湾の民主化選挙を彩ってきた「統独問題」は、選挙の最終局面まで争点にならなかった。外省人の支持をより多く集めた宋楚瑜候補が李登輝の対中国言動に慎重さがかけるとの批判を行ったものの、各候補とも、世論の支持を受けている「特殊な国と国の関係」論には挑戦せず、中台ともにＷＴＯ（世界貿易機構）への加入が近々に実現する見通しを踏まえて、中国との関係の正常化を訴えた。連戦は、与党候補としての安定感を強調した。年を越して二〇〇〇年二月下旬、中国政府は「一つの中国原則と台湾問題」と題する台湾政策白書を発表、「無期限に（中国との）交渉を延ばすなら武力行使する」との強硬な姿勢で、中国が考える「分裂傾向」を牽制したが、三候補はいずれもこれに強く反発を示し、アメリカ政府・議会も同様であった。

政治改革イシューの焦点は、前述の「黒金政治」の克服であり、陳水扁候補は、「政権交代してこそ『黒金』が打破できる」と訴えた。宋楚瑜候補も、台湾省長時代の実績を強調し、「清流の政治」を訴えたが、一二月初旬国民党側から同候補が国民党中央秘書長をしていたときの金銭疑惑を暴かれて春先から保ってきた高い人気に打撃を受けた。だが、これは陳水扁人気を浮上させるかたちで国民党にも跳ね返り、翌年二月初め、国民党の内閣はいわゆる「三大陽光法案」（政党法、政治献金管理条例、請願法）を急遽閣議決定した。

選挙戦は、宋楚瑜候補が世論調査で、図抜けた支持率を維持し、そのまま独走するかと思われたが、前述の金銭疑惑で打撃を被り、一二月中旬から全くの三つどもえの混戦となった。この間、陳水扁は、ノーベル化学賞受賞者で帰国して中央研究院（国立の総合学術研究機関）の院長をつとめ、社会的に高い声望を得ていた李遠哲《りえんてつ》の支持を獲得して、混戦を一歩抜け出る勢いを示した。これに対して、投票日直前とも言える三月一五日、中国の朱鎔基首相が記者会見で「台独勢力が当選すれば戦争となる、台湾人民は賢明な選択をせよ」との主旨の発言を行い、これは即日台湾のテレビで報道された。これは中国リーダーが台湾のリーダー選出に一種の拒否権行使の意欲を直接に示したものであり、選挙の最終局面には異常な緊張感が漂うこととなった。

その緊張の中で、三月一八日、事実上一年余にわたって行われた選挙戦に選挙民の審判が下り、陳水扁が三九・三〇％の得票率で宋楚瑜（三七・四七％）を僅差でやぶり当選した（一七六頁、表4参照）。国民党公認の連戦は、得票率二三・一〇％と大敗した。陳水扁は中・南部で、宋楚瑜は北部と東部でトップであった。宋楚瑜はこれらの地域で外省人と先住民族の票の大部分を、また客家票の多くをひきつけた。陳水扁は、住民のほとんどが福佬人であり「台湾意識の大本営」、また朱鎔基発言への反発が最も強かったと推測される中・南部で大勝し、北部で李遠哲効果などでより少なく負けることによって宋楚瑜を辛うじて制したといえる。連戦は、最終的には宋楚瑜と陳水扁とに票を引き裂かれて大敗した。選挙での強さから言って、陳水扁と宋楚瑜が「虎」であったとすれば、連戦はただの「人」であった。李登輝も「虎」であり、選挙キャンペーン後半には自ら応援演説にたって全台湾をめぐったが、「虎」が「人」を助けるのは無理だった。戦後一貫して政権の座にあった国民党は、ついに敗れた。政権交代が実現したのである。

連戦の大敗が判明した三月一八日夜半から、大敗の原因は李登輝が実はこっそりと陳水扁を助けたからだとして、李登輝の即時党主席辞任を求める群衆が国民党中央本部をとりまき、翌朝には会議のため本部に集まる党幹部の車に投石するなどの暴行を加えた。李登輝の友人と見なされていた財界人などが二〇〇〇年に入り、連戦の周辺から李登輝早期党主席辞任論などが出てくることに疑念を抱いて、陳水扁支持を明確にしていったことから、キャンペーン終盤の連日の街頭応援にもかかわらず、李登輝は実は陳支持であるとの流言がかなりひろく広まっていたことがこの背景にある。

群集はその翌日も散らず、李登輝は、二一日訪ねてきた連戦の「(党主席辞任は) 早ければ早いほどいい」との言葉に接して、党主席辞任を決意し、二四日に開かれた中央常務委員会で正式に辞任して、連戦が代理主席となった(『李登輝執政告白實録』)。李登輝は、後継者としてとりたててきた「中生代」ともここに決裂したのであった。

陳水扁に惜敗したものの、連戦をはるかにしのぐ得票率をあげた宋楚瑜は、その日のうちに新党結成を決意し、三月三一日、親民党 (The People First Party : PFP) を結成した。同党には、台湾省議会議員出身や元「新党」籍の議員など、最終的に一九名の立法院議員が参加した。

陳水扁政権下の政局混迷

劇的な政変交代で実現した陳水扁政権は、二重の意味で少数政権であった。自身が四〇%に満たない得票率で、しかも次点の宋楚瑜と僅差の当選であり、また立法院において与党の民進党が、過半数にはるか及ばない少数与党であった。それに政権担当の経験もない。与野党対決を起こしやすい案件が議題となれば、政局混迷は必至であった。

陳水扁は、国民党が党としての協力を拒否する中で外省人の軍人 (空軍出身) で国民党員の唐飛を行政院長に任命し、財政・経済を中心に閣僚にも個人の資格で多数の国民党員を入れ、「全民政府」を銘打って、その施政を開始した。

「台湾独立」を綱領に持つ政党の候補として、中国に強く警戒されつつ当選したことから、陳政権の誕生にあたって台湾海峡の波が高くならないかが内外の懸念の的であった。陳水扁は、総統就任に先立ち、就任演説の対中政策方針は、「米国が満足し、国際社会が肯定し、中国は不満でも武力行使の口実を与えない内容にする」と語っていた。その言葉どおり、五月二〇日の就任演説では、いわゆる「五つのノー」（在任中に台湾独立を宣言しない、国号を変更しない、「二国論」を憲法に書き入れない、統一か独立かの公民投票を行わない、国家統一委員会と国家統一綱領を廃止しない）を表明し、中国が過去一〇〇年間に受けた帝国主義侵略による傷への同情を表し、中国が確認を求めている「一つの中国」原則については、「共同で未来の『一つの中国』の問題を処理していける」と言明したのであった。この演説をクリントン大統領は「責任ある態度」と賞賛し、中国は、「一つの中国」原則の確認を迫りつつも、静観のかまえを維持し続け、政権交代を機に懸念された台湾海峡緊張激化のおそれは去っていったのであった。

しかし、「全民政府」の効用もここまでであった。民進党は従来から反原発の立場をとっており、建設中の第四原発については、陳水扁の総統選挙の公約としてその建設取りやめを掲げていた。国民党はそれまでの与党として第四原発建設推進の立場であり、唐飛もその立場を明らかにしていたが、秋になって予算案の策定の時期になると、民進党と唐飛の立場の違いは鮮明となり、一〇月初旬唐飛は辞表を提出、後任には民進党員の張俊雄《ちょうしゅんゆう》総統府秘書長が任命された。

2000年3月18日宋楚瑜を僅差で破り第9代正副総統に当選した陳水扁（左）と呂秀蓮。写真提供：ロイター＝共同

これで陳水扁政権は依然閣僚に国民党員は残るものの名実ともに少数与党の政権となった。しかし、原発問題で妥協方針はとらず、逆に張俊雄内閣は一〇月下旬第四原発建設中止を閣議決定してしまった。これに野党、特に国民党が激昂し、親民党と組んで、総統・副総統の罷免提案の署名集めを開始して、陳水扁に迫った。

野党は立法院の過半数を握っており、張内閣をいつでも不信任することができた。しかし、国民党は春の連戦の敗北以来、世論調査での支持率は一〇％台に下がったままであり、不信任を可決したあとに来る立法院の解散・総選挙に堪えることができないのは明らかであった。それを見通すが故に、少数与党は攻勢をかけたのだろうが、国民党がここで親民党、「新党」と連合して、総統・副総統の罷免の方向に動こうとしたため、政局は大混乱に陥った。総統・副総統の罷免は、世論も支持せず、民進党が発動した大規模デモが行われて、あきらめざるを得なかったが、予算案の成立は遅れに遅れ、株価は下落し続けた。

第四原発問題は、結局行政院の建設中止決定が合憲かどうかが司法院大法官会議の違憲審査にかけられ、翌年二月決定のプロセスに瑕疵があったとの判断が出て、これを受けて民進党内閣が中止決定を取り下げてようやく落着をみた。しかし、この間の混乱は、陳水扁の政治手腕と、これに対するところの立法院の能力・識見に対する世論の不信を増大させ、経済にまで影響が出てしまった。

陳水扁が選挙中から掲げていた政権構想は、「新中間路線」と「全民政府」であった。理論上もっとも有権者の多いはずの「統独」の中間にポジションをとり、それを基盤に当選を果たし超党派の「全民政府」を作り、またそれを支持基盤に政局の運営をはかろうというものであったと考えられる。しかし、このような政治的混乱でその目算は全くはずれてしまった。そもそも、中国の威嚇の中でも陳水扁を支持した四割弱の選挙民のどれだけが「中間」の選挙民だったのか。さらにそもそも一九九九年七月の李登輝の「二国論」が台湾内で三分の二以上の支持を受けているときに、「中間」に動くことにどれほどの意味があったのか。

これらはもちろん外国の観察者の後知恵にすぎないが、陳水扁の目算が外れたことだけは確かである。その隙を中国が巧みに突き、政権発足直後から、野党議員らの中国詣でが極めて頻繁となり、一方、民進党とは公式の交流を拒否するなど、揺さぶりがかけられたのであった。また、おりからのアメリカ、日本の不況から、経済界の目はいっそう大陸に注がれ、

「金は大陸に入り、負債は台湾に残る」（「大陸に前進しても、根は台湾に残そう」という当局のスローガンをもじったもの）懸念が強くもたれるに至った。

このような状況の中で、李登輝が動いた。二〇〇一年四月、曲折を経て心臓手術予後の診断を名目に念願の訪日を果たした後、六月、民進党の外に「台湾優先」を掲げる政党を作り、民進党の吸収できない票を吸収して、選挙後に民進党と合わせて立法院の過半数獲得を目指すべきである、との考えを公にした。李登輝の腹心であった元内政部長の黄主文らがこの方針の具体化に動き、八月一二日「台湾団結聯盟」の名称で新政党が結成された。翌月、国民党は前主席の李登輝の除名を決定した。

陳水扁政権の命運をかけた立法院議員選挙は、二〇〇一年一二月一日に投票が行われる。

結び

「中国大陸の東南、東北アジアの西南、東南アジアの東北」に位置する台湾島、そして「陸のアジア」と「海のアジア」の「気圧の谷」が短い歴史的時間の中で往還していった台湾島、その濃密な歴史の回顧を試みたのが本書であった。学問的に厳密に言えば、これは無謀な試みであったかもしれないが、戦後この日本の南の隣人について知的なイメージを描く試みがあまりに足りなかったことを思えば、試みに値するものであったと思う。

現代史を中心としたので、本書は主として、「陸のアジア」と「海のアジア」の「気圧の谷」が台湾島の西側にある、つまり、台湾島が「海のアジア」の高気圧に覆われている状況での変化を叙述したことになる。その高気圧の中で、植民地支配や権威主義的政治体制の抑圧的支配の代価を払いながら、台湾社会は経済的近代化を遂げ、また政治的民主化を成し遂げたのであった。それが同時に多くの問題を抱え込みながらのものであったにせよ、台湾をその有力メンバーとする二〇世紀の第４四半世紀の「アジアの小竜」（台湾、韓国、香港、シンガポール）の登場は、世界史的事件であったといってよい。

そして、二〇世紀の最後の二〇年間、その「アジアの小竜」の登場の刺激もその一因となって、中国の国策の転換が起こり、この「陸のアジア」と「海のアジア」の「気圧の谷」は音を立てて中国大陸に上陸していった。これもまた一つの世界史的事件であった。その事がすでにもたらした帰結の、またこれからもたらすであろう、予測される帰結の大きさは、世界を今震撼させつつある事柄のひとつである。「気圧の谷」の通過による歴史の大あらしは、今台湾島の上ではなく、中国大陸で吹き荒れているし、今後もそうであり、台湾島は、その影響をますます強く被ることになるであろう。では、その強風の中で台湾はどこにいくのだろうか。

この中国大陸に吹き荒れる歴史の強風が中期・長期にもたらす帰結、そしてそれに対して関連諸国、特に今後も予想しうる将来アジア太平洋地域の秩序形成に強い影響力を維持すると思われるアメリカがとる行動、これらが、台湾の前途に影響していく要因として、真っ先に頭に浮かぶだろう。

しかし、台湾自身の選択もまた重要な要素であろう。「海のアジア」に包摂された台湾の近・現代の歴史は、近代化の進展とともに、「台湾大」のまとまりを強め、それとともに対外的自主性を萌芽させ、強めていく歴史でもあった。台湾社会が、政治の民主化とともに、対抗しあうナショナル・アイデンティティの相克に悩むようになったのも、この歴史の反映であると言えよう。民主化を経て自分自身の命運に選挙などを通じて声をあげることができるようになった台湾の民衆は、台湾の前途について何を選び取ろうとし、あるいは何に躊躇しているのだろうか。

一世紀を越える「海のアジア」の歴史の軌道の中で、台湾の住民が求めてきたのは、他の東アジアの諸民族と同様に「富と自由」であろう。「台湾の奇跡」と称された経済発展は、台湾社会がめざした富裕をある程度達成した。しかし、それは同時に、台湾の自然環境を損ない、台湾の社会を自然災害に対して脆弱にもした。民主化は、戦後台湾がかかえた自由の問題と戦後初期の歴史に起因する「省籍矛盾」の問題を解決したが、冷戦後の変化する国際環境の中で、東アジアの安全保障問題とリンクする、相克するナショナル・アイデンティティの問題を生み出した。民主化により形成された「中華民国第二共和制」は、新たな課題を背負って苦闘しつつある。

補説Ｉ　総統選挙が刻む台湾の四半世紀
——なおも変容し躊躇するアイデンティティ

この補説は、筆者が二〇二〇年一月二〇日学士会午餐会で行った講演の要約に大幅に加筆修正を加えたものである。要約は『學士會会報』編集部が行い、同誌第九四二号（二〇二〇年五月）に掲載された。当日の講演は「歴史の中の台湾総統選挙——「諸帝国の周縁」の国民形成と地政学」と題していたが、この補説では、この書物本体の主旨を受けるかたちで改題した。加筆修正に当たっては、当日の配布資料掲載の表データなどを追加したほか、一部のデータについては、二〇二〇年から二〇二二年のデータも追加した。ただし、補説本文の記述時点は講演当日とし、その後の補足は注釈などで行っている。

一・はじめに——台湾総統選挙とは？

二〇二〇年一月総統・立法院同時選挙

二〇二〇年一月一一日、台湾では第七回めの総統直接選挙の投票が行われ、現職の蔡英文《さいえいぶん》総統（八一七万票）が野党中国国民党の韓国瑜《かんこくゆ》候補（五五二万票）に二六〇万票余りの大差をつけて再選を果たしました。

同じ日、立法院議員［立法委員］選挙も行われ、与党の民進党は議席を七議席減らしたものの、過半数を維持しました（定数一一三議席中、六一議席獲得）。現在の台湾の国会は一院制です。かつては一定の国会相当の機能を持つ国民代表大会がありましたが、陳水扁第二期政権に与野党合意で実現した第七次改憲で廃止されています(1)。

また、この立法院選挙では、二〇一四年に起きた「ヒマワリ運動」以降、若者の政治意識の高まりを反映して誕生した小政党が本格的に参戦しました。これらの小政党は、選挙の結果獲得した議席数は少なかったものの、キャンペーン期間にはかなり目立つ活動を行っていました。現代台湾の政治史では、複数政党が存在する政党政治が始まったのは、一九八六年の現与党民進党の結成で国民党一党支配を打破されて以降のことです。その後成立した「新党」や「親民党」はともに、李登輝の党内指導権と政治路線に反発して国民党から分離した勢力でしたが、今回の選挙で登場した「時代力量」や「基進側翼」（後に「台湾基進」）は、民進党以後初めて下からの社会運動を基盤に成立したもので、今後の動向が注目されます(2)。

ところで、「ヒマワリ運動」とは、二〇一四年春当時の与党国民党が立法院で、馬英九政権が前年に中国と調印した「サービス貿易協定」の批准を強行しようとしたことに抗議して学生や青年が立法院を占拠したことを契機に広がった一大市民運動のことを指します。運動は、時の馬英九総統と王金平《おうきんぺい》立法院院長（国会議長に相当）の国民党党内要人間の対立も作用して、協定の批准阻止に成功し、学生達は占拠した議場の清掃を入念に行ってから平和的に立法院を退去しました。こうした展開が、いわゆる「中国要因」(中国の影響力メカニズム)[3]の浸透に対して無力感の広がっていた社会のムードを変え、同年秋の統一地方選挙での国民党の大敗を結果し、国民党はその後態勢を立て直せず、一六年総統選挙で蔡英文を立てた民進党に敗北した、という流れになりました。

台湾総統選挙の制度

さて、現行の台湾の憲法体制は、一九四七年施行の中華民国憲法に、民主化のために制定された「増修条文」および関連の司法院大法官会議の憲法解釈を付け加えたものから成り立っています。それに依れば、総統は国家元首であり、陸海空の三軍の統帥であり、外交・安保を主導する最高政治指導者です[4]。

「憲政改革」の結果、台湾ではこのような最高権力者を、四年に一度有権者一人一票の直接選挙で選出することになりました。立候補は総統・副総統候補のペアで行い、一票でも多く獲得したペアが当選となる相対多数当選制です。フランスの現行大統領選挙のように過半数当選制ならば、第一回で過半数得票者が出ない時の第二ラウンドの投票がありますが、台湾の制度ではこれは行われません。

国際政治や国際的イヴェントとの関係でいうと、第一回選挙が一九九六年三月に挙行された関係で、オリンピックが開催される年にそれに先駆けて台湾で総統選挙が挙行され、オリンピックが終わるとその年の一一月には、台湾政治に大きな影響を与えるアメリカの大統領

2016年5月20日、総統就任式での蔡英文（右）と、前総統の馬英九(左)。写真提供：共同通信社

選挙が行われるという巡り合わせになっています。気が早い話ですが、次のラウンドの日程は、二〇二四年一月一三日に台湾の総統選投票日、七月二六日から八月一一日がパリ・オリンピック、一一月五日がアメリカ大統領選投票日となります。

台湾総統選挙による政権交代と民主体制の定着

第一回総統直接選挙から今日までほぼ四半世紀の時間がたちましたが、これまで七回の選挙が挙行され、この間、二〇〇〇年に国民党から民進党へ、二〇〇八年に民進党から国民党へ、そして二〇一六年には再び国民党から民進党へと三回の政権交代が起きました。二〇〇〇年当選の陳水扁も、二〇〇八年の馬英九も、一六年の蔡英文も再選を果たしているので、二期八年のリズムで政権交代が起きていることになります。[5] 〇八年以降政権交代の際には議会（立法院）多数党も総統与党（〇八年は国民党、一六年は民進党）に代わっています。新興の民主体制の定着度の評価についてはいろいろな考え方がありますが、よく言われるのは「政権交代が平和的に二回起きれば『定着した』と言える」とする考え方です。それに基づくなら、台湾の民主体制はすでに定着していると見てよいと思います。実際、今回（二〇二〇年）の当選者である蔡英文には、過去最多の七〇ヵ国以上の首脳から祝賀メッセージが届きました。このことには、台湾で民主体制が定着していることへの評価も含まれていると推測されます。

総統選挙が挙行されていくことが持つ意義

民主化によりこうした総統直接選挙の制度が実現したことは、どんな意義があるのでしょうか。私は、二〇〇一年に発表した著作で、この制度の実現により、「中国大陸の東南、日本の南隣の海上に、民主体制を持った島嶼国家が出現したのである。台湾の有権者は、例外なく郷・鎮（町村）から国政レベルまでの公職選挙に参加した経験を持つ、いわば『選挙共同体』のメンバーとなった」[6]との見方を示しました。また、台湾に現に存在する国家としての「中華民国」について見ると、一九八〇年代後半からの民主化と自由化のプロセスを経て「『中華民国』の実効統治範囲（公式には「中華民国自由地区」＝台湾、金門、馬祖）の有権者を主体とする国民主権の制度化が基本的に完了し、戦後台湾国家としての『中華民国』はその内部正統性の民主的更新を果たした」[7]とも論じたことがあります。これは、わたしが提起している戦後台湾国家の政治構造変動としての「中華民国台湾化」[8]の重要な一環をなしています。

ここに「国民主権」という言葉を出しましたが、すぐれた台湾政治研究書である『台湾総統選挙』の著者、東京外国語大学の小笠原欣幸教授も、総統選挙には「主権」がからむとしています。なぜなら「(総統という) 最高指導者を選出するという行為は、『中華民国／台湾は主権国家であること』、『我々の主権の範囲は台湾という地理的範囲であること』を自然に意識させる。それは、行政長官や自治区の長の選挙ではなく大統領選挙であるから主権国家と認識し、候補者の選挙活動の範囲と有権者の範囲を台湾と認識する[9]」からです。

さらに、小笠原教授は総統選挙は「台湾アイデンティティ」を育む制度だとしています。教授によると総統選挙の最重要の争点は「台湾のあり方」(台湾がどういう方向に進むのかという路線問題であり、台湾の根本的位置づけに関するイデオロギーの問題である[10]) です。教授によれば、この「台湾のあり方」に関する台湾政治社会のイデオロギー的な分布のプリズムでは、左の極に台湾独立を主張する「台湾ナショナリズム」があり、右の極に中国との統一を主張する「中国ナショナリズム」がありますが、「台湾アイデンティティ」とは、明確な政治目標を持ったイデオロギーを指す用語ではなく、自分たちの政治体は中国とは違うという認識からくる台湾主体性意識、「台湾人」としての自己意識、民主化された台湾への強い愛着などを指す漠然とした言葉で、独立・統一問題で見ると、「現状維持」の立場を取る最大多数の中間派に相当します。教授は、そのような「台湾アイデンティティ」が「一九九六年総統選挙によってその存在が明確になり、以後確実に地歩を固めてきた[11]」のであり、総統選挙の継続的挙行は、一面「緑陣営」（民進党系勢力）対「藍陣営」（国民党系勢力）といった対立と亀裂を生む作用をも持ちながらも総体として「台湾アイデンティティ」を拡げた[12]と観察しています。

国民形成イベントにして人民主権のパフォーマンス

これをわたし流に言い換えれば、総統選挙の継続的挙行は、この「台湾アイデンティティ」を徐々に「国民意識」に変えていく、それをいわばナショナライズ（国民化）していく作用があるものと見ることができると思います。つまり、台湾の政治では、総統選挙は「台湾国民」を形成していく制度でありイベントであると考えるのです。

どこの国でも国政レベルで民主選挙が行われるなら、それは一定程度国民のアイデンティティを形成する、あるいは保持する意義を有するものでしょう。国政選挙の継続的挙行は大統領制であれ議員内閣制であれ、国家の方向についての国民の選択の積み重ねであるからです。台湾は新興民主主義国として、まして、次にも触れるように、その主権に挑戦を受けている非承認国家として、その意義が突出して現れるのだと思います。

また、この点は「台湾アイデンティティ」の内実の理解とも関係しています。小笠原教授は、総統選挙というイベントが育む「台湾アイデンティティ」は、自分たちが属する政治体は中国とは違うという認識からくる台湾主体性意識でもあるとしていますが、この台湾は中国と違うという主体性の意識には、突き詰めれば、台湾の前途を決めるのは自分たちであるという意識、言い換えれば、台湾有権者の「選挙共同体」が自身の前途を決める共同体であるとの意識を含んでいると考えられるからです。自分たちに政治的前途を選択する権利を持っている集団としての意識、これは主権者としての意識であって、自身を国民（ネーション）と見ている意識といってよいでしょう。

このことの意味は、逆の方向から考えて見るとよくわかります。中国共産党やかつての中国国民党の中国ナショナリズムの公式の教義、つまり「一つの中国」のコンセプトから言うと、中国の台湾歴史に関する常套句「台湾は古来中国の領土である」に示されているように、そもそも台湾は中国の一部である、最初から先験的にそうなっているのであって、そこに台湾住民の意志如何を云々する余地はないのです。台湾総統選挙というイベントは、こうした中国ナショナリズムのドグマに逆らうベクトルを育んでいるのです。

そして、またそれ故に、台湾内部的には定着したとみられる台湾の民主体制も、中国の台湾「統一」意志と関連諸政策を源とする外部からの脅威との背中合わせであるという重要な背景があります。民主化を成し遂げて以後、台湾は一見したところ「普通の民主国家」に見えます。しかし、それは主権に挑戦を受けている「非常状態の国家」でもあります。したがって、「国民形成」イベントである台湾総統選挙は、外に向かって台湾の「人民主権」の存在をパフォーマンスしてみせるイベントでもあるのです。後で触れるように、台湾有権者のナショナル・アイデンティティ認識がその国際環境（七二年体制）の制約を受け入れた「現状維持」優勢の形になっているとしても、です。

ここでは、四半世紀にわたって実践された台湾の総統選挙とはどういうものであったのか、その歴史をふりかえって、その内部的意義と対外的意義を検討し、ここまで述べてきたことを確認したい。そして、最後に、民主化とポスト民主化期の総統選挙の歴史を、台湾の歴史の中においてその意義を考えてみたいと思います。

二．国民形成イベントとしての総統直接選挙

1．広く深く長期にわたる政治動員――一大国民行事、政治的自己教育機会

総統選挙は一年にわたる一大国民行事――その序盤、中盤、終盤

台湾の総統選挙の政治レースも、アメリカの大統領選挙に似て、たいへんな長丁場です。候補者や政党、候補者の選挙スタッフや熱心な支持者たちは、事実上一年にわたる選挙戦の間に様々な試練に直面します。ここでも、台湾総統選挙についての「密接観察の政治学」を成功させている小笠原教授の研究に依り、その様相を簡単に見ておきましょう。

総統選挙の投票日は、立法院選挙と同時挙行になってから、一月中旬に設定されるように

なりました。とすると、序盤戦はその前年の春節（おおよそ一月下旬から二月初旬）、日本でいう旧正月が明ける頃に始まります。まず主要政党の内部で、党の公認候補になるためのレースが始まります。予備選のルールはその時々で変わるので、候補者たちは自分に有利なルール変更を巡っても争います。

もちろん、その時々の各党の党内事情によっては、容易に候補が一本化される場合や、複雑な事情から党幹部による調整に一本化が委ねられるといった場合には予備選は実施されないこともあります。実施される場合には、各党とも四月から六月にかけてこれを実施し、六月から七月にかけて開催される臨時党大会で候補者を正式に指名します。

夏からは中盤戦です。台湾の法律では事実上、選挙の事前活動を制限していないので、各党とも候補者が決まれば選挙キャンペーンが始まります。無所属の候補者も一定数の有権者の署名を集めれば出馬できますが、出馬宣言しても署名数を集められず、断念する人も出てきます。立候補の受付は一一月半ばに始まり、一二月初旬に締め切られると、無所属候補も含めて候補者が出揃います。

一二月初旬、総統選挙が告示されると、四週間にわたる終盤戦が始まります。候補者は週末ごとに「造勢大会」と呼ばれる、気勢を上げる大規模な集会を開き、有権者に支持を訴えます。各陣営は「造勢大会」の規模などを通じて、自分たちの候補の人気や支持層の厚さ・広さを競います。特に投票日前夜の集会の盛況ぶりは、有権者だけでなく、内外のウォッチャーも気にします。テレビでも連日、民進党系、国民党系など複数の政治討論番組が放送されます。ただ最近では、ネットでの宣伝や浸透の方が重要だと言われています。今や台湾の選挙の主戦場はネットです。

投票日一〇日前になると、法律により選挙に関する世論調査結果の発表、報道、散布、評論や引用が一切禁止となります。そして、様々な予測・憶測が飛び交う中、投票日前夜に各候補が最大の力こぶを入れる「造勢大会」が催され、翌日の投票日を迎えます。⑬

いずれにせよ、総統選挙は実質一年ほどにわたって展開する一大国民行事であり、これも小笠原教授によれば台湾の有権者にとっての「最も有効な政治の自己教育」の機会なのです。⑭

高い投票率と国民大移動

表1に示すように、過去七回の台湾総統選挙の投票率は、二〇一六年（六六・三％）を除くと、いずれもほぼ七五％以上と、非常に高いものでした。総人口の約半数に近い一〇〇〇万から一四〇〇万人の人々が投票所に出向いています。この点からも「総統選挙は一大国民政治動員」なのです。

これに拍車をかけているのが、台湾の特殊な選挙制度です。台湾では戸籍地での投票が義務付けられ、期日前投票、郵便投票、不在者投票、在外公館投票などが一切認められていません。また、有権者は必ずしも戸籍地に住んでいるわけではありません。そのため、選挙の前日や選挙当日の朝、有権者の大移動が発生します。学生や若者の多くは戸籍を故郷に置い

表1　選挙動員規模

回数	年度	当選者	有権者総数	投票総数	投票率％	総人口
1	1996	李登輝（国民党）	14,313,288	10,883,279	76.0	21,525,433
2	2000	陳水扁（民進党）	15,462,625	12,786,671	82.7	22,276,672
3	2004	陳水扁（民進党）	16,507,179	13,251,719	80.3	22,689,122
4	2008	馬英九（国民党）	17,321,622	13,221,609	76.3	23,037,031
5	2012	馬英九（国民党）	18,090,295	13,452,016	74.4	23,373,517
6	2016	蔡英文（民進党）	18,782,991	12,284,970	66.3	23,539,816
7	2020	蔡英文（民進党）	19,311,105	14,464,571	74.9	23,593,776

出所）著者作成
データ）中央選挙管理委員会の各年発表資料

たままなので、ハイウェー・バスや新幹線などは大混雑になります。

海外在住で中華民国パスポートを持つ人も、過去に六ヵ月以上台湾国内に戸籍を有していれば、申請すれば投票できるので、海外から総統選挙のために飛行機で戻ってくる人も少なくありません。有権者の大移動は、かれらが自身の一票の価値を高く見ていることの証左であろうかと思います。私は総統選挙のためにお金と時間を惜しまない台湾の人々を見て、新興民主主義国の有権者が一票の価値に賭ける意気込みを感じました。

ただ、これで有権者の選挙活動は終わりではありません。開票が始まると、多くの人は、自宅や友人の家でテレビの開票速報を見守り、人によっては支持する候補の選挙事務所前で結果が出るのを待ち、結果が出れば候補の勝利／敗北宣言を聞こうとするでしょう。一方、開票が始まると少なからぬ人がもう一度投票所に向かいます。法律では投票所が開票所になることになっていて、開票では「唱票」という独特の開票作業が行われます。選挙事務係員が、投票箱から一票ずつ取り上げて、「監票」（開票作業の見守り）に来ている有権者に見せつつ「○×一票」と「票を唱い」、別の係員が後方の白板に「正」の字で得票数を記録していくのです。これは、一九七〇年代まで国民党政権の挙行する選挙の管理パフォーマンスが悪く、開票不正が疑われ暴動（一九七七年中壢事件）ないし暴動寸前の事態が生じたことを受けた選挙管理の法制化が進んだことから登場するようになった選挙風景です。

2. 総統選挙とともに進む「台湾国民」の形成

台湾住民のアイデンティティ自己認識の変遷——「台湾人」の増加、「中国人」の減少

台湾では戦後長らく国民党が一党独裁の権威主義体制を敷いていましたが、一九八〇年代後半、蔣経国総統がその最晩年に政治的自由化の方向に舵を切り、九〇年代に後継の李登輝総統の下で自由化の徹底と民主化が軌道に乗りました。台湾の政治大学選挙研究センターが台湾住民のアイデンティティ認識を問う世論調査を始めたのは、ちょうどその頃に当たります。他にもいくつかあるこの種類の世論調査こそ、長期戒厳令解除の以前から密かに、また時に公然と、そして政治自由化以後は公的言論の場で堂々と、行われてきた台湾有権者のナショナル・アイデンティティをめぐる各種の討論・争論の一種の要約的表現であると言えま

す。

表2は、前記政治大学選挙研究センターが行っている調査の一つである有権者の「アイデンティティ自己認識」の調査結果を李登輝政権以降、政権時期別に数字で並べたものです[15]。この調査では「我々の社会には、自分は台湾人である、中国人である、および台湾人でもあり中国人でもあるとの見解がある」として回答者に三者択一を求めています。

一九九二年の第一回調査では、総統選挙はまだ始まっていませんが、長期戒厳令は既に一九八七年に解除されていました。しかし、「自分は台湾人」と答えた人は二〇％以下でした。その後、「自分は台湾人」と答える人の割合は増加し、李登輝政権下の一九九九年、四〇％近くになり、陳水扁政権下の二〇〇七年には四三％に達しました。第二期馬英九政権期の二〇一四年には、同政権下で急速な中国への接近があったにもかかわらず、六〇％を超え、蔡英文政権となった二〇一六年以降、五五％周辺を推移しています。

これに対して、「自分は中国人」と回答した人の割合は、一九九二年の二三％台から減少を続け、馬英九政権下の二〇〇八年に三％台に落ちこんでいます。

選挙研究センターのアンケートでは「中国人」「台湾人」の語を全く無前提に回答者に提示しているのですが、一九九〇年代後半には中国が民主化の進んだ台湾に対して外交的軍事的圧力を強めるようになり、二〇〇〇年代以降は経済関係を利用して内部からも政治的圧力(中国の影響力メカニズム)を加えるようになった情勢の下では、このような「自分は中国人ではなく台湾人だ」あるいは「自分は台湾人ではなくて中国人」だという自己認識は、そ

表2　台湾住民のアイデンティティ自己認識の変遷（1992-2022）

時期／総統	台湾人（%）	両方（%）	中国人（%）	回答なし（%）
李登輝政権				
1992	18.8	49.1	23.2	8.9
1995	25.0	47.3	20.5	7.3
1996	23.1	50.9	15.8	10.2
1999	39.3	44.1	10.7	5.9
陳水扁政権				
2000	36.9	43.8	13.1	6.2
2003	43.2	42.9	7.7	6.3
2004	40.6	48.3	6.3	4.9
2007	43.7	44.5	5.4	6.5
馬英九政権				
2008	46.1	45.4	3.4	5.1
2009	51.6	39.8	4.2	4.4
2010	52.7	39.8	3.8	3.7
2011	52.2	40.3	3.9	3.7
2012	53.7	39.6	3.1	3.6
2013	57.1	35.8	3.8	3.3
2014	60.6	32.5	3.5	3.5
2015	59.5	33.3	3.3	4.0
蔡英文政権				
2016	58.2	34.3	3.4	4.1
2017	55.5	37.0	3.7	3.7
2018	54.5	38.2	3.6	3.7
2019	56.9	36.5	3.6	3.0
2020	64.3	29.9	2.6	3.2
2021	62.3	31.7	2.8	3.2
2022	60.8	32.9	2.7	3.6

出所）著者作成

データ）国立政治大学選挙研究センター「台湾民衆のアイデンティティー自己認識の変遷」（1992-2022）『重要な政治意識分布傾向調査』、https://esc.nccu.edu.tw/PageDoc/Detail?fid=7804&id=6960、2023年5月11日閲覧れぞれ政治的な意味でのナショナル・アイデンティティの表明と解釈してよいと思います。一方、「台湾人でもあり中国人でもある」は、政治的ナショナル・アイデンティティとしては台湾人だが文化的には中国人、ないしは政治的ナショナル・アイデンティティとしては中国人だが台湾に長く住んでいるから地域的アイデンティティとしては台湾人とも言える、という少なくとも二種類のナショナル・アイデンティティの理解が含まれているものと想定されます。この選択肢にも、ナショナル・アイデンティティとしての台湾人あるいは中国人という自己理解を持つ人が含まれているわけです。

二択回答の場合

調査に残るこうした曖昧さの背後を見るために、「台湾人」と「中国人」の二択への回答を求めた調査と、世代別の調査を簡単に見ておきましょう。

前者ですが、調査年次は少ないですが、台湾のテレビ局「ＴＶＢＳ」が行った世論調査（二〇〇〇〜二〇一三年）があります（表3）。

この調査では、表2と同じ三択調査とともに二択の調査結果が出ています。二択で回答を求めた場合、「台湾人」と答えた人の割合は、陳水扁政権誕生の二〇〇〇年の五八％から、馬英九政権第二期の二〇一三年の七八％に増加しています。三択の場合より二〇％以上増加する勘定です。「中国人」と答えた人の割合は、同じ時期で、一八％から一三％に減少しました。ただ三択の場合より十数％増えています。

表3　台湾住民のアイデンティティ自己認識の変遷：三択と二択の場合（2000-2013）

時期	台湾人（%）	両方（%）	中国人（%）	台湾人（%）	中国人（%）	回答なし（%）
2000（陳水扁）	37	51	9	58	18	24
2008（馬英九）	46	43	3	68	18	14
2009	49	44	3	72	16	13
2011	52	38	3	74	13	13
2012	55	37	3	75	15	10
2013	55	38	3	78	13	9

出所）Frank Muyard 2018 The role of democracy in the rise of the Taiwanese national identity, in Jonathan Sullivan and Chun-yi Lee eds., *A New Era in Democratic Taiwan: Trajectories and Turning Points in Politics and Cross-Strait Relations*, N.Y., Routledge, Table 3.2, Tabale 3.3, p.39.

データ）TVBS民調センターによる「馬習会及びナショナル・アイデンティティに関する世論調査」(2013/10)

世代別のアイデンティティ自己認識——若い世代の「天然台」

現在三〇歳以下の若い世代は、台湾の民主化以降に生まれ育っているため、中国との違いを強く意識し、「自分は台湾人」という認識をごく自然に持っていると言われています。この世代は二〇一四年の「ヒマワリ運動」以降注目され、一時は「天然独」と呼ばれていましたが、最近は「天然台」と呼ばれています。ごく自然に台湾ナショナル・アイデンティティを持つようになった世代であるという意味合いです。

表4に、前記の「TVBS」と民進党系シンクタンク「新台湾国策智庫」が行った調査結果を掲げておきます。「ヒマワリ運動」前後の数字なので、「台湾人」の数字が高く出ている傾向はあるかもしれませんが、「天然

台」と称され得る傾向が実際に存在することがわかります。逆に言えば、二〇歳台の青年の九〇パーセント近くが「台湾人」としてのナショナル・アイデンティティがあったことが、「ヒマワリ運動」が盛り上がった背景の一つであると言えるでしょう。

表4　台湾住民の世代別のアイデンティティ自己認識（2012-2015）（%）

時期／年代別	台湾人	中国人	該当なし
TVBS　2012/10/全年代	75	15	10
20代	87	9	5
30代	84	12	4
40代	74	17	9
50代	63	20	17
60代以上	69	16	14
TVBS　2013/06/全年代	73	17	11
20代	88	7	5
30代	74	19	5
40代	71	15	9
50代	67	22	4
60代以上	63	20	10
TVBS　2013/10/全年代	78	13	9
20代	89	11	0
30代	83	11	6
40代	75	16	10
50代	76	14	10
60代以上	69	14	18
新台湾国策智庫　2014/06/全年代	89.2	6.7	4.1
20代	92.0	4.8	3.2
30代	91.3	4.7	3.9
40代	90.1	7.8	2.1
50代	88.2	8.2	3.6
60代以上	89.3	6.5	4.3
70代以上	84.5	9.7	5.7
新台湾国策智庫　2015/06/全年代	87.8	7.0	5.2
20代	94.9	0.7	4.4
30代	96.2	2.1	1.7
40代	82.8	10.2	7.0
50代	84.5	10.3	5.2
60代以上	82.7	10.0	7.4
70代以上	82.0	10.7	7.3

出所）Frank Muyard 2018 The role of democracy in the rise of the Taiwanese national identity, in Jonathan Sullivan and Chun-yi Lee eds., *A New Era in Democratic Taiwan: Trajectories and Turning Points in Politics and Cross-Strait Relations*, N.Y., Routledge, Table 3.7, p. 56.

データ）TVBS（2012、2013）、新台湾国策智庫（2014、2015b）の世論調査を参照。

三．国際社会の中の台湾総統選挙――「七二年体制」にとっての両義性

1．米中関係の狭間の台湾総統選挙

「七二年体制」とは？――台湾を国際社会に位置付けるアレンジメント

では、このような民意の状況を背景として行われる台湾の総統選挙は、台湾が置かれた国際環境の中ではどのような意義を持つのでしょうか、あるいは国際環境は総統選挙に対してどのような影響を与えているのでしょうか。この点を考察するために、まず私が台湾の置かれた国際環境を把握するために提起している「七二年体制」という見方を簡単に説明しておきましょう。

半世紀ほど前のことですが、一九七一年七月、時の米大統領ニクソン訪中が発表されると、世界は経済面のみならず外交面でも「ニクソン・ショック」に見舞われました。当時大学四年生だった私もこのニュースにはびっくりして、あれこれと友人と語りあったという記憶があります。そして、同年一〇月、中華人民共和国は国連総会で「正統な中国政府」と認められて国連に加盟し、安保理常任理事国になりました。台湾の中華民国（以下、台湾）は国連およびその関連国際機構のメンバーシップを失いました。これを機に、多くの国々が中

華人民共和国と国交を樹立し、台湾と断交しました。

翌一九七二年二月、ニクソン大統領は中国を訪問し、毛沢東主席や周恩来総理と会談後、「上海コミュニケ」と呼ばれる共同声明を発表し、関係改善で合意しました。同年九月、訪中した日本の田中角栄首相は日中国交正常化し、台湾と断交しました。

こうして台湾を取り巻く国際環境が大きく転換すると、国際社会はその後約一〇年かけて、中国と国交を結ぶ際に、①中華人民共和国の国際社会における中国代表権を認める、②台湾は中国の一部の主張に何らかの形で理解を示す、③台湾とはオフィシャルな関係を持たないと表明するなど、台湾に対する扱いを共通化させていきました。私はこれを、米中の「上海コミュニケ」発出の年を踏まえて「七二年体制」と呼んでいます。七二年に日中国交が結ばれ台湾と断交したので、以後の日中台の関係の枠組を指して「七二年体制」と呼ぶことがありますが、わたしのいう七二年体制は、米中両大国の妥協を基礎としたアレンジメントを指し、日中台関係の枠組はその一部を構成することになります[16]。

ところで、台湾について、中国共産党は、自身が中国内戦の勝者としてその勝利の果実を一〇〇％受ける権利があると考え、「中国は一つであり、台湾は中国の主権下にある。台湾問題の解決は内政問題なので、武力行使を放棄しない」と主張しています。これが「一つの中国原則」です。中国内戦の勝利者としての立場を強調しているもので、「中国内戦原則」と呼んでもよいでしょう。

しかし、アメリカは「一つの中国原則」とは言わず、あくまで「一つの中国政策」と言い、「中華人民共和国が国際社会で中国を代表する国家であることは認める。しかし、台湾問題の解決は平和的でなければならない」とのスタンスです。これがアメリカ側の「平和解決原則」です。そして一九七九年初め、アメリカが中華人民共和国と国交を樹立して、中華民国と断交すると、年末の米華相互防衛条約の失効と在台米軍の撤退を見越して、アメリカ議会は台湾関係法を制定し「台湾問題の平和的解決と台湾防衛のため、台湾に米国製武器を供与する」と規定して、その「平和解決原則」を対台湾武器提供政策として法制化しました。

国際政治史的に見ると、このような中国共産党の「一つの中国原則」、実は「中国内戦原則」と、アメリカの「一つの中国政策」、実は「平和解決原則」の妥協の産物が、「七二年体制」です。この体制を台湾から見ると、アメリカの支援によって事実上の独立が担保され、その下で民主化が進み、またわたしの言う中華民国台湾化が進展しました。しかし、その一方で、依然として国際社会で主権国家として認められず、国際的に承認された名前もなく、国際的アイデンティティも曖昧という状況に押し込められたままという状態なのです。日本との関係を見ても、一九九九年の台湾中部大地震に際しての日本の支援、それに応えまた上回る二〇一一年東日本大震災への台湾の支援など、国民間の関係は良好ですが、それでも日本が台湾への国家承認を回復するという兆しはありません。民主化・民主体制に好感するアメリカもこの点は同様です。七二年体制は、台湾の民主化・台湾化にとって両義的なのです。

北京とワシントンの「好ましからざる人物」

では、このような七二年体制と台湾総統選挙との関連はどう展開してきたのでしょうか、表5に、歴代の総統選挙と米中二大国の政権の対応を筆者の判断で整理してみました。「好ましからざる人物」（ペルソナ・ノン・グラータ）とは、外交用語から借用したもので、ここではワシントンなり北京の政策エリートからみて、できれば台湾の総統に当選して欲しくない人物といった意味です。過去七回実施された総統選挙の候補者のうち、「北京の好ましからざる人物」とされたのが、民進党の候補者全員と、国民党候補としては例外的に李登輝がそうなっています。

李登輝は一九九五年に司馬遼太郎氏と会談した際、「台湾人に生まれた悲哀」と台湾意識に寄り添うような歴史意識を語り、その後は「休暇外交」と称して東南アジア諸国を歴訪したため、中国は「台湾独立分子」として危険視し始めました。しかも彼はこの「休暇外交」の総仕上げとして、一九九五年六月初旬にアメリカを非公式訪問しました。名目は「自身がかつて博士号を取得した母校コーネル大学の同窓会への出席」でしたが、この訪問は、一九九六年に予定されている総統選挙で民主化を完成させようとしている台湾の存在を国際社会に見せつける絶好の政治ショーとなりました。欧米メディアが「ミスター・デモクラシー」の美称を李登輝に付けたのはこの時のことです。

これに対して、中国の時の江沢民《こうたくみん》政権は、宣伝機関を通じて長期にわたって李登輝を個人攻撃し、さらに一九九五年夏には台湾海峡で軍事演習を強行し、ミサイルを撃ち込みました。これは当時中文メディアでは「文攻武嚇」と呼ばれました。結局、アメリカが二つの空

米中の対応				
補に対する北京とワシ ンの選好：★印は北 ）、■印はワシントン 「好ましからざる人物」	米大統領	中国共産党総書記	米国の対応	中国の直接的威嚇の有無：対応方式
★ ★	ビル・クリントン	江沢民	95年李登輝訪米を受入。選挙時台湾海峡に2つの空母打撃群を接近させる	有：台湾海峡ミサイル演習
★	ビル・クリントン	江沢民	陳の「新中間路線」、平和的政権交代実現を歓迎	有：選挙終盤局面での朱鎔基首相による威嚇発言
★■	ジョージ・W・ブッシュ	胡錦濤	陳水扁の再選戦略「公民投票」「公投制憲」を強く警戒、民進党に不信感	無：ワシントンを通じて圧力
★■	ジョージ・W・ブッシュ	胡錦濤	退任する陳水扁の選挙への影響力を警戒、民進党への不信感	無：ワシントンを通じて圧力
★■	バラク・オバマ	胡錦濤	陳水扁期の民進党への不信感、強く残存	無：経済交流等ソフトな手段で馬英九を後押し
★	バラク・オバマ	習近平	蔡英文の「現状維持」路線を評価	有：2015年3月習近平「92年コンセンサス」が揺らげば「地が動き山が揺れる」との発言で民進党を威嚇、11月急遽習近平がシンガポールで馬英九と会談
★	ドナルド・トランプ	習近平	対中関係悪化を背景にF16V売却決定など	有：中国軍戦闘機、艦船の台湾近海などへの出没増加、12月20日空母「山東」台湾海峡を通過

表5　台湾総統選挙と米中の対応

選挙各指標			
回数	年度	候補者（党派）／太字は当選者／*印は外省人	各 補 票 %
1	1996	**李登輝・連戦（国民党）**	54.
		彭明敏・謝長廷（民進党）	21.
		林洋港・*郝柏村(新党推薦)	14.
		陳履安・王清峰（無所属）	9.
2	2000	連戦・蕭萬長（国民党）	23.
		陳水扁・呂秀蓮（民進党）	39.
		*宋楚瑜・張昭雄（無所属）	36.
		*李敖・*馮滬祥（新党）	0.
		許信良・*朱恵良（無所属）	0.
3	2004	連戦・*宋楚瑜（国民党・親民党）	49.
		陳水扁・呂秀蓮（民進党／台聯支持）	50.
4	2008	***馬英九・蕭萬長（国民党）**	58.
		謝長廷・蘇貞昌（民進党）	41.
5	2012	***馬英九・呉敦義（国民党）**	51.
		蔡英文・蘇嘉全（民進党）	45.
		*宋楚瑜・林瑞雄（親民党）	2.
6	2016	*朱立倫［当初は*洪秀柱］・王如玄（国民党）	31.
		蔡英文・陳建仁（民進党）	56.
		*宋楚瑜・徐欣瑩（親民党・民国党）	12.
7	2020	*韓国瑜・張善政（国民党）	38.
		蔡英文・頼清徳（民進党）	57.
		*宋楚瑜・余湘（親民党）	4.

出所）著者作成
データ）各年の中央選挙管理委員会発表によ

母艦隊を台湾海峡に派遣したことで第一回総統選挙は無事挙行され、李登輝が当選しました。

これに対して、民進党候補の二〇〇四年の陳水扁、二〇〇八年の謝長廷《しゃちょうてい》、二〇一二年の蔡英文の三氏は、ワシントンからも「好ましからざる人物」と見なされました。

このうち、二〇〇四年の陳水扁がワシントンからも「好ましからざる人物」と見なされたのは、その再選キャンペーン中、「中華民国憲法で定められた手続きに沿わず、公民投票を導入することで新憲法を制定しよう」（公民投票による憲法制定）と訴えたからです。これは、国民党の連戦党主席がこの選挙で、前回二〇〇〇年の三つ巴の選挙で次点となった親民党の宋楚瑜と二位三位連合を組んできたのに対抗する選挙戦略の色彩が濃厚なスローガンでしたが、同時に「愛台湾」を煽るキャンペーンが、北京の胡錦濤《こきんとう》政権の警戒を招きました。ただし、胡錦濤政権は台湾に対して直接の脅しをかけるのではなく、ワシントンを通じて抑えようとして、二〇〇三年一二月温家宝《おんかほう》首相の訪米の際、ブッシュ大統領から「台湾指導者が一方的に現状を変えるような言動には反対する」との、ほとんど陳水扁名指しの批判の言葉を引き出すことに成功しました。

陳水扁は、その再選戦略により、ブッシュ大統領のみならず、ワシントンの広汎な「セキュリティ・コミュニティ」、つまり安全保障分野の政府高官、チャイナ・ウォッチャー、東アジア政策に関わるシンクタンクの学者などからも不信を買いました。陳水扁は再選されたものの、この不信感は尾を引き、二〇〇八年の民主党候補の謝長廷にも、二〇一二年の民進党候補の蔡英文にも、いわば祟ったのです。加えて、自身の側近や家族に金銭スキャンダルが相次いで摘発され、国内でも信用を失い、二〇〇八年の総統選挙では、国民党の馬英九政権が誕生しました。この選挙結果は、国民党の勝利というよりも、民進党のオウンゴールとも言えるでしょう。

ただ、過去七回の全体を見渡すと、七回のうち五回の選挙で「北京の好ましからざる人物」が当選しています。先にみたように、台湾が新興民主国家であること、同時にその国際主権を制限されていることを背景に、台湾の総統選挙は、単に政権首脳を選出する手続というだけではなく、それ自身一大国民形成イベントであり、同時に人民主権をパフォーマンスするイベントでもあります。「台湾独立」あるいは「中国と統一」を政策として掲げる候補が皆無であるにもかかわらず、台湾総統選挙がこのような性格を帯びることは、七二年体制とは相容れない、特に中国の姿勢とは相容れない政治的ベクトルが台湾の総統選挙に内在しているからです。台湾総統選挙を国際政治の中において考えざるを得ない理由です。

2．台湾政治にビルトインされる「七二年体制」

改憲禁止的憲法修正規定

台湾総統選挙が国民形成イベントであり人民主権をパフォーマンスするイベントであって、七二年体制における中国のスタンスとは逆方向のベクトルを持つものであることを、これまで述べてきましたが、ただ、しかし、ことはそう単純ではありません。こうした傾向の一方で、総統選挙や台湾政治には、七二年体制に適応した「現状維持」のロジックもビルトインされていることも観察できます。

その一つは制度的なものです。中華民国憲法が最後に改正されたのは、二〇〇五年、第二期の陳水扁政権の時でした。この時の改正により憲法改正のハードルが非常に高くなりました。それまで憲法改正は国民代表大会が行うこととなっていましたが、この時の改憲で同大会が廃止となり、憲法改正発議は立法院が行うことになりました。憲法改正は、立法院議員総数の（出席議員数の、ではありません）四分の三以上の賛成で改正案が発議され、国民投票にかけられ、総有権者の（有効投票数の、ではありません）過半数をもって批准されるという手続で行われることになりました。これは非常に高い敷居を憲法修正に設定したもので、一種改憲禁止的憲法修正手続であると言えます。[17] これは、七二年体制の「現状維持」のロジックが政治制度に埋め込まれたものとも言えます。

「台湾独立」「中国と統一」を掲げない候補と「現状維持」の民意

もう一つ見ておきたいのは、何らかの「現状維持」の政治スタンスや政策を総統候補に強制するかのような、民意の構造ができていることです。ここでは、先に参照した台湾・政治大学選挙研究センターによる台湾民衆の国家選択（独立、統一、現状維持）の歴年のアンケート調査のデータから見てみましょう。

表6は、「（我々の社会には）台湾と（中国）大陸の関係について六つの見方がある」として、「できるだけ早く（中国と）統一」、「できるだけ早く（台湾として）独立」、「（当面）現状維持し後に統一」、「現状維持し後に独立」、「現状維持し様子を見てから独立か統一かを決める」および「永遠に現状維持」の六者択一を求めたアンケートの結果を百分比で表したものです。

アンケート調査でこうした質問をする場合、当然の想定として、「台湾独立」の選択には、「台湾独立は戦争を意味する」との中国からの威嚇による抑制が働いているとみなければなりません。ワシントンも台湾ナショナリズムの突出に北京が強く反応することを嫌います。先に触れたように、北京はワシントンのこうした動向を想定して時にワシントンを台湾の政権抑制に利用します。こうしたことは、米中妥協の上に成立している七二年体制が台湾の選択に課している制約であり、台湾の有権者もこのことは理解しているものと想定できます。この調査では、選択肢に「現状維持」を入れているので、ナショナル・アイデンティティに関わる「躊躇」の情況と七二年体制の台湾民意に対する制約を観察することができるわけです。

そこで直ちに気づくのは、先に見た「アイデンティティ自己認識」調査結果（表2～表4）に対比すると、「独立選択肢」（「できるだけ早く（台湾として）独立」＋「現状維持し後に独立」）の上昇が極めて緩やかであり、いわば「天井」も低く、前者が示す台湾ナショナル・アイデンティティの上昇に相応してはいないことです[18]。

また、「現状維持」選択肢に着目すると、台湾の有権者の将来の国家選択においては「現状維持」の意志が明白に構造化されていることもうかがうことができます。この点を見るために、表6のデータを(a)「独立傾向」、(b)「統一傾向」、その逆の(c)「統一拒否」と(d)「独立拒否」、および(e)「現状維持」の合計、の五つの傾向に整理して、表7を作製してみました。

この表でまず気づくことは、(e)＝最広義の「現状維持」の態度を取る有権者が圧倒的多数であることです。その割合は、陳水扁政権第一期に八割を超え、以後対中接近に努めた馬英九政権期においても、中国習近平政権からいっそうの圧力を受けるようになった蔡英文政権期に入っても、高水準のまま漸増しています。

次に指摘できるのは、整理したデータが示す政治的含意です。総統選挙戦略上の含意と言

表6　台湾民衆の「統一」、「独立」、「現状維持」に関する意見分布

時期	①できるだけ早く独立	②当面は現状を維持し、その後に独立	③永遠に現状維持	④当面は現状を維持し、その後に決める	⑤当面は現状を維持し、その後に統一	⑥できるだけ早く統一	無回答
1994	3.1	8.0	9.8	38.5	15.6	4.4	20.5
1996	4.1	9.5	15.3	30.5	19.5	2.5	18.6
1998	5.7	11.5	15.9	30.3	15.9	2.1	18.7
2000	3.1	11.6	19.2	29.5	17.3	2.0	17.4
2002	4.3	13.8	15.0	36.2	15.7	2.5	12.4
2004	4.4	15.2	20.9	36.5	10.6	1.5	11.0
2006	5.6	13.8	19.9	38.7	12.1	2.0	7.9
2008	7.1	16.0	21.5	35.8	8.7	1.5	9.4
2010	6.2	16.2	25.4	35.9	9.0	1.2	6.1
2012	4.8	15.1	27.7	33.9	8.7	1.7	8.1
2014	5.9	18.0	25.2	34.3	7.9	1.3	7.3
2015	4.3	17.9	25.4	34.0	8.1	1.5	8.8
2016	4.6	18.3	26.1	33.3	8.5	1.7	7.4
2017	5.1	17.2	25.3	33.1	10.1	2.3	6.9
2018	5.0	15.1	24.0	33.4	12.8	3.1	6.6
2019	5.1	21.8	27.8	29.8	7.5	1.4	6.5
2020	6.6	25.8	25.5	28.8	5.6	1.0	6.8
2021	6.0	25.1	27.3	28.4	6.0	1.4	5.8
2022	5.2	24.4	27.7	29.4	5.9	1.3	6.0

データ）国立政治大学選挙研究センター「台湾住民の台湾独立か中国との統一かの態度の変遷」(1994-2022)『重要な政治意識分布傾向調査』、https://esc.nccu.edu.tw/PageDoc/Detail?fid=7805&id=6962、2023年5月11日閲覧

ってもよいでしょう。台湾の総統選挙は、有力四候補が出そろった一九九六年の第一回と典型的な三つ巴となった二〇〇〇年の第二回を除いて、国民党と民進党の二大勢力が対抗する図式となっています。これを前提に両陣営のイデオロギー面での選挙戦略を考えると、民進党はそのイデオロギーに親和的な(a)「独立傾向」の有権者から得票するだけでは当選できず、同様に国民党も(b)「統一傾向」の有権者からの得票のみでは当選できません。

次に角度を変えて、(c)「統一拒否」と(d)「独立拒否」の回答の割合を見てみると、前者は二〇一八年までは半数を超えることは無く、後者は「韓国瑜現象」[19]が起こった二〇一八年の約四割が最高で、以後は漸減傾向にあります。

二大政党の候補の選挙戦略に関してこの数字の意味を見てみると、民進党の総統候補者は、二〇一九年以前は「統一拒否」の有権者の支持を固めただけでは、イデオロギー面だけで言えば勝利は困難であったと言えます。ただ、二つの例外がありますが、二〇〇四年の陳水扁の再選戦略が内政的にも外政的にも極めて無理をしたものであったことはすでに述べました。二〇一六年の蔡英文の勝利には、前述のように、二〇一四年のヒマワリ運動とそれに続く統一地方選の大敗で動揺した国民党の混乱によるオウンゴール的な側面もありました。これに対して、二〇二〇年選挙については、習近平こそ蔡英文の「最大の助選員（応援者）」との評があったように、中国が香港に対する強攻策をとったことが、蔡英文陣営が「統一拒否」票を最大限に集約することを可能にしたとの観測も十分ありえるのです。

一方、国民党の候補者は端的に言って「独立拒否」の有権者の支持を固めただけでは勝利

表7　台湾住民の国家選択に関する態度の変遷：六択方式（1994-2022）(%)

時期	(a)「独立」傾向の合計(①+②)	(b)「統一」傾向の合計(⑤+⑥)	(c)「統一拒否」の合計（①+②+③)	(d)「独立拒否」の合計（③+⑤+⑥)	(e)「現状維持」合計（②+③+④+⑤)
1994	11.1	20.0	20.9	29.8	71.9
1996	13.6	22.0	28.9	37.3	74.8
1998	17.2	18.0	33.1	33.9	73.6
2000	14.7	19.3	33.9	38.5	77.6
2002	18.1	18.2	33.1	33.2	80.7
2004	19.6	12.1	40.5	33.0	83.2
2006	19.4	14.1	39.3	34.0	84.5
2008	23.1	10.2	44.6	31.7	82.0
2010	22.4	10.2	47.8	35.6	86.5
2012	19.9	10.4	47.6	38.1	85.4
2014	23.9	9.2	49.1	34.4	85.4
2015	22.2	9.6	47.6	35.0	85.4
2016	22.9	10.2	49.0	36.3	86.2
2017	22.3	12.4	47.6	37.7	85.7
2018	20.1	15.9	44.1	39.9	85.3
2019	26.9	8.9	54.7	36.7	86.9
2020	32.4	6.6	57.9	32.1	85.7
2021	31.1	7.4	58.4	34.7	86.8
2022	29.6	7.2	57.3	34.9	87.4

出所）表6のデータから著者作製。2014年までは隔年のデータ

選択肢）①できるだけ早く独立；②当面は現状を維持し、その後に独立；③永遠に現状維持；④当面は現状を維持し、その後に決める；⑤当面は現状を維持し、その後に統一；⑥できるだけ早く統一。なお、この他に「無回答」のカテゴリーがある

できない事情が一貫しています。陳水扁第二期以後民進党はイデオロギー的には国民党より構造的に有利だが、「独立傾向」の有権者の支持だけでは当選できないことに変わりはありません。両陣営ともにそれぞれのイデオロギー的陣地の外にウィングを伸ばし、最大数の「現状維持」世論に寄り添う必要があるわけです。

もちろん、総統選挙の帰趨はナショナル・アイデンティティに関する立場のみでは決まらないのは言うまでもありませんが、小笠原教授が指摘するように「台湾のあり方」が一九九六年以来の台湾総統選挙の持続的な最大争点であるとするなら、このような「現状維持」という民意への対応は総統候補にとって戦略的重要性を持ちます。台湾政治最大の政治イベントである総統選挙にかかるこうした制約は、台湾のナショナル・アイデンティティにかかる国際政治の拘束、つまりは七二年体制の制約が台湾の有権者の意見分布において「現状維持」を民意として構造化している現象と見ることができるだろうと思います。

以上、あえてまとめれば、台湾の総統選挙は、国民形成イベントとしてまた人民主権をパフォーマンスするイベントとして、七二年体制に矛盾するベクトルを育む一方で、同時に七二年体制に順応するベクトルもビルトインしているのです。副題に「なおも変容し躊躇するアイデンティティ」と掲げた理由がここにあります。有権者の自己意識としてのナショナル・アイデンティティだけを見ると、もはや躊躇はしていないように見えるのではありますが。

四．結びに代えて──「諸帝国の周縁」への「台湾国民」の登場

最後に、以上のように見てきた総統選挙の意義を、台湾歴史の中で考えてみましょう。台湾島はかつて先住民族のみが居住する地域でしたが、一七世紀から対岸中国から漢人の移住と農業開拓が始まり、オランダ東インド会社と鄭氏小王朝の短い統治を経て、中国大陸に成立した清帝国の版図に入り、一九世紀末までその内国植民地として漢人社会の拡大が進みました。

近代においては半世紀にわたり日本の植民地統治下にあり、先の大戦における日本の敗戦とともに、中華民国の統治下に入りました。その中華民国は中国での内戦に敗れて台湾に逃げこみ、戦後東西冷戦期にはアメリカ帝国システムの下の反共の前哨基地国家の役割を受け持つこととなり、アメリカから大量の軍事援助と経済援助が注ぎこまれました。そして七〇年代初めよりそのアメリカが、冷戦の敵手だった中華人民共和国と妥協して七九年には国交を樹立して台湾とは断交しつつも、台湾を七二年体制の中に位置づけました。

こうした台湾歴史の特質をあえて一言で言い表せば「諸帝国の周縁」ということになるでしょう。台湾の歴史のこうした特質に照らせば、この半世紀の七二年体制下で進んだ民主化と台湾化を背景として、この四半世紀の総統選挙の国民形成イベント、人民主権をパフォー

マンスするイベントとしての歴史が育んできた「台湾国民」は、台湾地域の歴史上初めて生まれた「台湾大」の政治主体性であるということができます。

しかし、国際的には、つまり七二年体制の下では、それはいわば「ネガ」のままに押し止められているわけです。そうした状況の下で、現今の台湾の国家を敢えて定義するならば、その主権にも重大な挑戦を受けるかつて国連安保理常任理事国でもあった特異な非承認国家にして、民主的に選出された政府によって運営されている、事実上の台湾サイズの国民国家である、とすることができるでしょう。その複雑さゆえに、たくさんの形容句が必要なのです。

こうした複雑さは、わたしのいう中華民国台湾化の現在的帰結でもあり、それは同時に米中妥協の台湾アレンジメントである七二年体制の半世紀にわたる作動の帰結でもあるといえます。このような帰結に対して、アメリカは時に好感し時にこれを持て余し、中国は一貫してその無効化を図ろうと努めている[20]わけであります。

（1）国民代表大会は、中華民国憲法では、広大で人口衆多の中国で人民主権の行使を、選挙で選ばれた代表が代行するという「政権機構」という位置づけで、民主化前は、総統・副総統を選出し、「反乱鎮定動員時期臨時条項」という憲法棚上法規をも制定する権限があった。故に国民代表大会の廃止は、筆者の言う「中華民国台湾化」（注8参照）を国家制度において進める重要なステップであった。同大会廃止の後、憲法修正は、立法院の発議を有権者の同意投票で批准することとなり、直接的人民主権の制度が導入されることとなった。蔣介石が持ち込んだ中華民国の形は大きく型崩れした。これも筆者の言う

「中華民国台湾化」という政治構造変動の一部をなしている。

(2) 「ヒマワリ運動」に結集した青年・学生活動家らは他に、民進党や柯文哲の台北市政府などにも吸収されており、小政党に結集した活動家達も資源不足が悩みであり、その後これらの政党は存続しているが伸び悩んでいる。一方、ヒマワリ運動の余波を借りて台北市長に当選した柯文哲は、二〇一八年再選を果たし、翌年八月、二二年任期満了退任後に備えて台湾民衆党を結成した。民衆党は、二三年五月、柯文哲を二四年一月の総統選挙に公認した。ちなみに、民進党は同年四月副総統兼民進党主席の頼清徳を、五月国民党は新北市市長の侯友宜を公認した。

(3) 「中国要因」ないし「中国ファクター」「中国因素」とは、この用語の主唱者である台湾の社会学者呉介民によれば「中国政府が資本およびその他の関連する手段を運用して、他国あるいは境域外地域に対して経済的ナショナリズム投資、取り込みないし統合の活動を行い、その国家ないし地域を経済上中国に依存させ、さらに進んではその政治目的を執行しやすいようにすること」である。説明的に訳せば「中国の影響力メカニズム」ということになる。この概念の成り立ちと、この概念で把握された中国の対台湾影響力メカニズムの浸透の様態については、川上桃子・呉介民編（津村あおい訳）『中国ファクターの政治社会学　台湾への影響力の浸透』白水社、二〇二一年、参照。

(4) 総統とは別に、行政権を統轄するものとして他に行政院長（首相に相当）がいるが、「増修条文」では、特に外交・安保は総統が指導するものと明記している。

(5) 憲法では総統の三選は禁止されているので、蔡英文が二〇二四年に総統の座を降りることは憲法上既定事項だが、民進党が政権の座を譲り、これまでのように二期八年で政権交代のリズムを刻むかどうかは未知数である。民進党は二〇二二年地方選挙で大敗したが、その後は副総統の頼清徳を党主席に据え、また総統候補に選出して党の態勢を立て直した。陳水扁第二期、馬英九第二期に見られたような政権自壊の兆候は今のところ（二〇二三年五月）は見受けられない。

(6) 若林正丈『台湾――変容し躊躇するアイデンティティ』、筑摩書房、二〇〇一年、二一九頁（本書、二〇六頁）。

(7) 若林正丈『台湾の政治　中華民国台湾化の戦後史　増補新装版』東京大学出版会、二〇二一年、二一四頁。

(8) 「中華民国台湾化」とは、戦後長く一党支配を行ってきた中国国民党が堅持してきた中華人民共和国に対するところの「もう一つの正統中国国家」としての台湾の中華民国の政治構造が、台湾地域のみを統治しているという一九四九年以後の現実に沿ったものに変化していくことを指す。その変化は、政権エリートの台湾化、政治権力正統性の台湾化、国民統合イデオロギーの台湾化、国家体制の台湾化などの側面において観察することができる。中華民国台湾化について詳しくは、若林、同前書、参照。

(9) 小笠原欣幸『台湾総統選挙』、晃洋書房、二〇一九年、三二一頁。

(10) 同前、四三‐四四頁。

(11) 同前、一八頁。

(12) 同前、三一一頁。

(13) 同前、五七‐六〇頁。

(14) 同前、三一一頁。

(15) 参考までに、二〇二〇年、二〇二一年、二〇二二年の数字も書き込んである。

(16) この日中台の関係の中の日台に焦点を合わせた数少ない本格的な概説書として、川島真・清水麗・松田康博・楊永明『日台関係史　1945‐2020　増補版』東京大学出版会、二〇二〇年、がある。関心の向きは参照戴きたい。

(17) その後の憲法改正問題の経緯を簡単に述べておく。二〇〇八年登場の国民党馬英九政権は言うに及ばず、二〇一六年再度の政権交代を実現し立法院でも初めて過半数を獲得した民進党蔡英文政権も、まったく再度の憲法修正には手を着けようとはしなかった。二〇二〇年五月の第二期総統就任演説で蔡英文は憲法修正を施政の課題の一つにあげ、それを受けて立法院には同年一〇月憲法修正委員会が設けられた。二二年春与野党合意の上、選挙権付与年齢を一八歳に引き下げる憲法修正案が立法院より発議され、同年一一月の統一地方選挙の際に有権者の批准投票にかけられたが、有権者総数の過半数の同意票を得られず、史上初の公民投票による憲法修正は挫折した。国家性に関わらないこうしたテーマの改憲ですら成らなかった。ましてや憲法の文言から中華民国が中国国家でないことを消去するような国家性がテーマとなる改憲は、立法院で改憲案を可決することも、今のところ内外の事情から困難であろう。

(18) 例外は、二〇一八年から二〇年の急上昇であるが、これは、中国習近平政権の香港の民主化運動弾圧で反発が高まったことを背景としたものと見ることができる。以後は高止まりであるが停滞している。

(19) 「韓国瑜現象」とは、二〇一八年の統一地方選挙で国民党から高雄市長に立候補した韓国瑜という人物をめぐって発生したポピュリズムの現象を指す。高雄市は民主化以後台南市とともに民進党が強い地盤を築いており、下馬評にあがった有力者が皆尻込みする中で、国民党はやむなく韓を高雄市長候補に公認した。韓は民主化期に立法院議員に当選したことがあったが、その後は全く忘れ去られていた国民党内でも周縁的な人物であった。しかし候補者となるや、その独特な人柄と言動で、民進党にとってはもちろん国民党エスタブリッシュメントのエリートにとっても意想外の政治旋風を巻き起こして当選を果たした。その旋風の影響が他の地域にも波及して、この統一地方選で民進党は大敗した。国民党はその勢いに押されて韓国瑜を二〇年総統選挙の候補として公認したが、態勢を立て直した蔡英文陣営に敗れ、その後高雄市長もリコールされて退任した。

(20) これがまさに冒頭に述べた「中国要因」(中国の影響力メカニズム)の狙いの核心である。この点については、前掲川上桃子・呉介民編著の他、補説Ⅱも参照。

補説Ⅱ　「台湾は何処にあるか」と「台湾は何であるか」

この補説は、月刊『東亜』二〇二三年四月号に巻頭言として寄稿した文章を、そのまま収録したものである。タイトルも同じである。同号は「どう見る台湾海峡の緊張」と題した特集を行っている。寄稿の主旨はこれに合わせたものである。

「台湾海峡の緊張」といった時、昨今直ちに想起されるのは「台湾有事」の一語であり、その背景にある米中対立であろう。その際にイメージされる台湾とはだいたいのところ地政学的な台湾である。西太平洋列島線の中央に位置しかつ中国大陸東方近傍海上にある台湾の戦略的価値をどの大国が握るのかで、東アジアのバランスは大きく変わるからである。

こうした台湾イメージは、歴史的にも東アジアに大国間の緊張が高まる毎に浮上してきた。長い間東アジアの国際政治史では「台湾が何であるか」よりは「台湾が何処にあるか」が問題であり続けたのだ。現今の米中対立において台湾が論議される場合でも、様々の外交的イデオロギー的レトリックの背後には台湾島の戦略的価値の争奪がある。これまでは米国がそれを掌握してきた。そして近年中国が着々と挑戦の態勢を整えている。

しかし、焦点を現今の中台間の関係に移すと異なるピクチャーも垣間見える。中台関係の構図の最深部には「台湾は何であるか」を巡る特有の歴史的緊張がある。台湾の地理的位置は不変であるから、その地政学的意義には、対立する双方から同工異曲の認識が示されてきた。一方、「台湾が何であるか」は歴史の中で生成・変化してきたものだ。幾つかの帝国の周縁に位置づけられ続けてきた歴史の累積を経て、今われわれが目にしているのは、二〇世紀中頃までには見られなかった台湾それ自体の政治的主体性の台頭である。

その政治的主体性とは、台湾の現今の政治体が、国際面の主権を強く制限されかつその民主体制による自治に厳しい挑戦を受けつつも存続する、事実上の一つの国民国家であることである。それは、戦後台湾にやってきてその領域をほぼ台湾サイズに縮小された「中華民国」が、民主化を経て台湾社会と一種の「習合」を果たすという、いささかわかりにくい経路で形成されつつある。北京から見れば、中台はかつてはともに「中国」としての正統性を争う近代中国ナショナリズムの同一の軌道内の存在であったが、その関係は、この「習合」を経て大きく変質し、北京からは台湾が中国歴史のあるべき軌道から離れていってしまいそうに見える。

換言すれば、「何処にあるか」の側面では、台湾は「巻き込まれる」方なのだが、「何であるか」の側面では、一つの主体として「参戦」する構図となる。「統一」のためには、中国はこの主体性を破砕しなければならない。ゆえに、今ある台湾のあり方に対する台湾住民のコンフィデンスの破壊こそが共産党の対台湾政略の中核にある。あらゆる施策に、台湾が民主的に運営される自治的政治体であり続けることについての住民の自信を砕かんとするベクトルが負荷される。そこでは、経済関係からの圧力や軍事力による威嚇がその有力な手段であることはもちろんだが、それはまたイデオロギー戦、情報戦であり、認知の戦争である。今更の言ではあるが、その意味での「台湾有事」はすでに始まって久しい。

学術文庫版のあとがき

本書の原著は『台湾――変容し躊躇するアイデンティティ』と題した新書である（筑摩書房、二〇〇一年）。この小さな本が編集者の目にとまり講談社学術文庫に収めていただけることになった。わたしは、原著＝本書の「はじめに」に「『台湾問題』を考えるとき、いささかでも台湾そのものの、短いが複雑で濃密な歴史を振り返ってみようではないか」と提案しているので、昨今の国際情勢の中で台湾に対する関心が急速に広まっているこのタイミングでの文庫本化は我が意を得たりとするところがあった。

文庫本化に際しては『台湾の歴史』と改題した。これは出版社側の提案による。担当の梶慎一郎さんによれば、ふと見わたしてみたところ、この表題の文庫本は見当たらなかったという。一瞬考えてわたしはこの改題を了承した。「考えた」のは、わたしは一九八〇年代中頃より、歴史研究というよりは、民主化期の台湾政治の動向の観察と研究に注力していたからであり、考えたのが「一瞬」だったのは、前引の「はじめに」の言のように、目前の台湾の理解には、その「来歴」の理解、台湾の「短いが複雑で濃密な歴史」の理解が不可欠との考えに変わりはなかったからである。

とはいえ、二〇年以上前に執筆した著書である。執筆の現在から刊行の現在の時間の橋渡しの必要がある。そのため、「補説Ⅰ　総統選挙が刻む台湾の四半世紀――なおも変容し躊躇するアイデンティティ」と「補説Ⅱ　『台湾は何処にあるか』と『台湾は何であるか』」を付け加えた。また本文には、この間に明確に変更された事柄に関して「＊文庫版の注」を付すとともに、主な歴史人物（原著刊行以後に物故した人物を含む）の生没年を注記し、巻末の年表にも二〇〇二年から二〇二三年までの事項を加筆した。「補説Ⅰ」の副題が原著の副題を受け止めたものであるのは言うまでもない。

こうした橋渡しの他は、本文の記述は、明白な誤りや不十分な記述を改めた（一部は削除）他は、基本的に変更しなかった。その理由は二つある。一つは、書き改めるなら、結局は新たな一冊を書くのと同じ事になってしまうからである。執筆の現在を二〇二〇年代に移すなら、事象を見る角度も自ずから異なり、参照すべき史・資料や研究業績もかなり違ったものになる。これらを取り込みながら修正するのは、新しい本を書くのと変わらない。

もう一つは、今読み直すと、原著には、二〇世紀末から二一世紀初めという執筆の現在においてしか描き得ない同時代史としての臨場感が存在することである（特に第五章以下）。「民主化の十年」（一九八六年―一九九五年）をくぐり抜け、台湾史上初の政権交代までの政治のダイナミズムを実感しつつ書かれており、そのことが文体に反映している感がある。こうした文章はもはや書けない。これを保存しておきたい。

すでに記したように、本書誕生のきっかけを作ってくださり、また編集のナビゲーター役をしてくださったのは、講談社学芸部の梶慎一郎さんである。記して謝意を表する。

また、一部のデータの確認に関して、小笠原欣幸氏（東京外国語大学名誉教授）のお世話になったことも付記する。

最後に、わたしの台湾研究の途上において（気がついたら半世紀に及んでいた）、これまで学恩を被った方々、お世話になった方々、そのすべての方々に、謝意を表する。

若林正丈

二〇二三年八月　相模原の寓居にて

参考文献

中文文献

汪士淳『千山独行　蔣緯国的人生之旅』天下文化出版、一九九六年、台北
王甫昌「台湾反対運動的共識動員：一九七九至一九八九年両次挑戦高峰的比較」、『台湾政治学刊』台湾政治学会、一九九六年、台北
王甫昌「台湾族群政治的形成及其表現——一九九四年台北市長選挙結果之分析」、殷海光基金会主編『民主・転型？　台湾現象』桂冠図書、一九九八年、台北
郝柏村『郝総長日記中的経国先生晩年』天下文化出版、一九九五年、台北
行政院研究二二八事件小組『二二八事件研究報告』時報文化出版、一九九四年、台北
龔宜君『「外来政権」與本土社会』稲郷出版社、一九九八年、台北
呉乃徳・陳明通「政権転移與菁英流動：台湾地方政治菁英的歴史形成」、頼澤涵主編『台湾光復初期歴史』中央研究院中山人文社会科学研究所、一九九三年、台北
呉濁流『台湾連翹』前衛出版社、一九八八年、台北
呉密察監修『台湾史小事典』遠流出版公司、二〇〇〇年、台北
黄宣範『語言、社会與族群意識』文鶴出版有限公司、一九九五年、台北
鄒景雯『李登輝執政告白實録』印刻出版、二〇〇一年、台北
台湾省行政長官公署統計室編『台湾省五十一年来統計提要』台湾省行政長官公署、一九四六年、台北
張慧英『超級外交官——李登輝和他的務実外交』時報文化出版、一九九六年、台北
張勝彦等編著『台湾開発史』国立空中大学、一九九六年、台北県
陳其南『台湾的伝統中国社会』允晨文化、一九八七年、台北

陳明通『派系政治與台湾政治変遷』月旦出版社、一九九五年、台北（若林正丈監訳『台湾現代政治と派閥主義』東洋経済新報社、一九九八年）
民主進歩党政策白書編纂工作小組『多元融合的族群関係與文化――民主進歩党的族群與文化政策』民主進歩党中央党部、一九九三年、台北
李筱峰『台湾史１００件大事　上（戦前篇）、下（戦後篇）』玉山社、一九九九年、台北

欧文文献

Gold, Thomas *State and Society in Taiwan Miracle*, New York, M. E. Sharpe, 1986.
Hsiau, A-chin [蕭阿勤], *Contemporary Taiwanese Cultural Nationalism*, London, Routledge, 2000.
Shepherd, John Robert, *Statecraft and Political Economy on the Taiwan Frontier 1600-1800*, Stanford Univ. Press, 1993.
Wang, Fu-chang [王甫昌], *The Unexpected Resurgence : Ethnic Assimilation and Competition in Taiwan, 1945-1988*, Doctor thesis, Dept. of Sociology, Univ. of Arizona, 1989.

日本文文献

アンダーソン、ベネディクト（白石さや・白石隆訳）『増補　想像の共同体』ＮＴＴ出版、一九九七年
井尻秀憲編著『中台危機の構造』勁草書房、一九九七年
伊藤潔『台湾――四百年の歴史と展望』中公新書、一九九三年
上村幸治『台湾　アジアの夢の物語』新潮社、一九九四年
衞藤瀋吉他『中華民国を繞る国際関係』アジア政経学会、一九六七年
王育徳『台湾　苦悶するその歴史』弘文堂、一九六四年
何義麟『台湾人の政治社会と二・二八事件――脱植民地化と国民統合の葛藤』東京大学大学院総合文化研究

科博士論文、一九九九年
柯旗化『台湾監獄島』イースト・プレス、一九九二年
呉濁流『夜明け前の台湾』社会思想社、一九七二年
駒込武『植民地帝国日本の文化統合』岩波書店、一九九六年
駒込武「台湾植民地支配と台湾人『慰安婦』」、VAWW—NET Japan編『「慰安婦」戦時性暴力の実態［I］日本・台湾・朝鮮編』緑風出版、二〇〇〇年
司馬遼太郎『台湾紀行』朝日新聞社、一九九四年
周玉蔻（本田伸一訳）『李登輝の一千日』連合出版、一九九四年
白石隆『海の帝国』中公新書、二〇〇〇年
スノウ、エドガー（宇佐美誠次郎訳）『中国の赤い星』筑摩書房、一九五二年
戴國煇「中国人にとっての中原と辺境——自分史〈台湾・客家・華僑〉と関連づけて」、橋本萬太郎編『民族の世界史5　漢民族と中国社会』山川出版社、一九八三年
ベルデン、ジャック（安藤次郎・陸井三郎・前芝誠一訳）『中国は世界をゆるがす　下』青木書店、一九六五年
松田康博「中国国民党の『改造』——領袖・党・政府」『法学政治学論究』（慶應義塾大学大学院法学研究科）第21号、一九九四年
松田康博「蔣経国による特務組織の再編——特務工作統括機構の役割を中心に」『日本台湾学会報』第二号、二〇〇〇年
マン、ジェームズ（鈴木主税訳）『米中奔流』共同通信社、一九九九年
宮崎市定『中国史　下』岩波書店、一九七八年
毛里和子『中国とソ連』岩波書店、一九八九年
毛里和子・毛里興三郎訳『ニクソン訪中機密会談録』名古屋大学出版会、二〇〇一年

矢内原忠雄『帝国主義下の台湾』岩波書店、一九二九年（若林正丈編『矢内原忠雄「帝国主義下の台湾」精読』岩波書店、二〇〇一年）
劉進慶『戦後台湾経済分析』東京大学出版会、一九七五年
林成蔚「もう一つの『世界』？——東アジアと台湾の福祉国家」『日本台湾学会報』第一号、一九九九年
若林正丈『台湾　分裂国家と民主化』東京大学出版会、一九九二年
若林正丈・谷垣真理子・田中恭子編『原典中国現代史　第7巻　台湾・香港・華僑華人』岩波書店、一九九五年
若林正丈『蔣経国と李登輝』岩波書店、一九九七年
若林正丈『増補版　台湾抗日運動史研究』研文出版、二〇〇一年
＊なお、台湾の学者の著した優れた台湾歴史概説書の邦訳が、原著刊行後に出ている。
周婉窈（濱島敦俊監訳、石川豪・中西美貴・中村平訳）『増補版　図説　台湾の歴史』平凡社、二〇一三年

2019	習近平、台湾政策で「一国家二制度」を強調（1.)。立法院、同性婚法を可決（5.)。香港で逃亡犯引渡条例反対の大規模デモ連続に対して激しい弾圧（6.)。台北市長柯文哲、台湾民衆党を結成（8.)。
2020	新型コロナウイルスパンデミック始まる。総統選挙、蔡英文が国民党の韓国瑜を破り大勝（1.)。台湾積体電路製造(TSMC）は米アリゾナ州に半導体工場建設を発表（5.)。中国全人代は秘密審議により香港国家安全維持法を制定（6.)。李登輝死去（7.30)。
2021	台湾積体電路製造、熊本県に半導体工場を運営するための子会社を設立（12.)。
2022	ウクライナ戦争勃発（2.24)。ペロシ米下院議長訪台、中国軍台湾周辺にミサイルを撃ち込む大規模演習（8.)。中共20回大会、習近平を総書記に三選（10.)。
2023	蔡英文総統中米歴訪、帰途米国でマッカーシー下院議長と会見、中国軍は大規模演習で反発（4.)。

出所）著者作成

2006	陳水扁娘婿、土地取引疑惑で起訴（5.）。台北で陳水扁退陣要求の大規模デモ（9.）。陳水扁妻呉淑珍、総統機密費私的流用で起訴（11.）。
2008	小選挙区導入後初の立法院選挙、国民党大勝（1.）。機密費総統選挙、国民党馬英九が大勝（3.）。蔡英文、民進党主席に当選（5.）。陳水扁、機密費横領などの疑いで逮捕・起訴（11.12）。中国・海峡両岸関係協会会長陳雲林、台湾訪問（11.）。中台直行航空便運航開始（12.）。
2009	中央研究院研究員呉介民、経済を通じた中国の政治的影響（「中国要因」）に警鐘を鳴らす論文（2.）。胡錦濤共産党総書記・呉伯雄国民党主席会談（5.）。
2010	両岸経済協力枠組協定（ECFA）調印（6.）。
2011	東日本大震災、台湾より多額の義捐金（3.）。中国から台湾への個人旅行解禁（6.）。
2012	総統選挙、馬英九再選（1.）。習近平共産党総書記に選出（11.）。
2013	中台サービス貿易協定調印（6.）。
2014	中台サービス貿易協定批准に反対し学生が立法院議場を占拠、批准中止（3.18-4.10）。香港で行政長官普通選挙要求の「雨傘運動」（9～12月）。与党国民党地方選挙で大敗、無所属の柯文哲台北市長に当選（11.）。
2015	シンガポールで習近平・馬英九会談（11.）。
2016	総統選挙、民進党蔡英文当選、立法院選挙で民進党が初めて過半数（1.）。蔡英文総統就任、「九二年コンセンサス」受け入れを拒否、中国は窓口機関を通じた交渉を拒否（5.）。蔡英文総統、原住民族代表に歴史的抑圧・差別を謝罪、8月1日を「原住民族の日」と制定（8.）。
2017	日台連絡機関がそれぞれ日本台湾交流協会、台湾日本関係協会と名称変更（1.5）。立法院で公務員年金改革法案可決（6.）。
2018	蔡英文総統、双十節演説で初めて「中華民国台湾」の語を使用（10.）。「韓国瑜現象」で与党民進党、地方選挙で大敗（11.）。

1998	米クリントン大統領、上海で「三つのno」発言（6.30）。辜振甫訪中、汪道涵、江沢民と会談（10.）。台北市長選挙、陳水扁落選（12.7）。台湾省凍結実施、宋楚瑜無官に（12.）。
1999	李登輝「中国と台湾は特殊な国と国の関係」と発言（7.8）。台湾中部に大地震（9.21）。国民党議員、宋楚瑜の金銭疑惑を告発（12.）。
2000	小学校での母語教育必修化決定（1.）。総統選挙で民進党の陳水扁が当選（3.18）。李登輝、国民党主席辞任（3.24）。宋楚瑜、親民党を結成（3.31）。陳水扁、総統就任、中国には「五つのno」（5.20）。第四原発をめぐる対立から唐飛行政院長（国民党）辞任、後任は張俊雄（民主党）（8.）。行政院は第四原発建設中止を決定、政局混乱。
2001	金門島と廈門間で「小三通」開始（1.）。李登輝前総統来日（4.）。李登輝を「精神的リーダー」とする新政党台湾団結聯盟結成（8.）。国民党は李登輝を除名（9.）。米国で同時多発テロ事件（9.11）。中台はWTO加盟手続終了。
2002	台湾WTO加盟（1.）。陳水扁総統「一辺一国」発言（8.）。
2003	中国起源のSARS（重症急性呼吸器症候群）台湾にも拡大。ブッシュ米大統領、温家宝中国首相との会談で陳水扁の対中姿勢を批判（12.）。
2004	総統選挙、投票日前日に陳水扁銃撃事件あるも、民進党陳水扁が僅差で再選、国民党、親民党支持者が選挙不正ありとして総統府前道路で抗議の座り込み（3.）。立法院選挙、民進党は過半数をとれず（12.）。
2005	原住民族基本法施行（2.）。中国全人代「反国家分裂法」制定（3.）。連戦国民党主席中国訪問、胡錦濤共産党主席と会談、共同声明で「九二年コンセンサス」の存在、以後毎年の「国共論壇」開催を確認（4.）。国民代表大会、第七次改憲案を可決（国民代表大会廃止、立法院任期４年、議席半減、小選挙区政党比例代表並立制を規定）（6.）。陳水扁側近の金銭腐敗スキャンダル発覚（8.）。

1989	台湾の財務大臣ら北京開催のアジア開銀理事会に出席。中国、天安門事件（6.4）。最後の増加定員選挙、民進党健闘（12.）。東欧社会主義政権の崩壊。
1990	総統選挙をめぐり国民党内に「二月政争」。蔣介石記念堂広場で「三月学生運動」。李登輝、総統に当選。民主化のための超党派の「国是会議」。総統府内に国家統一委員会設置。
1991	大陸政策ガイドライン「国家統一綱領」制定。第一次改憲、国民大会で「臨時条項」廃止。「懲治反乱条例」廃止。民進党、「公民投票式台湾独立」を綱領化（10.）。国民大会の全面改選実施（12.）。新規民間銀行開設15行を認可。ソ連邦解体。
1992	中国、鄧小平「南巡講和」。中国と韓国が国交樹立（8.24）。台湾で刑法100条改正、「政治犯」の消滅。立法院全面改選実施、民進党躍進（12.）。湾岸戦争。
1993	初めての本省人行政院長が誕生。国連加盟運動開始。シンガポールで「辜振甫・汪道涵会談」。「黒金政治」批判が高まり公職者資産公開が義務化。国民党内反李登輝派が「新党」結成（8.）。
1994	李登輝の「休暇外交」。憲法改正で「台湾原住民」の呼称採用。台湾省長・台北市長・高雄市長選挙実施、台北市で「新党現象」と「棄黄保陳」現象、台湾省長選挙で宋楚瑜を応援して李登輝が「新台湾人」論。
1995	李登輝、国家元首として二・二八事件犠牲者に謝罪（2.28）。「江沢民八点」と「李登輝六条」の応酬。李登輝訪米、中国の「文攻武嚇」（第一回の台湾海峡ミサイル演習）。
1996	日米首脳会談で「日米安保共同宣言」（4.17）。中国、第二回の台湾海峡ミサイル演習、米空母台湾海峡回航で対抗。第一回の総統直接選挙、李登輝が当選、初代の民選総統に就任（5.20）。李登輝、対中国投資に関して「戒急用忍」政策。国家発展会議、台湾省凍結で国民党と民進党が合意。
1997	国民大会、台湾省凍結を決定、反対する宋楚瑜と李登輝の間に亀裂。香港の主権返還、「一国家二制度」の運用開始（7.1）。中学校で「台湾を知ろう」教科開始（9.）。

1964	彭明敏「台湾人民自救宣言」事件。
1965	陳誠、死去（3.5）。
1966	中国、「文化大革命」の混乱（～76年）。
1968	義務教育を9年延長。
1971	国府、国連から脱退、中華人民共和国が国連の中国代表権を獲得。南北高速道路着工。
1972	米ニクソン大統領訪中、「上海コミュニケ」(2.27)。蔣経国、行政院長に就任、李登輝、入閣（5.26）。日中国交樹立に伴い、国府は日本と断交（9.29）。国会の増加定員選挙制度開始。
1973	「十大建設」計画発表。
1975	蔣介石死去（4.5）、蔣経国、国民党主席就任。康寧祥ら『台湾正論』発刊、まもなく発禁。
1976	毛沢東死去（9.26）。中国で「四人組」逮捕。
1977	中壢事件（11.19）。
1978	米中国交樹立発表で増加定員選挙中止。中国は金門島への奇数日砲撃を停止。蔣経国、総統に就任。
1979	米中国交樹立（1.1）。中国、台湾に「祖国の平和統一」「三通四流」を呼びかけ。米「台湾関係法」制定。米華条約廃棄。美麗島事件（12.10）。
1980	林義雄一家殺人事件（2.28）。美麗島事件公開公判。米中国交で中止の増加定員選挙実施。
1981	地方選挙実施、党外の陳水扁、謝長廷ら台北市議に当選、中国、葉剣英の「祖国統一九項目提案」。
1983	増加定員選挙実施、党外選挙後援会「住民自決」を掲げる。
1984	蔣経国、総統に再選、副総統に李登輝。香港の主権返還についての中英共同声明。
1986	民進党結成（9.28）。
1987	二・二八事件見直しを求める社会運動開始（2.28）。長期戒厳令解除（7.15）。台湾住民の大陸親族訪問解禁（11.2）。
1988	新規新聞発行禁止解除（1.1）。蔣経国死去、李登輝総統就任(1.13)。さらに代理主席を経て国民党主席就任。米農産物輸入自由化反対農民デモが警官隊と衝突。

1930	霧社タイヤル族反日蜂起事件（10～12月）。
1931	弾圧で民衆党、共産党、文化協会、農民組合組織崩壊。満州事変（9.18）。
1936	東京で二・二六事件。台湾総督に海軍予備役大将小林躋造。中国で西安事件。
1937	日中全面戦争に突入。中国で第二次国共合作成立。台湾総督府、新聞など漢文使用禁止、「皇民化運動」開始。
1941	太平洋戦争勃発（12.8）。
1942	台湾で陸軍志願兵制度開始（43年より海軍も）。
1943	カイロ宣言。
1944	台湾に徴兵制施行。
1945	台湾に衆議院選挙法延長施行。日本敗戦（8.15）。在台日本軍降伏式典、台湾省行政長官公署成立（10.25）、日本資産などの接収開始、企業は公営化。
1946	国共内戦の本格化（6.）。行政長官公署、新聞の日本語版発行禁止（10.3）。
1947	二・二八事件。行政長官公署を廃し、台湾省政府成立。中華民国憲法公布、中央民意代表選挙始まる。
1949	台湾全土に戒厳令（5.19）、通貨改革実施。北京で中華人民共和国樹立（10.1）。国府、中央政府を台北に移転（12.）。三段階の農地改革開始（～53年）。
1950	中ソ友好同盟条約締結。朝鮮戦争（～53年）。米第七艦隊、台湾海峡常時パトロール開始。蔣介石、党「改造」に着手（～52年）。
1951	米国の国府援助再開（経済援助～65年、軍事援助～74年）。日米安保条約締結。
1952	サンフランシスコ平和条約発効、日華平和条約締結（4.28）。
1954	第一次台湾海峡危機（～55年）、米中会談、米華相互防衛援助条約締結（12.2）。四大公営企業の民営化開始。
1958	第二次台湾海峡危機。輸出振興へ為替制度改革。
1960	蔣介石、総統に三選。『自由中国』事件。外資誘致の「投資奨励条例」制定。
1962	商業テレビ放送開始。

1885	台湾を省に昇格、初代巡撫に劉銘伝、近代化政策着手。
1889	「大日本帝国憲法」発布。帝国議会発足（90年）。
1894	日清戦争（～95年）。
1895	日清講和条約（下関条約）調印、日本に台湾、澎湖島を割譲(4.17)。割譲阻止のため「台湾民主国」(5.25-10.19)。台湾総督府始政式（6.17)。日本軍、台湾全島平定宣言（11.18)。
1896	帝国議会で「六三法」（台湾総督に委任立法権を付与）制定。
1898	台湾で「国語」教育重点の「公学校」制度開始。清、戊戌の政変。
1902	平地漢族の土着勢力反抗活動鎮圧終了。
1904	台湾総督府による土地調査事業完了。日露戦争（～05年)。
1908	西部平原南北縦貫鉄道全線開通（基隆～高雄)。
1910	総督府「蕃地討伐五ヵ年事業」(～14年)。
1911	中国で辛亥革命、清朝倒れ、中華民国樹立（12年)。
1915	総督府、林献堂らの台湾同化会に解散命令（2.26)。タパニー事件（余清芳らの抗日蜂起に関連し住民虐殺)。
1918	第一次大戦終了。ロシア革命。米ウィルソン大統領の14ヵ条宣言。日本で米騒動、原敬内閣成立。
1919	朝鮮三一独立運動、中国五四運動。台湾総督府官制改革、田健治郎が初代の文官総督に就任。
1920	台湾人東京留学生『台湾青年』を発刊。
1921	台湾文化協会設立（10.17)。台湾議会設置請願運動開始（～34年)。中国共産党結成（7.1)。
1923	『台湾民報』（中国白話文を採用）発刊。「治警事件」(12.16。台湾議会設置請願運動への弾圧)。
1924	中国の国民革命、第一次国共合作。
1926	台湾農民組合設立。
1927	左派が台湾文化協会の主導権を握る（1.3)。右派・中間派は台湾民衆党結成（7.10)。蔣介石の反共クーデター（4.12)、第一次国共合作崩壊。
1928	上海の租界で「日本共産党台湾民族支部」として台湾共産党結成（4.15)。蔣渭水ら台湾工友総連盟設立。台北帝国大学設立。

台湾史略年表

西暦	事　項
1360	元、澎湖島に巡検司を置く。
1387	明、倭寇対策として澎湖住民を泉州に移す。
1544	ポルトガル人、台湾島を遠望して“Ilha Formosa（美麗島）”と称する。
1563	明軍に追われた海賊林道乾、台湾に逃れる。
1602	オランダ東インド会社設立、バタビアに本拠。
1622	オランダ東インド会社、澎湖島を占領。
1624	オランダ東インド会社、澎湖島から撤退、現台南付近を占領。
1626	スペイン、台湾北部を占領（42年、オランダが駆逐）。
1644	明滅亡。清軍北京入城。
1659	鄭成功、二度目の反清北伐遠征軍、失敗。
1661	鄭成功、台湾に進攻、統治を開始。
1662	オランダ軍降服。鄭成功死去。
1682	泉州人王世傑、竹塹（新竹）に入墾。
1683	鄭氏政権、清に降服。
1684	清、台湾に1府3県を置き福建省に属せしめる。台湾渡航禁令（以後、改廃を繰り返す）。
1686	客家の集団が、南部下淡水渓流域に入墾。
1708	陳頼章ら、台北盆地に入墾。
1721	朱一貴の乱（～22年）。
1786	林爽文の乱（～88年）。
1796	呉沙ら、東北部宜蘭平原に入墾。
1840	アヘン戦争（～42年）。英船、台湾沿岸を脅かす。
1856	第二次アヘン戦争（アロー号戦争。～60年）。天津条約で台湾の淡水、安平を開港。
1868	明治維新。
1874	日本、台湾南部出兵。
1875	清朝、台湾渡航制限と山地入山禁令を解除、台湾統合強化策に転じる。
1884	清仏戦争（～85年）。仏艦隊、台湾北部を攻撃、澎湖島を占領。

マ・ヤ・ラ行

ナ行

ハ行

タ行

サ行

ハ・マ・ヤ・ラ行

事項索引

ア行

カ行

人名索引

ア行

カ行

サ行

タ行

KODANSHA

本書は、二〇〇一年に筑摩書房より刊行された『台湾――変容し躊躇するアイデンティティ』を、文庫化にあたり増補し、改題したものです。